中文专业论文写作教程

主　编　吴怀东

编委会（按姓氏笔画为序）：

丁　进　王泽庆　王　莉　王　舒
叶良旋　吴怀东　余学玉　张洪海
李　睿　孟　方　洪何苗　袁晓薇
郭世轩　凌　晨　储一鸣　管　军

图书在版编目(CIP)数据

中文专业论文写作教程/吴怀东主编. —合肥:安徽大学出版社,
2010.11(2016.5重印)

ISBN 978-7-81110-872-9

Ⅰ.①中… Ⅱ.①吴… Ⅲ.①汉语—论文—写作—教材 Ⅳ.①H152.2

中国版本图书馆 CIP 数据核字(2010)第 203287 号

中文专业论文写作教程   吴怀东　主编

出版发行：	北京师范大学出版集团 安徽大学出版社 (安徽省合肥市肥西路3号 邮编230039) www.bnupg.com.cn www.ahupress.com.cn
经　　销：	全国新华书店
印　　刷：	合肥创新印务有限公司
开　　本：	170mm×240mm
印　　张：	17
字　　数：	295 千字
版　　次：	2010 年 11 月第 1 版
印　　次：	2016 年 5 月第 3 次印刷
定　　价：	31.00 元

ISBN 978-7-81110-872-9

责任编辑：江　琛　龚婧瑶　　　装帧设计：张同龙　柳梦曦
责任印制：陈　如

版权所有　侵权必究
反盗版、侵权举报电话：0551—65106311
外埠邮购电话：0551—65107716
本书如有印装质量问题，请与印制管理部联系调换。
印制管理部电话：0551—65106311

前　言

大学生创新能力的培养已经成为当前大学教育与教学改革、提高大学人才培养质量、提升学生适应社会能力的核心。而论文,特别是毕业论文写作,是要求学生运用已经获得的知识,在教师的指导之下开展专业专题科学研究、解决学术问题的训练,是培养大学生创新能力最重要的一个教学环节。在目前各个学校的培养方案中,毕业论文写作所占用的学时和学分都超过任何一门具体课程,其重要性自不待言。

由于现在流行的教育、教学观念还侧重于知识的传授,对学生实际操作能力的培养重视不够,更轻视研究能力以及创新思维能力的培养,这样造成的结果必然是,总体上,目前的有关规定只解决了论文格式等形式层面的问题,教师对于学生论文还不够重视,缺少能够正确、规范地指导学生学习论文写作的参考用书,教师教无所据,随意性强;从学生角度看,缺少适合当前大学生实际的论文写作指导教材,学生学无所依,缺少扎实的基础。

培养方案中设定了毕业论文写作这一环节,而实际指导却不到位,出现的必然结果是不少学生草草应付,严重者就是抄袭已有论文,这样一来,不仅达不到学术训练的目的,反而助长了弄虚作假的风气。近年来,大学教师中出现不少学术不端现象,其实在学生中更严重地存在着。因此,加强毕业论文写作、指导的规范性建设,是训练学生能力的需要,是培养合格人才的需要,也是建立健全学术规范、净化学术风气的基础性工作。

事实上,自从教育行政主管部门开展本科教学水平评估以来,面对着每年度的本科论文指导工作,我们就一直在思考提升指导质量的方法、途径,我们觉得,提高学生以及教师的认识固然是重要的,但是,任何一门专业训练课程都必须进行统一规范和指导,而且这种规范和指导最后必须落实为物质性的载体——教材。教材是一门课程知识体系完成科学化、规范化后稳定、成熟的标志，是确保教、学活动高质量完成的基础。论文写作，特别是毕业论文写作训练必须依据教材，规范展开。因此，编写一部实用的论文写作教材是当前提高本科生论文，特别是其毕业论文写作质量的主要抓手。

基于对上述现状的认识，根据近年来教育行政主管部门的有关要求，在充分调研的基础上，我们觉得编写一部本科生论文写作指导教材，是提升本科生论文写作质量，提升学生科研创新能力的一个制度性举措。通过编写这部教材，我们将深入、全面、系统地总结本科论文写作的基本方法，包括论文的特点及其分类、论文写作的目的与意义、论文写作的基本要求（态度与知识基础）、论文的写作过程、论文的选题、资料搜集与文献检索方法、论证方法与技巧、论文的标题和语言、论文的基本结构与形式规范、毕业论文答辩程序与论文的评价、毕业论文指导教师的职责。通过对上述内容的介绍，使得学生认识到论文写作的重要性、特征，熟悉写作的一般规律、过程和方法，了解论文的形式规范，同时，规范学生的学习和教师的指导，提高教学效果，做到学有所依、教有所据，从而，解决当前论文写作不规范、指导不充分的现实问题，从根本上培养学生的科研能力，增强学生的创新意识以及学术规范意识。

本书突出实用性、规范性和指导性，主要内容包括三个部分：第一部分（第1章、第2章），介绍论文的基本性质、论文写作的目的和基本要求；第二部分（第3章至第8章），重点论述论文写作的主要环节及其要求；第三部分（第9章），讨论指导教师的职责与任务。本书附录了学生优秀论文9篇，选题涉及中国古代文学、中国现当代文学、文艺理论、写作学、语言学、新闻传播学等，具有一定的典范性，是阅读、使用本书的示范、参考。本书主要针对中文系各专业论文写作需要，其他文科专业学生以及爱好中文专业的朋友也可以参考；重点指导毕业论文写作，兼顾指导课程论文、学年论文以及一般中文专业论文写作。

本书是省内相关院校中文学科专家合作撰写的第一本中文专业论文写作教材，由于撰稿时间比较紧张，肯定还存在不少有待改进之处，热烈欢迎同行专家和阅读、使用本书的广大同学提出宝贵意见和建议，以便我们修订时参考。

吴怀东
2010年7月14日
于安徽大学

目录 CONTENTS

第一章　论文的性质、特点及其分类 …………………………〔1〕
　　第一节　论文的性质 …………………………………………〔1〕
　　第二节　论文的特点 …………………………………………〔2〕
　　第三节　论文的分类 …………………………………………〔6〕

第二章　论文写作目的、基本要求与主要环节 …………………〔9〕
　　第一节　论文写作的目的 ……………………………………〔9〕
　　第二节　论文写作的基本要求 ………………………………〔16〕
　　第三节　论文写作的主要环节 ………………………………〔19〕

第三章　论文的选题和创新 ………………………………………〔30〕
　　第一节　论文的选题 …………………………………………〔30〕
　　第二节　选题的创新 …………………………………………〔35〕

第四章　资料搜集与文献检索 ……………………………………〔43〕
　　第一节　资料搜集 ……………………………………………〔43〕
　　第二节　文献检索 ……………………………………………〔48〕

第五章　论证方法与技巧 …………………………………………〔57〕
　　第一节　论证的含义与分类 …………………………………〔57〕
　　第二节　常见的论证方法及其例证 …………………………〔59〕
　　第三节　论证应坚持的原则 …………………………………〔64〕

第六章　论文的结构、标题和语言 ………………………………〔67〕
　　第一节　论文的结构 …………………………………………〔67〕

第二节　论文的标题 …………………………………………〔75〕
　　第三节　论文的语言 …………………………………………〔80〕
第七章　论文的形式规范 …………………………………………〔89〕
　　第一节　论文写作要合乎形式规范 …………………………〔89〕
　　第二节　论文的形式构成及格式要求 ………………………〔91〕
　　第三节　论文编制的一些要求 ………………………………〔107〕
第八章　毕业论文答辩程序与论文的评价 ………………………〔111〕
　　第一节　毕业论文答辩的意义与作用 ………………………〔111〕
　　第二节　毕业论文答辩程序与注意事项 ……………………〔114〕
　　第三节　毕业论文的成绩评价 ………………………………〔121〕
第九章　指导教师的职责与指导方法 ……………………………〔126〕
　　第一节　指导教师的资格 ……………………………………〔126〕
　　第二节　指导教师的职责 ……………………………………〔129〕
　　第三节　指导教师的具体工作 ………………………………〔130〕
　　第四节　指导教师的指导方法 ………………………………〔134〕
附　录 ………………………………………………………………〔137〕
　　从彩陶蛙纹看"帝"字的产生 ………………………………〔137〕
　　城市化背景下的城市地名生态研究——以六安市为例 …〔157〕
　　从人物审美到文学审美——论《世说新语》人物品评的审美中介价
　　　值 …………………………………………………………〔169〕
　　刘勰论公文写作 ……………………………………………〔191〕
　　论姜夔词的骚雅与清空 ……………………………………〔201〕
　　王夫之《古诗评选》选诗评诗简析 ………………………〔213〕
　　试论萧红创作中的故乡情结 ………………………………〔229〕
　　论海子的诗歌精神 …………………………………………〔240〕
　　网上民意表达的途径和影响 ………………………………〔252〕
后　记 ………………………………………………………………〔265〕

第一章
论文的性质、特点及其分类

论文写作是每个在校大学生都必须完成的学习任务,也是高等教育阶段十分重要的教学环节之一,它不仅能使大学生初步掌握科学研究的基本程序和方法,而且能培养大学生综合运用所学专业理论知识以独立发现问题、分析问题和解决问题的能力,因而成为全面考核大学生专业知识素养、理论水平和创新思维、实践能力的重要尺度。

第一节 论文的性质

《现代汉语词典》对"论文"这一概念的解释是:"讨论或研究某种问题的文章。"从文章体裁来说,论文属于议论文,但是,和一般议论文的主要区别在于它所讨论或研究的问题以及所借助的分析工具都具有专业性。换言之,论文就是从专业角度对相关问题进行讨论、研究从而形成的完整文章。因此,从性质来看,论文是一种专业科学研究活动的结果。

中文系学生在学习期间会进行两种写作训练,一种是基础写作,一种就是论文写作。基础写作是训练学生掌握基本的写作知识与表达技巧,运用语言记叙、描述所要表现的人物、景物、事件,表达观点、抒发情感等。论文写作属于专业写作,但它是在前者的基础上进行的,要求学生掌握一般文章写作的基本知识、基本能力之后,以汉语言作为媒介,阐述具有创见性的学术观点与思想成果。

中文系学生在学习期间所撰写的论文与读后感、学习总结,以及随笔、杂文、思想评论、时事述评等,同属于议论文,但是,它们之间也存在很大的差异。读后感、学习总结比较随意,没有严格的体例要求,随想随写;随笔、杂文也有一定的随意性,但文学性较强;思想评论、时事述评是对具体的事件和人物的评论,文学性不是第一追求,及时性和现实性是其首要追求;而论文,一方面不具有那么强的文学性,另一方面也没有那么突出的现实性。论文写作具有专业性和学术性,论文是专业科学研究和学术活动的成果。尽管本科生的论文写作达不到专业研究人员的学术水准,与真正意义上的学术论文肯定存在一定距离,但是,它们的性质、基本形式和写作要求却完全一致,也可以说,本科生学习写作论文是开展学术研究、撰写学术论文的准备与训练,事实上也有不少中文系本科生写出了优秀的论文。当然,与硕士论文、博士论文相比,本科论文只是学术论文的开始阶段,它属于学术论文的范畴,但要求相对较低。

总之,中文系本科阶段的论文写作,针对中文系本科学生,具有专业性,但要求较低。本书着重论述的就是中文系学生本科学习阶段的论文写作要求与规范。

第二节 论文的特点

中文系各专业的论文具有以下特点:

一、专业性

专业性是指论文写作活动是运用专业知识解决专业问题。学科本身就具有专业性。中文系开设的专业一般有汉语言文学和对外汉语两个专业,有的细化为语言专业、文学专业、古典文献专业,近些年有些与中文学科相关的专业如秘书学、新闻传播学、广告学也被纳入中文系。但是,从学科意义上说,按照目前的国家教育主管部门认定的学科分类,中文系的学科分为汉语言文字学(包括文字学、现代汉语、汉语史)、语言学与应用语言学、文艺学、古代文学、现当代文学、古典文献学、比较文学与世界文学、少数民族语言文学等八个学科方向。因此,学生本科阶段的论文不是一般的议论文,而是围绕上述专业内容所进行的研究与写作,其选题与内容须限定在中文学科的范畴内,是对中文学科相关知识的总结与探讨。论文写作要有一定的专业知识,

第一章 论文的性质、特点及其分类

这不仅需要扎实的专业积累,还要查阅相关文献,了解学科研究历史,了解学术现状,从而掌握相关课题的研究进展。可以说,有了一定的专业背景与基础之后,才能够选择一定的课题,进行研究和写作。

二、理论性

理论性是指论文的写作过程是运用学科理论知识分析问题、解决问题。中文系本科论文写作要有理论追求、理论价值,论述时要有理论色彩。如果仅有事实的罗列,材料零散,不能为我所用,这就失去了写论文的意义。即使是文献学方面的论文,也不是纯粹的史实罗列,而是在文献基础上进行的史论结合的研究。在掌握资料的基础上,发现问题,解决问题,找出问题的规律,是论文写作的大致过程,也是理论逐步得到升华的过程。写作,其实就是围绕着一个命题或问题,恰当地引用论据进行论证的过程。一篇论文,无论是新材料、新方法的运用,还是新思路的展开,都要有一定的理论进行指导。一些传世的经典论著就是因为其具有独创的理论性而经久不衰的。如王国维的《人间词话》,它引入西方的文学理论,如叔本华的悲观主义哲学去阐释中国传统的词学,为古老的研究领域注入了生机,取得了超越前人的成就。当代学者叶嘉莹用西方文论中意识流的观点,去解释南宋词人吴文英词中跳跃式的时空结构,也具有突破性的意义。如果我们具备较好的理论素养,在论文写作的过程中就能如鱼得水。中文系本科阶段开设的《文学概论》、《文学理论》等课程,为学生的学习打下了一定的理论基础。另外,中文系的学生多读一读哲学方面的书,对提高理论素养会很有好处。任继愈、冯友兰先生的哲学史著作,李泽厚先生的美学著作,罗素、梯利的西方哲学史著作,还有一些逻辑学方面的书,都能够开阔视野,提高理论水平。

三、创新性

创新性是指论文提出的问题,或者解决问题的方法,或者使用的材料是新颖的。创新性是科学研究的本质特征,是学术论文的生命。写作学术论文是在已有研究基础之上开展的具有创造性的劳动。这种创新性体现在各个方面:另立一说,阐述与前人不同的见解,是创新;言前人所未言,填补空白,是创新;在前人的基础上进一步深入,也是创新。凡是有新材料、新思路、新方法,都是创新的表现。

　　从新的角度对老课题进行观照,用新的理论去解读并提出自己新的看法,这就是创新。朱熹曾经说过,读书在有疑处须要无疑,无疑处须要有疑,这样才能有所长进。我们读书,要培养这种思考的能力,不囿于成见,不人云亦云,要敢于提出自己独特的见解。例如,学界一般将五代著名帝王词人李煜的词分为前后两期,对写国破家亡之恨的后期词向来评价很高,而对前期的词则持摒弃态度,可是,近年来,有的论文从李煜前后期词的联系出发,对前期的词作了新的论断,认为其前期词风华流丽、情感真挚的特点与后期词一脉相承,为后期词的演变打下了基础,因此不可一概否定,这就是不苟同于成见的创新。另外,新中国成立后,文学批评一度受到"左倾"思想的影响,一些好作品被扣上了"反动腐朽"的帽子,这也需要我们进行反省,重新作出评价。路翎的小说《洼地"上的战役》描写的是抗美援朝战争中一位朝鲜姑娘和一位志愿军战士之间发生的纯朴的爱情故事,赞美了中朝人民之间的友谊。但是,这篇小说在50年代遭到了不少批判,认为它散布了消极的反动的资产阶级的思想感情,"文化大革命"结束后,在新的思想背景下,人们对它进行了重新评价,认为它反映了战争年代中那种复杂、细腻、微妙的感情,以生活的真实来打动人心,具有很高的艺术魅力。野艾《对一个熟悉的陌生人的问候——向路翎致意》(《读书》1981年第2期)就表达了这样的主旨。

　　学术发展是一个渐进的过程。开辟新的研究领域,叫"填补空白"或"拓荒"。中文学科有相当的领域已被研究者"开垦",但也存在不少未被开垦的"处女地"。随着视阈的拓宽,研究的领域越来越广,比如以前词学研究集中于宋代,较少关注其他时代,其实,清代是词的中兴时期,取得了很大成就,具有较高的研究价值,在清代词学的领域中,就有不少现象可以作为研究课题,近年来就出现了不少值得关注的研究成果。在人文研究领域,随着新现象的产生,必然会有一些新问题出现,这样也会出现新的领域,展开新的研究,比如文学现象的文化学研究、地域文学研究、女性主义文学研究、网络文学研究等,这些都是值得做的课题。有一些学术领域,由于研究难度大,被称为"绝学"而少人问津,其实,也有许多课题可以做,例如著名学者季羡林,以自己掌握的多种古代语言为工具,着重研究佛教史和中印文化关系,先后发表了系列论文《浮屠与佛》、《论梵文 td 的音译》等,运用比较语言研究方法,令人信服地证明汉译佛经并不是直接译自梵文,而是转译自西域古代语言,在中国佛教史研究领域中引起很大反响。

牛顿说:"如果我能比别人看得远一些,那是因为我站在巨人的肩膀上。"中文学科经过了长时间的研究与积淀,获得了深厚的积累,要想在原有的基础上有所突破,确实是比较难的,再加上本科阶段受到的知识与学力、能力的限制,要想作出重大的创新,无疑是难上加难,所以,本科论文只要在原有的基础上有一点创见,展开深入一点的探讨就很不错,不必贪大求多。比如学界一般将曹植诗歌分为前后两期,认为他后期遭受排挤迫害,诗风变为慷慨悲凉,近年有人撰文认为曹植后期诗风的形成,固然与他所处的政治环境的变化有关,但也与他早年的不拘小节、饮酒放任的生活作风有关,并联系"建安风骨"的内涵进行分析,它并没有推翻别人的观点,但在前人的基础之上作了深入探讨,因此,也就有了创新的成分。对文学史现象进行归纳、总结,挖掘其内涵,也是获得创新的途径。例如,宋词中经常出现"闲愁"这样的字眼,有的学生对出现"闲愁"的100余首宋词进行归纳整理,发现其内涵十分丰富,并结合词的体性特征进行分析,撰写了《试论宋词中的"闲愁"》一文,这篇文章也就具有了创新的成分。再如,魏晋南北朝时期的诗歌中经常出现"飞蓬"这一意象,有的学生撰写了《魏晋南北朝诗歌中"飞蓬"意象浅析》一文,联系当时的时代背景、文人心理与美感体认,对"飞蓬"这一意象的产生、演变、内涵进行探讨,也在一定程度上体现了创新。所以,创新不一定是多么宏观的,只要是有自己的阅读体会与思考,即使是小而具体的题目,也可以从细微之处着笔,体现出创新的成分。

四、规范性

规范性是指论文以及论文写作符合学术规范和形式规范。首先,在论文写作中不能以个人好恶论是非,应从事实出发,实事求是,尊重史实,摒弃个人偏见和主观臆断,做到有理有据,论证合理,这也就是科学性。其次,要杜绝剽窃,谨防学术造假。近年来,论文写作中急功近利、弄虚作假的风气有甚嚣尘上之势。有的学生投机取巧,将图书馆所藏各类刊物中的相关论文拿来拼拼凑凑,稍加改动,草率成文。更有甚者,利用网络检索所得的论文,删除粘贴一番,讹误之处也不加核对,应付成文。"炮制"这样的论文,只需一两天的时间,只求速成,不求质量,这是蔓延在高校毕业论文写作中的一种坏风气。还有的学生花钱购买已毕业学生的论文,或雇用"枪手"来写,这些就更等而下之了。这样的行为影响了学术的纯洁性,破坏了学术风气,达不到学术研究和学术训练的目的。近年来一些学校已制定了相应的惩罚措施，对弄虚作假的论文给予一定的惩罚。再次，论文的形式也有具体规定。明确的形式规范和格式要求，是本科论文必须具备的要素。

总之，一篇符合学术规范的论文须经过深入的思考，充分的准备，严格的训练，精心的打磨。学科论文的科学性与规范性，正体现在这里。严格遵守论文的学术规范与形式规范，是摆在我们面前的一个十分艰巨的任务。如果论文失去规范，其余的一切都是一纸空文。当然，本科论文的写作是检验或表现学术诚信机制的重要一环，本科论文的规范最终有待于学术诚信机制的建立与完善。

第三节　论文的分类

依据不同的标准，从不同的角度，中文系学生所写论文有不同的分类。

按学科及学科分支进行划分，本科汉语言文学专业的论文就可分为语言学论文和文学论文。

我国高校的语言学学科，大致包括四大分支：汉语言文字学；语言学及应用语言学；少数民族语言学；外国语言学。汉语言文字学是研究汉语汉字的学问，也称"汉语语言学"，主要有四大领域：第一，现代汉语；第二，古代汉语；第三，方言学；第四，汉字学。语言学及应用语言学是研究语言理论问题与语言应用问题的学问。主要有两大领域：理论语言学和应用语言学。少数民族语言研究，通常简称"民族语言研究"，即研究少数民族的语言问题和文字问题。外国语言学以外国的语言为研究对象，它常和文学连在一起成为一个学科，如英语语言文学、法语语言文学、印度语语言文学等。写作语言学论文有如下基本要求：要尽量收集与研究对象相关的新鲜的特殊的语料，如果资料收集得不全、语料很少，就难以产生新的论点。语言学论文还要求语言事实的真实性、丰富性和典型性，其风格以简明客观为主，有时配合各类图表、符号、公式，使得论文更直观，更具有说服力。同时，还要摒弃主观化的语言风格和华丽的辞藻。

文学学科是一级学科，是中文学科中的一大门类。它的二级学科有文艺学、古代文学、现当代文学、比较文学与世界文学。各个学科又有不同的子学科和研究方向。文艺学是研究文艺的本质、规律和特征的学科,它包括三个方面的内容:文学理论、文学史、文学批评。它有这样几个研究方向:马克思主义文艺学方向,西方文论方向,中国古代文艺学方向,文学原理和美学原理方向。中国古代文学一般按朝代分为先秦两汉文学、魏晋南北朝文学、唐宋文学和元明清文学。古代文学研究可以进行作家研究、作品研究、流派研究、文学体裁研究、文学史研究、文学文献研究和比较研究等。现当代文学包括现代文学和当代文学。主要有作家研究,作品研究,社团、流派、文学思潮研究,文体研究,文学史现象研究,港澳台文学研究等。比较文学与世界文学以世界文学为主要研究对象,研究方向主要有东方文学与东方文化研究、欧美文学研究、比较文学研究等。文学论文的写作不仅要有理性思维,还要有一定的审美能力、艺术感悟力。它是在艺术感受的基础上进行的审美再创造、再评价。所以,写这类论文,要加强对原著的阅读与理解,提高审美感悟能力,这样才会有自己独特的新鲜的阅读感受,而不是人云亦云。因此,文学论文既具有逻辑性、规范性,又能传达一定的艺术美感,引起读者的审美愉悦。从当前本科论文的选题情况看,选文学论文的比选语言学论文的多,而在文学论文中,又以现当代文学和古代文学为多。

此外,按教与学的目的和作用,论文又可以分为三类:课程论文、学年论文、毕业论文。

一、课程论文

课程论文是在一门课程的讲授、学习结束时完成的论文。一门课讲解结束,老师有时以闭卷考试的形式考查学生的学习效果,有时还会布置论文作为平时作业,要求学生就课程中涉及的某一问题或现象作探讨,提出看法。比如在上完专业核心课《古代文学》魏晋到唐宋一段之后,有的同学写了一篇题为《一种失传的技艺——"啸"》的课程论文,对魏晋士人善啸喜啸的现象进行探析;有的同学喜欢李商隐的诗,写了一篇《李商隐诗歌中的雨声》,归纳出李商隐诗中雨声的内涵。课程论文的选题自由、内容不限、形式灵活,字数一般在1000~4000字。

选修课结束之后,往往是通过提交课程论文的形式对学生进行考核。选修课是在必修课基础之上的提升,因此选修课的课程论文更具体,专业性更强,是对课程中的某一问题进行拓展和加深认识。如在上完《文心雕龙研究》

课程之后,有的同学撰写了题为《论〈文心雕龙〉中"风骨"的含义》的论文,结合课程所学内容和自己的体会,将"风骨"一词的含义总结归纳了出来。

二、学年论文

学年论文是在完成一学年的学习任务之后,按要求所写的论文。一学年中,所学的知识是十分丰富的,因此,学年论文也是考查学生一年学习情况的重要依据。学年论文不仅是对这一年所学知识的回顾总结,更是对学生运用知识的能力与思维模式创新的注重与培养,字数一般在5000字左右。学年论文是毕业论文的准备阶段,为毕业论文的写作打下了基础。

三、毕业论文

学生在完成大学四年的学习、修满学分之后,还有一个十分重要的环节,就是毕业论文。毕业论文是在特定教师的指导下,对本科阶段学习质量和能力的综合考核,是本科教学的重要环节。我国在20世纪80年代就把大学生撰写学科论文提到议事日程,并制定了相关的标准与要求,确立了高校毕业论文考核制度。理工科是毕业设计,文科是毕业论文。毕业论文字数一般在10000字左右。有明确的形式规范和格式要求,内容充实,具有创新性,要求是比较高的。毕业论文是本科论文中最重要的一种,也是本书讲解的重点所在。

第二章
论文写作目的、基本要求与主要环节

为了更好地完成论文写作这一学习任务,首先必须明确论文写作的目的,了解论文写作的基本要求和主要环节。

第一节 论文写作的目的

论文写作的目的具体体现为论文本身与写作训练两个方面。就写作训练而言,论文的写作是对大学生进行科研基本功的训练,培养运用所学知识解决实际问题的能力,也是全面考核大学生的知识素养、理论水平和创新能力的手段。就论文本身而言,论文写作的最终目的是表述科研成果、交流学术观点、发展科学理论、服务现实社会。具体而言,论文写作的目的大致可概括为掌握科研基本方法、考核专业知识和能力、表述科研成果等三个方面。

一、掌握科研基本方法

论文是对科研成果的表述。没有科学研究就没有科研成果,没有科研成果就没有论文,因此,论文写作就是一种科学研究。科学研究是一种实践活动,是一种运用已有知识理论解决实际问题的创造性劳动,需要从事科研工作的人具备相应的基本功。

高校是培养高级专门人才的重要场所,高级专门人才不仅要有广博的专业知识,而且要有运用专业知识解决实际问题的能力。科研活动作为培养高级专门人才的重要途径之一,在开阔学生视野、开发学生智力、提高学生能力等方面起着不可忽视的作用。因此,进行科学研究基本功的训练,初步掌握科学研究的基本程序和方法,也就成了高校设置论文写作这一教学环节的主要目的。1978年修订的我国《全国重点高等学校暂行工作条例(试行草案)》中指出:"高等学校学生参加科学研究的目的,在于获得从事科学研究的训练,培养独立工作的能力。"我国1980年颁布的《中华人民共和国学位条例》中,对于学士、硕士、博士三级学位的培养目标都有科研方面的要求,如学士学位要具有从事科学研究的初步能力;硕士学位要具有从事科学研究的能力;博士学位要具有独立从事科学研究的能力,在科学或专门技术上有创造性成果。

(一)科研基本方法的主要内容

科研活动是一种运用已知探求未知、运用历史经验解决现实问题的创造性劳动。这就需要从事科研工作的人应当拥有一定的知识储备和理论素养,并具备一定的观察、采集、分析、综合、联想、想象等实际运用能力,同时还要掌握一定的工作程序和方法。简言之,科研基本功大致包括知识储备、能力运用和工作方法三个方面。

1. 知识储备

知识储备和理论素养是科研工作的基础,一靠平时的学习和积累,二靠科研课题确定后围绕课题的专门学习和搜集。

2. 能力运用

能力运用是科研工作的关键,是建立在知识储备和理论素养、对实际情况的深入了解和思考、对工作程序和方法的掌握这三者基础上的,是在科学研究过程中逐步培养起来的。

3. 工作方法

工作程序和方法则在科研过程中起着桥梁作用,它是知识储备和理论素养转化为实际科研能力的桥梁,是从已有经验中寻找实际问题解决办法的必由之路,是已知产生新知的催化剂。

(二)训练科研基本功的方法

训练科研基本功可从方法的掌握、能力的培养和治学态度三个方面入手。

1. 从训练科研基本功这一目的出发,在论文写作过程中就要着眼于科研工作基本程序和方法的掌握

科研工作的基本程序大致如下:学习专业理论;掌握实际信息;在理论与实际的结合点上精心选题;结合研究课题搜集材料,深入研究;以科学理论为指导,运用科学的方法,努力总结经验、发现规律、揭示本质,形成科研成果;用适当的文字和形式把科研成果表述出来,写成论文。科研工作的基本方法主要有:归纳法、演绎法、比较法、分类法、历史法、总结法、系统法、移植法,等等。巴甫洛夫曾说:"科学是随着研究法所获得的成就而前进的。"可见科学的方法在科研工作中的重要作用。方法是活的知识,是如何使用知识的知识,所以从事科学研究必须掌握方法。

2. 从训练科研基本功这一目的出发,在论文写作过程中就要注重科研能力的培养

科研工作是一种创造性的脑力劳动。创造性首先得益于深厚的知识储备和理论素养,这就需要我们养成"日知其无,月不忘其所有"(《论语·子张篇》)的学习习惯。创造性还要有对实际情况的深入了解和积极思考,这就需要培养我们敏锐的观察力、独特的感受力以及深入实际调查采集的行动力。脑力劳动从本质上说是一种思维活动。思维是人脑对客观事物间接的、概括的、能动的反映,它以感知、表象为基础,以语言、概念为工具,通过分析、综合、归纳、演绎等方式,揭示事物的本质和规律。因此,科学研究作为一种创造性的脑力劳动,不仅需要我们有深厚的知识储备和理论素养,有对实际情况的深入了解和积极思考,还需要我们掌握一定的思维方法。

3. 从训练科研基本功这一目的出发,在论文写作过程中就要养成严谨的治学态度

科学来不得半点马虎。从事科研工作一定要有踏踏实实的工作态度,在科学研究的各个环节上严格要求自己,从选题的确立到材料的搜集、从研究的过程到论文的撰写,要一步一个脚印,把研究工作做得细一些,把学术论文写得精一些,无论在内容上还是在形式上都力求符合论文写作的规范。只有这样,才能切实从中得到训练,掌握科研工作的基本程序,学会论文写作的基本方法,形成踏实的工作作风,养成严谨的治学态度。

二、考核专门知识和能力

论文是在对某一学科领域中有价值的现象、问题进行了比较系统的研究之后,对所取得的科研成果的表述。这就要求论文的写作者在主攻的那个学科领域有比较丰富的知识积累和比较深厚的理论功底,对所选课题有比较全面、系统的研究,同时还要有对专业知识理论灵活驾驭、综合运用的能力。论文体现的是一个人综合运用所学专业知识理论解决实际问题的科研能力与写作能力。因此,通过论文写作全面考核学生的知识理论水平和实际应用能力,便成为高校设置论文写作这一教学环节的另一个主要目的。

考核知识,既要考核知识的广度,也要考核知识的深度。广度的考核标准主要包括:学术视野是否开阔,专业知识是否丰富,围绕研究课题的资料占有是否全面,对国内外的研究现状是否了解等;深度的考核标准主要包括:是否能深刻理解所学的专业知识,是否能准确鉴别所占有的资料,是否能透过现象看本质,是否能去伪存真抓关键等。

考核能力,主要考核科研能力和写作能力。科研能力的考核标准主要包括:是否掌握了科学研究的基本程序和方法,是否能够运用所学知识理论发现问题、分析问题、解决问题,是否具有学习能力和创造能力,是否具有严谨治学的态度等;写作能力的考核标准主要包括:论文的观点提炼是否精准独到,论据选择是否典型有力,论证过程是否严密,语言表达是否准确等。

从考核知识和能力这一目的出发,在论文写作过程中就要有意识地结合研究课题,把学过的专业知识运用于实际,在理论与实际相结合的过程中进一步消化、巩固所学专业知识,把专业知识理论转化为发现问题、分析问题和解决问题的实际能力。

实践表明,论文写作有助于激发学生的主观能动性和创造性,有利于扩大知识面、建立合理的知识结构。知识结构是具体的,因人而异,因事而变。围绕某一科研课题,必然会遇到一系列的理论与实际问题,这就迫使大学生突破原有的知识范围,比较自觉地围绕一个明确的方向构筑起有效的知识结构。同时,通过论文写作,既可熟悉和了解专业水平,确立牢固的专业思想,又可训练思维、锻炼能力。

由于目前大部分高校的考试仍偏重于书本知识的一般理解与记忆,对于学生掌握知识理论的广度和深度如何、会不会综合运用于实际等情况很难全面了解到。而在论文写作过程中,既可看出学生掌握专业知识理论的广度和深度,又可看出学生运用所学专业知识理论分析、解决实际问题的能力。那些平时学习只会死记硬背的学生在撰写论文时,就会暴露出他们的弱点;而那些平时学习善于独立思考、具有创新精神的学生,在论文写作中就会显示出较强的知识驾驭能力。因此,论文写作是对学生的知识和能力进行全面考核的重要尺度。通过这种考核,学校和用人单位可以全面了解一个学生的业务水平和工作态度,以便从中发现真正能够学以致用的人才。

三、表述科研成果

论文写作最直接的目的是表述科研成果。表述科研成果既是为了接受学校或社会的检验,也是为了交流学术观点、发展科学理论、服务人类社会。科研成果是论文写作的内容,是根本;表述是科研成果得以交流的技术手段,是关键。没有科研成果,论文写作便失去了存在的根基;没有表述,科研成果便无人知晓,无法交流。

(一)科研成果要有价值

作为论文写作的内容和根本,科研成果要有价值。科研成果的价值主要体现在现实价值和理论价值两个方面:

1. 现实价值

马克思曾说:"科学绝不是一种自私自利的享受。有幸能够致力于科学研究的人,首先应该拿自己的学识为人类服务。"社会科学以人类社会为研究对象,目的在于总结经验、发现规律、探索真理,从而指导人们的社会实践、推动社会发展。因此,我们的科研工作不仅要善于从现实社会生活中寻找人们普遍关心的现象、亟待解决的问题作为研究对象,而且要努力使我们的科研成果能科学地解释各种已发生的社会现象,有效地为人类社会和自身存在的问题提供解决方案,以便帮助人们按客观规律办事,更自觉、更积极地投身社会实践。

社会的发展一方面为社会科学提供了丰富的研究资源,另一方面也为社科类科研成果发挥理论指导实践的巨大作用提供了广阔的用武之地。只要我们能够根据社会的需要,从现实社会的各种新现象、新问题、新矛盾出发,精于选题,勇于探索,就能收获有价值的科研成果,写出有分量的学术论文,从而引起社会的重视,得到社会的认同。

2. 理论价值

一些基础理论、基础科学的研究,虽不能直接为现实服务,但从长远来看,却能推动应用科学的发展,服务于未来,其科学价值不容忽视。所谓"理论价值"是指在学科理论上有所建树、有所发展,或创立新说,或纠正通说,或补充前说,或优化组合众说。此外,科学研究不能就事论事、从现象到现象,而要把科学研究的过程和结果上升到理性的高度,加以专门且系统的论说,通过精深的分析、严密的论证以及科学的抽象与综合,说明事物发生、发展的规律,在理论上形成概念和系统,从而指导实践,预见未来。因此,我们的科研成果不光要有现实的应用价值,还要对事实材料进行理论分析,有较浓的理论色彩,有一定的理论深度,具有一定的理论价值。

(二)表述要讲方法

作为论文写作的技术手段和关键所在,表述要讲究方法。

1. 循体行文

所谓"循体行文",即遵循一定的文体格式进行文字表述。一篇完整的学术论文,其格式通常由标题、内容摘要、关键词、正文、附注等五个部分组成。

内容摘要是对学术论文主要内容的摘录,要突出论文的新发现、新观点、新成果等引人注目的内容,其作用是帮助读者在阅读全文之前就能掌握学术论文的要点。内容摘要位于文章标题和作者署名下面,文字简短,一般不超过300字。

关键词也叫"主题词",位于内容摘要下面,其作用是便于制作文献索引和计算机自动检索。关键词可从标题和内容摘要中选取,也可从正文中选取,一般以3~8个词语为宜。关键词不能使用句子或过长的词组,也不能使用介词、连词、代词和形容词。

正文通常由引论、本论、结论等三个部分组成。

引论是学术论文的开头部分,又称"绪论"。主要内容包括提出问题,交代背景,阐明研究的目的、意义、学术价值,介绍研究的范围、方法,概括学术论文的基本内容等。

本论是学术论文的主体部分。这一部分要对引论提出的问题展开充分的论证和分析,运用丰富翔实的材料,进行条理清晰、逻辑严密的论述。

结论是学术论文的结尾部分,是对全文的概括总结。可以用高度概括的语言,或归纳出全文的内容要点,或写出结论性意见,或对课题提出自己的探索性看法。此外,有些需要补充或说明的相关问题也可以放在这一部分里。

附注是对引文出处的说明或对文中某些文字的解释。附注主要有夹注、脚注和尾注三种形式。

2. 理清思路

不少学生在写论文时容易犯这样的毛病:论点和论据不分先后地罗列在一篇文章里,观点与观点之间缺乏一致性和平衡感,有些观点内涵丰富,有些观点缺乏内涵,并列在一起,往往会造成论述的凌乱和不均衡,从而使文章结构显得毫无逻辑可言,缺乏清晰的层次感。这些问题的存在,多半与写作者思路不清有关。

所谓"思路",体现的是一个人对客观事物的认识过程。把这一过程理出头绪就是思路,按照这一思路行文就形成了文章的篇章结构。可见,文章的结构与写作者的思路密切相关。

论文写作,一定要建立起自己清晰的逻辑思路,只有思路清晰,才能把握住论点和论据之间的内在联系,才能合理安排论点和论据的先后顺序,才能使论述有序展开、层层深入。

这里所说的"逻辑思路"主要指对论题展开论述时应遵循三方面的规律:一是遵循发现事物本质的规律;二是遵循理论文章写作的规律;三是遵循读者接受和认识事物的规律。

发现事物本质的过程是自下而上的过程,即总是从众多形而下的具体现象、事例最终得出某种形而上的结论;理论文章写作的过程则是自上而下的过程,即总是先提出某种观点,再列出具体现象、事例来证明这种观点;而读者接受和认识事物时则表现为疑问—回答式的自然反应,即作者表达的某种观点总是使读者对作者这样的表达产生疑问,因此观点的下一层就要对此疑问作出回答,通过不断的疑问、回答,读者就可以清楚地了解文中所有的观点。

遵循上述三方面的规律,就要求我们对论题展开论述时既要由表及里、由浅入深,又要在论述过程中善于提问,善于抓住读者的注意力,促使读者和你一起思考;同时,在解决问题时要力求透彻,使读者在认清一个层次后,再进入另一个新层次,切忌在一个问题还未谈清楚时就匆忙提出另一个问题。

3. 切忌面面俱到

不少学生在写论文时还容易犯这样的毛病:准备阶段从网上下载一堆与

研究课题有关的资料,草草列出一个写作提纲,动手就写论文;写作阶段则按写作提纲不加鉴别地把资料如数堆上。这样写出来的论文自然论点不明确,论据不典型,泛泛而谈,面面俱到,自己写着没劲,别人读了也提不起兴趣。

正确的做法应该是:准备阶段,资料搜集多多益善、以十当一,旨在从中发现有价值的突破点和开掘点;写作阶段,则要找准切入点,明确论文写作的核心论点,然后围绕核心论点精心筛选论据,论据力求少而精,要能够以一当十。

这里所说的"切入点"指的是写作角度。客观事物往往有许多不同的侧面,站在不同角度去观察它,就会发现它有不同的形状和特点,显示出不同的意义。同样,对一个科研课题来说,如果我们能在一堆相关材料中选择出一个自己确有体会且能较好把握的开掘点,必能使我们的论文写作论点集中、论述深入,给我们的论文带来与众不同的新意。

写论文切忌泛泛而谈、面面俱到,尤其对于一个科研工作新手来说,"有时能做到'深刻的片面'就很不错了"(南京大学中文系教授丁帆语)。

从表述科研成果这一目的出发,在论文写作过程中既要努力研究出有价值的科研成果,又要认真揣摩表述技巧。因为只有有价值的科研成果才值得表述;只有掌握技巧的表述才能更好地展示科研成果,更有效地达到交流目的——在交流中与他人形成互动、产生碰撞、相互启发、共同提高,进一步提高自己的科研能力与学术水平;并在互动、碰撞中不断丰富、发展、完善已有的科研成果,发展科学理论,服务人类社会。

第二节 论文写作的基本要求

论文写作的基本要求可分为对作者的基本要求和对论文的基本要求两个方面。对作者的基本要求主要包括对作者的素质要求和态度要求,对论文的基本要求主要包括对论文的总体要求和具体要求。这里主要讨论前者,后者在本书中另有专章论述。

论文是对科研成果的文字表述,是在进行了系列研究的基础上所发表的创造性论说,是科研活动中的重要环节。这就需要论文有相当的容量和深度,需要论文写作者具有相应的素质和态度。

一、素质要求

素质通常指一个人通过综合的精神状态和行为方式所表现出来的素养,主要由文化素质、思想素质和心理素质构成。一篇论文是一个人的知识水平、理论水平、心理素质和写作水平的综合反映,其内容的优劣与水平的高低,与一个人的学识素养、心理素质和写作水平密切相关。

1. 学识素养

所谓"学识",是指写作活动所需要的知识、学问、见识等。它既包括客观世界逻辑结构和运行规律方面的知识,也包括主体思维所使用的语言概念及其思维程序、规则方面的知识。论文的写作过程,实质上就是相关学识的组合与应用过程。

丰富的学识能使人具有敏锐的观察力和犀利的辨别力,能从纷繁的现象中发现有价值的研究课题。一个人在某一领域的专业知识理论越丰富,在这一领域提出创造性见解的概率就越大,文章写起来也就越得心应手。丰厚的学识素养是靠平常的积累和学而不厌的求知习惯所得的。高校的论文写作,其本身就具有总结专业学习成果、培养学生科研能力的性质。

因此,要想把论文写好,就得用功在平时,及早做准备。比如可以先大致选择一个自己感兴趣的研究方向,然后沿此方向广泛阅读,勤做笔记,从中寻找一个值得深入研究的突破口。这一阶段的阅读面要广,不仅要有专业知识理论方面的阅读,最好还能阅读一些其他相关学科领域的知识,这样才有助于开阔学术视野。毕竟,社会科学各学科之间、社会科学与自然科学之间的互相交汇和渗透在今天已不是什么新鲜事了,多读、多看、多想,很可能会收到意想不到的效果。一旦找到了突破口,这时就要尽快确立自己的研究课题,然后围绕课题广泛搜集与自己研究的课题同类的论文,了解这类课题已经有什么重要成果和代表性论文,了解这些论文选取的视角、涉及的内容、提出的观点、选择的材料、论述的深度以及存在的问题等。这一阶段的阅读不仅要专而且要精,因为要想使自己的论文所论述的观点是别人没有触及的,或在别人已有的成果上有新的发展,就必须先了解别人的研究情况,掌握有关的成果信息。倘若只是在交论文前的一两个星期突击学习、匆匆浏览,就想写出一篇有新意的好论文,那是不可能的。此外,学习一些方法论知识,有助于提高我们的科研水平。因为科学的方法论是人们认识世界、改造世界的思想武器。人们所从事的科学研究工作,其本身就是一种认识世界的实践活动,只有在科学的理论和方法的指导下,才能准确地提出问题,深入地分析问题,正确地解决问题。

2. 创造性心理素质

科学研究是一项创造性的思维活动,这就需要科研论文的写作者具备一定的创造性心理素质。创造是知识在理论的指导下对现实的探索与发现,是知识、理论和现实三者之间的互动。科学研究的实践已经证明,观察社会和辩证思维是进行社科研究的两大武器。观察社会是人们认识社会的基础,但观察社会所获得的感性材料是有限的,而且往往是零碎的、片面的,如果不通过辩证思维对它们由表及里、去伪存真地进行思维加工,就不能揭示出事物的内在联系及其本质特点,就不能对事物有一个正确的理论认识。我国著名教育家王力先生在《谈谈写论文》一文中指出:"撰写论文,第一点,也是最重要的一点,就是要运用逻辑思维。"这里所说的"逻辑思维"又称"理论思维",是人们在认识过程中借助于概念、判断、推理等思维形式能动地反映客观现实的理性认识过程,主要包括形式逻辑和辩证逻辑两种形式。

论证实际上是一种逻辑思维形式。论证问题不仅要遵循形式逻辑的规律,也要遵循辩证逻辑的规律。辩证逻辑主要是按照提出问题、分析问题、解决问题的程序进行论证;形式逻辑则是先有论点,然后根据论点的需要选择论据进行论证。辩证逻辑有助于我们在科研活动中发现问题、分析问题、解决问题;形式逻辑则有助于我们在论文写作时表述学术观点、组织文章结构。

正确的理论思维是科学研究获得创造性成果的基础,但理论思维并不等于是创造性心理素质。那么,什么是创造性心理素质呢?所谓"创造性心理素质",是指有方向的、受支配的创造性思维,在解决一个问题时,能够反复地、有步骤地、连贯地进行思考和探索。因为心理素质不仅包括一个人的认识能力,还包括一个人的情绪和情感品质、意志品质、气质和性格等个性品质。只有具备创造性心理素质的人,才有可能写出富有创造性的学术论文。

3. 写作水平

写作水平既是一个人文化水平、思想水平的综合反映,也是一个人智力结构的综合体现。

所谓"智力",指的是人们认识客观事物并运用已掌握的知识解决实际问题的能力。人的智力结构主要由观察力、记忆力、想象力、思维能力和操作能力等五种基本能力组成。这就需要我们在日常生活中注意观察、积累,在平时的学习中积极思考、想象,同时了解一些论文写作方面的知识与规程,以便写出符合规范的学术论文。

二、态度要求

态度是人们在自身道德观和价值观基础上形成的对事物的评价和行为倾向。它体现的是一个人对态度对象的情绪反应(情感)、想法和信念(认知)以及所采取的行动(行为)。人们常说"态度决定一切",可见态度的好坏与事业的成败关系密切。积极的态度表现为:热情、敬业、恒心、耐力和毅力等。消极的态度则表现为:冷漠、散漫、灰心、做事缺乏恒心和毅力等。科学研究是一项极其严肃、极为艰苦的创造性脑力劳动,这就需要从业者应具备踏实的工作作风、严谨的治学态度和持之以恒的毅力。在科学研究领域里,要想真正有所发现,有所创造,就必须有一种勤学善思、不畏辛劳、持之以恒的精神。比如牛顿的创造经验是"如果说我对世界有些微薄的贡献的话,那不是由于别的,都只是由于我的辛勤耐劳所致"。再比如亚当·斯密陪同皇子从欧洲回来以后,十年当中一直在想经济是怎么运行的这个问题,经过十年的思考,他终于发现了"看不见的手"。大学阶段的论文写作自然也需要写作者具有正确、积极、认真、严肃的学习态度。

第三节　论文写作的主要环节

中文系本科论文写作,无论是课程论文,还是学年论文和毕业论文,基本上都要经历这样的一个写作过程:首先是选题,其次是拟定写作提纲或撰写开题报告,再次是进行初稿写作,最后是修改定稿和打印。相对于课程论文和学年论文来说,本科毕业论文从写作难度和规范上看,其写作过程无疑是最有代表性的,这里着重介绍中文专业本科毕业论文写作过程中的几个关键环节。

一、选题

中文专业本科毕业论文的写作,首要环节就是选题。选题,是指确定论文要研究的领域、研究方向以及具体的问题。好的选题,需要一定的学术眼光。在某种程度上,选题的成功便意味着论文写作的成功。因为后面有专门介绍,在此不展开论述。

二、撰写开题报告

选题确定之后,就要进行开题报告撰写。撰写开题报告,关键是在调查研究的基础上,针对学术界当前存在的问题,进行分析思考,提出切实可行的研究计划。而指导教师会针对选题、研究思路等问题,提出自己的指导意见。

开题报告,一般包括研究现状、写作提纲、研究难点、写作计划和参考文献等几个部分。

1. 清理研究现状

研究现状的清理,离不开前文提到的学术调查,要对调查结果进行实事求是的分析,收集与选题相关研究已经取得的重要成就,及其存在的不足之处。其中的不足之处,就是研究攻克的方向所在,是学术创新的可能性所在。另外,研究现状,既要涉及国内的研究,又要注意到国外的研究。一般同学仅仅注意到国内的研究现状,这是远远不够的。在当今全球化的时代,国内外的学术交流普遍而频繁。学术的传播与进步,离不开国内外学术界的良性互动。比如,当代文艺学的建构是中西方积极互动的结果。不必说新闻传播,就是中国古代文学的一些领域,国外研究成果的借鉴意义也不容忽视。比如研究庄学时,除了关注国内的一些专家之外,对国外的汉森(Chan Hansen)、奚密(Michelle Yeh)等人的研究动向也要把握。而国外研究的资料,可以通过阅读国内的一些翻译著作来了解,也可以直接阅读外文的论著。如果手头上没有外文资料,可以进入学校图书馆网站西文电子资料库查询。

2. 拟定写作提纲

写作提纲的撰写,首先要求章节分明。每一节下面要有具体阐述,要点应尽可能地细化。如果只是光秃秃的章节标题,指导教师对你的具体思路还是难以把握,这也说明你对有些问题的思考还不明朗。下面是一位同学题为

《胡适与中国文学的现代性》论文中的写作提纲：
   （1）现代性、文学现代性的内涵
   （2）胡适与中国文学的"现代性"转换
   （3）胡适的创作、文论的历史与现实意义

   其中的大致框架，还比较清楚。但是提纲过于简单，什么是"现代性、文学现代性的内涵"，不是很清楚。胡适与中国文学的"现代性"转换的具体关系，也不是很明朗。其次，每一章之间的排列，要有一定的逻辑性，基本上要按照提出问题、分析问题和解决问题的思路来安排。一般来说，论文的安排以三四章为宜，因为只有四五千字的论文被分割为六七章，许多问题就只能点到为止。再次，章节的排列要有一种整齐对称美，有一篇《形式美与表情》的论文，其主要章节结构是这样安排的：

一、色彩与表情

二、形体与表情

（一）线条
1. 书法
2. 建筑

（二）圆形诗

（三）不均衡

三、声乐与表情

（一）色彩和声乐

（二）词和声乐

这里明显看出章节之间不是很对称，第一章是有章无节，与后面的章节安排极不协调。此外只有"(一)线条"下设有三级标题,其他章节都没有。在自然科学研究当中,尚且要追求一种对称美,人文科学的论文写作更是要求如此。

3. 明确研究难点

研究难点,其目的是让指导老师了解当前研究的困难所在,以便有重点地进行指导。对研究难点的突破,往往是学术创新的关键所在。

4. 撰写写作计划

写作计划的制定,关系到论文完成的时间安排和可行性等问题。特别是论文初稿的完成时间,应该与定稿时间有一定的时间间隔,有的同学在初稿完成后只安排几天时间进行定稿,这是不现实的。因为初稿的修改,需要重新查阅资料和分析思考,安排几天时间就非常仓促。

5. 查找文献资料

有的同学没有充分认识到参考文献对论文写作的重要性,只是按照程序随便罗列一些书目在上面。实际上,参考文献反映了论文写作者的学术视野是窄狭还是开阔。如果参考文献只是几本教材,说明对学术前沿的信息掌握得不多,比如写"现代文学传播"方面的论文,参考文献中没有传播学权威麦克卢汉的著作;写"电视艺术与消费社会"方面的论文,没有鲍德里亚的相关论著,那就不仅仅是参考文献数量的多少问题了。所以指导教师通过对学生论文参考文献部分的考察,就能够对论文的前沿性和创新性有一个初步的了解。

三、撰写初稿

提纲确定或开题之后,就要开始紧锣密鼓的初稿写作了。那么,具体是在什么时候开始写作?初看起来,这不是一个问题。实际上,初稿的写作,往往存在一个误区:一些同学是想把所有涉及的资料都看完、都消化吸收之后,才正式开始初稿写作,但是经常由于时间紧,难免手忙脚乱,甚至许多想法也记不起了。所以在经过选题阶段的学术调查之后,对论文所研究的领域有了一个大致的了解,又经过开题报告的撰写与思考,基本上能形成论文的初步观点了。这个时候,应该是每天看一些资料,及时地做记录,边看边写比较合适。需要注意的是,每次看书必然会有一些感想和想法,如果不及时地写进论文中,过一段时间可能就忘记了。还有把所涉及的资料看完是相对的,并不是绝对的,比如研究"商人与戏曲的传播",在查阅一定资料的基础上,就要敢于形成自己的观点,要像中国现代大学者胡适那样"大胆设想,小心求证",然后在写作的过程中,不断地充实,不断地修正。

(一)三种意识

初稿的写作,就研究者来说,要有形式美学研究专家赵宪章教授提出的三种意识:问题意识、历史意识和现代意识。

1. 问题意识

许多同学是为了写论文而写论文,只知道为了学分和毕业而写论文,不清楚论文写作是为了解决学术问题或者现实问题。前一段时间,网络上频频出现当代诗人赵丽华的"口水诗",比如《我爱你的寂寞如同你爱我的孤独》:

> 赵又霖和刘又源
> 一个是我侄子
> 七岁半
> 一个是我外甥
> 五岁
> 现在他们两个出去玩了

这些诗歌,大部分网友和读者都是极力抨击的,也有些人称好。那么这些口语诗的出现,是一个孤立的现象吗?它对当代诗歌发展有什么启示?它的写作该如何把握生活和诗意的关系?如果带着这些问题去写《口语诗的写作与思考》等论文,就会有针对性,它的学术价值是显而易见的。学术论文的写作,就是要带着问题,对大量相关材料进行分析论证,得出对学术界来说比较有新意的观点。

2. 历史意识

当然,问题意识的形成又离不开历史意识。对于口语诗来说,我们如果不清楚古代律诗发展和衰亡的历史,就不会知道口语诗在当今时代出现的必然性;如果我们不了解"五四"以来白话诗发展的艰难历程,就不会担心口语诗的生存与出路。另一方面,历史意识又是解决学术问题的必要性所在,文学史上的一切优秀诗歌,它们的共性是什么,历史是一面镜子,探讨其中的奥秘,对解决当前口语诗出路有着重要的启示。

3. 现代意识

历史是发展的,当代诗歌的发展不可能回到古代,那么口语诗还应该具备古代优秀诗歌所具有的特性之外的哪些元素？口语诗与当代人的精神生活又有着怎样的关系？这就是说，除了问题意识和历史意识，学术论文的写作还应该具备一定的现代意识。写论文完全脱离现代的语境，这可能是许多同学在写作中普遍存在的问题。首先，从事学术论文的写作，本来就是现代社会的一种现象，怎么能够忽略它的时代性？再次，从学术论文写作的目的性上看，它也是现代社会的一种精神需要。所以，有着强烈现代意识的论文，才会引起学术界和社会的广泛关注。当然，这里的问题意识、历史意识和现代意识往往是交融在一起的。

这里我们强调中文学科的论文写作一定要有前代的史实与理论支撑，具体表现在论文中就是引经据典。刚上大学的同学，常常对图书馆里中文学术期刊论文中的许多注释感到非常纳闷，尤其是理工科的同学，看到文史哲论文后面的大量注释，更是百思不得其解。其实，他们没有理解人文学科与自然学科的范式是不一样的，所以其写作特点也就不同。如果一篇中文学科的论文，特别是还未踏进学术门槛的人，从头到尾都是自己在自说自话，从不参考引用别人的观点，那么这样的学术论文一般不会被学术界所认可。

(二) 五种"声音"

初稿的撰写，就文本来说，应该具备文学理论研究和文化研究专家周宪教授所说的五种"声音"。具体来说，这五种"声音"分别是：

1. 研究对象的"声音"

比如研究"李白诗歌中的夸张"，论文中要出现李白诗歌中运用了夸张手法的原文，以及李白的诗文中有关诗歌创作的论述；而题为《李清照与李煜词之比较》的论文，自然少不了李清照和李煜词的原文了。有的同学写题为《邓小平文艺思想》的论文，看的都是关于别人研究邓小平的文章，而《邓小平文选》一本都没有看过，怎么能研究邓小平文艺思想？所以，一定要读原著，通过别人的二手资料来了解原著，第一是学术不严谨，因为别人的材料不可能保证都是准确无误的；第二是通过二手资料了解研究对象，是不可能全面的，因此也就形成不了对研究对象正确的评价。

2. 研究对象同一类型者的"声音"

要把研究对象放在当时的一个时代大背景中探讨，比如研究李白的诗歌艺术，可以联系"李杜"并称的杜甫，这样既可以比较研究，也可以进行影响研究；比如要研究鲁迅的杂文艺术，可联系瞿秋白的杂文进行比较研究，更能够凸显鲁迅杂文的特质。有的同学的论文,显得非常单薄,其原因就是不善于联系和比较,只是孤立地就事论事。

3. 不同研究者的"声音"

就《李白诗歌中的夸张》来说,这个话题是谁最先研究的?古代研究者是怎么看待李白诗歌中的语言修辞的?这自然就要分析他们的成就与局限。还有现代研究者又是怎么看待的?他们与前人有什么不一样?论文中有不同研究者的"声音",既能体现研究的延续性,又能更好地凸显自己研究的创新性。

4. 与论文写作者观点不一致的声音

比如《29届奥运会文艺表演的艺术探讨》,如果你赞同张艺谋的艺术探索的话,不能光引用一些赞美之词,也要涉及一些否定的看法,进行辩证思考,这样论文立论才公允。许多同学论文立论偏激,经不住推敲,就是没有认真考虑与自己观点相反的"声音"。

5. 研究者自己的"声音"

一定要弄清楚自己的观点是什么。许多同学在写论文的时候,都是引用别人的话,而没有自己的"声音",没有自己的观点和看法。这样的论文就没有什么学术价值,只能是资料的汇集。

当然,这几种"声音"往往交织在一起。论文中有这几种"声音"存在,论文写作才能打开思路,不会像有些同学那样感到无话可说,立论也因此更加可靠,文本才能显得丰满。这几种"声音"的并存,与论证的多样性是一致的,比如第一种"声音"与事实论证密不可分,第三种"声音"与理论论证和对比论证密切相关,而第四种"声音"也与对比论证相一致。

四、论文的修改

在定稿之前,还有一个很重要的环节,就是论文修改。俗话说得好:"善作不如善改。"文学创作需要多次的修改,学术论文的写作更是如此。在写作过程中,既要根据材料的更新不断地进行修改,也要不断调整思路使观点更突出,使论证更有力。一般来说,中文本科论文的修改要涉及这几个方面:题目、摘要、结构、结语、语言、参考文献,等等。下面就论文修改提出一些要注意的事项:

1. 论文题目的推敲

论文题目要简练,不宜太长,一般不要超过20个汉字。论文写作,一般都是先确定题目,可以是指导教师直接命题,也可以和指导老师商量后确定。论文正文的内容,应该是与题目保持一致的。比如题目是《再谈简·爱的性格特征》,必须要扣住"再"这个关键词进行写作。如果论文没有涉及其他研究者的观点,没有点出论文观点与其他研究者的不同,看不出简·爱性格特征的分析有什么创新之处,那就是没有扣住题目。但是,也存在这样的情况,就是正文写得差不多了,才发现正文与论文题目有一定的出入。这时,除了修改正文之外,还有一种方法,就是修改题目。因为有时候修改正文难度太大,还不如在题目上下工夫。有位同学论文的题目是《全球语境下的跨文化戏剧》,初稿写好之后,她才发现谈论的对象基本都是高行健的戏剧,其他人的戏剧涉及很少,明显和题目不对称,怎么办?她把论文标题稍作调整,变成了《全球语境下的跨文化戏剧——谈高行健的探索戏剧》,这样一调整,论文题目与内容就非常切合了。

2. 摘要的撰写

摘要是对论文的内容不加注释和评论的简短陈述,应准确概括论文的实质性内容,包括目的、方法、结果和结论等方面的要素。所以摘要最突出的要求,应该是高度的概括性,请看一篇题为《形式美与表情》的论文摘要:

> 在人类创造美的长期活动中,逐渐发展了对各种形式因素的敏感,如色彩、形体、声乐等。色彩,是构成形式美的基本因素,是最普通、最大众化的美感。西方以红色作为战斗象征血腥之意,东方则代表吉祥乐观,有喜庆之意;基督以黄色为耻辱的象征,东方则代表尊贵优雅。《呼喊与细语》中的颜色对伯格曼来说具有确定的隐喻内涵。线条、不均衡和诗文中的特殊结构都是形体美的重要因素。康定斯基认为每一种色彩都能够在音乐中找到相对应的乐器,色彩与音乐形体的和谐是"依赖于人的心灵相应的振动"。不论是色彩、形体、声音,不论是它们的整齐一律、平衡对称、调和对比,还是它们的比例、节奏韵律、多样统一,它们的基础就是表情性。

其中的"西方以红色作为战斗象征血腥之意,东方则代表吉祥乐观,有喜庆之意;基督以黄色为耻辱的象征,东方则代表尊贵优雅。《呼喊与细语》中的颜色对伯格曼来说具有确定的隐喻内涵",这一大段都是举例,而非概括说明,在摘要中出现是不合适的。另外,在此摘要中,没有提到研究目的,看不出论文写作的意义何在,是要解决怎样的学术问题。

除了中文摘要之外,还有英文摘要,二者必须对应,同时,英文摘要语言方面也不允许差错。

3. 论文结构的调整

前面说到,论文章节安排要有一种对称美,这也是结构框架的要求之一。除此之外,还要注意结构的完整性和结构层次之间的逻辑性,如一篇题为《论语言美》的毕业论文的结构:

前言

一、语言美的定义

二、语言美的实质

(一)思想道德美是语言美的灵魂

(二)情感美是语言美的内涵

(三)知识美是语言美的源泉

(四)艺术美是语言美的魅力

三、语言美的重大现实意义

四、日常生活中如何做到语言美

这篇论文的结构,除了结构的不对称外(第一章、第三章和第四章都是有章无节),结构还不是很完整,有前言,但没有结束语。再次,从结构层次的安排上看,第一章"语言美的定义"不适宜单独作一章,只适宜作为文章中的一段;第三章"语言美的重大现实意义"和第四章"日常生活中如何做到语言美"可以合二为一;第二章"语言美的实质"中的四个小节的安排也很乱,缺乏严谨性和逻辑性。

4. 结束语的斟酌

结论或结束语是论文最终的、总体的结论,不是正文中各段小结的简单重复。结论,既要做到准确、完整,又要明确、精练。当然,如果不能导出应有的结论,也可以就没有结论而进行必要的讨论。在结语中,可以指出还存在哪些尚待解决的问题,以及进一步研究的建议和设想等。下面是一篇论文的结束语:

> 总之,文学言语既是文学的载体,又是文学的对象,更是文学赖以栖身的家园;它除了要像生活一样真实以外,它更应该是新鲜的、不被人使用过的。

这篇结束语太简单了,只是把全文的内容概括一下,没有指出研究的学术意义和现实意义,以及进一步研究的可能性。再看另一篇论文的结束语:

> 总之,本文所要论述的也可以用另一句话来概括:"审美态度是体现在形式上的情感。"(鲍桑葵语)形式美,不论是色彩、形体、声音,不论是它们的整齐一律、平衡对称、调和对比,还是它们的比例、节奏韵律、多样统一,它们的基础就是表情性。当然,这"表情性"是人们在长期的审美实践中不断探索、培养、积累、沉淀出来的美的规律。

除了上篇结束语存在的缺陷之外,这篇结束语最大的缺陷,就是结束语中引用了鲍桑葵的言语,而没有用自己的语言概括。需要指出的是,如果一篇论文的结论,能用别人的话来形容,那么这个结论是没有任何创新性和学术价值的。

5. 语言的打磨

学术论文的语言,一般要做到准确、清楚,要去掉一些辞藻华丽和非常主观化的语言。隋朝泗州刺史司马幼不实事求是,因为呈报上来的"文表浮艳"而被治了罪,这对我们写论文也很有启发。所以,在写作的时候,一定要注意语言的客观性,说话要把握分寸,切记不要轻易使用"一切"、"绝对"等词语。另外,有些概念和专业术语的运用,不要随意改变他们约定俗成的含义,有些如"意象"、"意境"等内涵丰富的概念,一定要确定在什么意义上使用。有些同学乱用概念,甚至生造术语,在论文修改中一定要删除。

6.参考文献的增删

参考文献的标注,表明论文研究是建立在他人研究的基础上的,是对他人学术成果的尊重。要列出的引用和参考的各类文献,应采用顺序编码制,即按照正文中引用文献出现的先后顺序连续编码。

总之,论文写作在内容上能够做到论证充分、观点鲜明,能形成自己的观点,有学术创新之处,并用自己的话把思想观点表述出来;在形式上符合当前的学术规范。那么基本上就可以定稿了。

六、论文的打印

论文写作的最后一个环节就是打印。因为后面有专门介绍,在此不展开论述。

第三章

论文的选题和创新

开始撰写文学性很强的文章前,一定要有一个仔细构思的准备,其实,论文的写作也并不是不经考虑提笔就写的,写作前同样要做周密的准备,第一步的准备就是确定论题,这个环节就是选题。如上章第三节所述,论文写作也要经过许多步骤和必要环节的设计,对论文各个环节的细致的考虑在一定程度上比实际动手还要重要得多,而正确选题是写好论文的第一步。

第一节 论文的选题

一、选题的重要性及基本要求

选题,就是确定所研究的问题(命题),整个写作活动都是围绕论题而展开的,这是论文写作与研究的前提与基础,可以说,一个适当的选题几乎等于论文写作成功了一半。

对大学生的论文写作来说,考虑研究的题目或试图解决的问题必须注意以下两点:

(一)要有学术价值

论文写作从性质来说也是学术研究活动,因此,所进行的研究必须具有学术价值。所谓学术价值,就是一个论题在该研究领域是成立的,是必要的,对于推动该领域的研究是有价值的。论文写作者确定一个论题进行研究,首先必须考虑的就是对准备研究和选择的题目进行学术价值评估,也就是鉴定这个题目是否有学术价值,价值的大小如何。这固然需要写作者个人判断,作者还应该听取本研究领域专家和指导教师的意见。

(二)大小适当

选题的大小,就是研究的题目涉及资料文献的多少、论文讨论对象及其意义的大小。严格地说,选题的大小是相对的,一个题目很大而研究者足以驾驭,这样的研究也是可以展开的;选题小而论述深刻,同样是有价值的。考虑到学生知识的局限性,论文的选题避免太大,大而无当,大却论述不深刻、透彻是大学生论文选题中普遍存在的问题。例如《谈谈文学理论的若干基本问题》、《论当代中国文学史的变迁》等等,在这样的题目下,什么都可以谈到,什么都可以论述一下,但范围显然太大,对于仅仅掌握基础知识的大学生来说,是根本无法控制的。因此,动手写作之前,必须考虑选题是否恰当,是否过大,是否超出了自己的驾驭能力。对于本科阶段的学习来说,我们提倡选题要小,这样论述易集中、深入,具体来说,选题的下面最好以只能分出第二个层次为合适;如果选题之下能够再分出更多或者比较复杂的层次,就不大好把握,很难将论证深入下去。如果把"论大众文化受众的审美心理",缩小为"试谈读者阅读大众文本时的选择性理解",显然后者比前者的论证范围要小很多。因此,我们提倡大学生在论文选题的时候要遵循一个原则:"开口"要小,要根据自己的知识水平和掌握的资料来选题。

可见,论文选题的大小、合适与否其实还涉及论文写作者个人的准备,如掌握材料的多少和估量自己的驾驭材料和理解材料的能力。如果对某个选题特别感兴趣,并且已经下定决心要写,但是当前研究的二手材料很少,估计短时间内也难以搜集到更多的材料,如果出现这种情况,最好还是换一个选题为好。材料是任何论文写作的基础,"万丈高楼平地起",基础不稳,仅凭兴趣,不可能写出成功的论文。相反的情况是材料较多,但作者的研究经验和视野都比较有限,难以驾驭,而且论文的篇幅也有限,遇到这样的情况,写作者最好坚决将选题范围缩小。

二、选题的方法与步骤

论文的选题是论文写作的序幕,从操作性来说,具体有如下环节:

第一步,认真梳理个人的知识储备,了解个人感兴趣的研究对象,思考专业的研究空白(空白点的发现对于初学者来说并不很容易),以及既定专业的热点话题、引发争议的话题(可以根据自己的理解提出独到的看法)、对比性的话题,从交叉专业角度研究既定专业的话题,在新的时代语境下对老话题的新思考以及对当前刚刚出现的新现象带来的专业上的新话题的思考等等。

第二步,初步确定论题,接下来要从两点上来下工夫:其一,对以往关于此选题的相关理论和研究成果进行回顾和整理;其二,对与此选题相关的原始材料要尽可能掌握,这两方面归纳起来也就是所谓的"文献检索"。不要小看或者忽视这两点,这两点的工作最为复杂也最为艰苦。可能出现的一种情况是有些资料在已有的条件下可能搜集不到,即使是通过网络搜集也难以找到,结果还是需要人工查找核对。有些资料根据选题的需要还要实地考察收集。这就势必要求论文写作者在资料收集过程中花费大量的时间和精力,另外,当涉及英文资料的时候,对于论文写作者来说理解好现成的翻译也要耗费不少的精力和时间。选题为什么要强调资料的收集呢?之所以说资料收集很有必要,这里面有两点原因:一方面可以确定先前认为的新角度、新材料别人是否已经做过;另一方面,在资料查找和理论回顾的过程中,资料收集也是打开和理清思路的一个重要路径,好多论者的新观点、新视角、新材料都是在资料收集过程中产生的。

第三步,明确关于选题的理论假设和将要研究的具体问题。选题的实质本来就是要明确论文的方向和范围,这种方向和范围主要体现在两个方面:第一方面,就是理论观点——论文写作者的立论立场是什么?论文的理论观点不是随意凭空设想的,虽然其开始可能是一种假设,但是这种假设必须从足够的证据、材料以及严密的论证中生发出来,然后通过思维设定的论证框架结构来证明理论的假设的正确性。第二方面,就是具体问题,要写的论文需要论证哪些相关问题。对相关问题的历史语境以及各种条件都要有所调查和分析。这两个方面都指向一个关键:选题涉及的论文中心思想或论证主题,一定要明确,并且要贯穿论文写作的始终。由于论文篇幅相对比较长,常见的问题之一是作者把握不住写作进程,写着写着,无形中脱离了自己原来确定的理论假设或具体问题,许多无关中心思想或论证主题的内容充斥在论文中。

第四步,选题过程要考虑到具体的研究方法。人文社会科学研究方法大体可以归为两大类:思辨研究和实证研究,后者又包括定性研究、定量研究两种研究方法。人文社科往往要探究社会事实或社会现象,不同的研究取向导致不同的研究方法和不同的研究假设、收集资料的方式以及价值判断标准。一般来说,我们根据自己的选题和论文中讨论的具体问题,可以主辅结合,即以一种研究方法为主,其他的方法为辅。例如,在新闻传播学专业中,研究"人"作为大众媒体信息的接受者其接受信息时的状况,这种研究取向就决定了研究本身要以定量分析为主,但同时也需要结合一些历史、文化甚至经济管理学的思辨研究。

在文科论文写作中,作者直接在论文中进行定量分析的规模一般较小,适应的范围也是有限的,较多的是采用二手材料而不是自己直接的调查结果。原因是学生论文的规模和相关研究经费以及作者个人进行社会调查的能力等都有限。不可否认的是以逻辑分析为主的论文,根据实际需要,如果适当采用一些定量分析的数据,有时会给文章增添一些分量。但是,切忌为了显示研究方法的多样而刻意去做。例如,一个宏观历史性的话题本来适于思辨研究,写作者如果非要加进一项微观的量化调查结果试图证明什么,反而会弄巧成拙。

第五步,设计论文的框架结构。这是论文选题思路的具体展开,所以其要求也更细一些。通常情况下,一篇论文要有绪论、主体章节,以及结束语。写前的大体的布局逻辑决定后来的章节设置,文章框架不但要事先有所规划,最好还要细致一些,具体到"节"会更好,但是"节"的层次开始时不要固定化,以便于写作时心中有大致的了解,有改动的余地。到了设计论文框架这一步,要有文字化的章节设计,最好请论文导师指导。

第六步,材料的搜集与论证。确定了题目后,对相关的文献资料、调查材料和各种论据一般要进行分析、归类,再分别充实到各章节中,然后进行解释、论证。其实,这也是论文写作的一部分。各种材料和论据,不是先天就可以证明论点或说明具体问题的,这需要论文写作者对材料进行组织和论证,才能使其变得富有生命力和说服力,从而恰当有力地为自己的选题服务。

另外,用正确的逻辑思维和严谨的数据组织论证也很重要。这时候论文作者要围绕已经确定的理论假设或具体问题,调动自己所学的各种知识,通过正论、反论、设论、驳论、喻论等手法来论证前面提出的观点和问题。论证中肯定会出现种种材料缺乏的问题、逻辑推理方面的问题、论据与选题不相配的问题等,这些都是不可忽视的,需要停下来再找材料,充实或削减原来论文框架中的内容,必要时还要对框架结构进行局部调整,看是否符合自己当初的选题设想。

第七步,重新估量选题在写作过程中很必要。通过征求指导老师意见和本人的思考,感到原来的选题对自己不适合,或难以完成,那么,就要及时调整论文写作计划,改变选题。这种情形在论文写作中也时常发生,关键在于不要长时期犹豫不决,必须"快刀斩乱麻",以便有时间重起炉灶,给自己缓冲的时间。由于前面已经对既定专业的学术研究有过较多的思考和文献检索,即使改变选题,重新做起,花费的时间也不会很多,对此过多的担心也是不必要的。

选题不当、难以完成的另一种情况不在于选题本身,而在于选题论证的范围过大。解决这个问题并不难,把论证对象的范围缩小就行了。常常最大的障碍是许多论文写作者舍不得"忍痛割爱",花费了许多工夫准备论文,耗费了许多精力收集的材料用不上,就难以割舍。这种情况当然会涉及重新设计论文框架结构的问题,不过,将较大的论证对象的范围缩小,总比另起炉灶要容易。论文写作中,论证对象范围过小的情况很少见,大学生写作一万字左右的论文,本来就适宜开口较小的选题。

三、选题过程中研究现状调查的重要性

大部分人文社科研究者都有这样的论文写作经验:为了完成某一个研究选题,搜集资料、阅读堆成小山般的论著、做笔记、找人访谈、搞抽样调查和统计分析等等,选题前期准备工作所耗费的时间,少则数月,多达数年。虽然很辛苦,但是,这些工作做得越充分,写作的时间就越短,并且会感到十分顺手。相反的情况是,材料不足,思路不明,却由于某种原因一定要写出来,花费了许多写作时间,写出来的东西往往质量不高。导致这种问题出现的原因,就是现有研究文献调查工作没有做到位,这是学习论文写作的一道门槛。大学生论文写作中,专门为选题搞抽样调查、大量访谈的可能性较小,主要是在前人研究的基础上提出一些较小的假设来论证,因此,准备工作大多集中在文献检索方面。

选题前的文献检索大致包括以下几个步骤:

(1)首先以选题为轴心,对广义领域的研究状况进行材料扫描式搜寻,然后缩小到选题本身较小的研究领域来考察。广泛扫描之后,再逐步聚焦搜索范围,这对于精确定位自己准备论证的话题在较大范围内的地位和意义,是必要的一个步骤。

（2）在适当缩小搜寻范围之后，接下来是了解已有研究成果的研究方法。哪些研究方法适合此选题、有什么成功的经验和存在哪些问题、哪些方法对于选题能够产生新的结论等等，这些都要关注。

（3）了解当前不同的学术观点。大部分选题在学科的历史发展中都存在着并形成了不同的观点，有的甚至形成了不同的学派。扫描检索时要进行较为全面的了解和客观的分析，论文写作者要在比较中确定和定位自己的基本观点或倾向。这个聚焦步骤对于形成论文作者自己独立的观点，具有相当重要的启示意义。

（4）对选题涉及的领域中学有所成的专家进行有计划的访问。这种访问对于深化选题，开拓对选题本身的理解也是关键的一步。有些学生写论文时只是埋头找寻材料，闭门造车。结果是由于自己的社会阅历有限，以这种阅历对获得的材料进行归纳，往往存在重大遗漏，并且由于知识盲点自己往往也感觉不到；另外，对具体问题、材料的理解，也容易出现较大的偏差。许多材料其实并不存在于有形的文字之中，而是存在于选题涉及领域专家的头脑中，及时挖掘这类活的材料并为我所用，对于提高论文的价值，意义重大。

访问有关专家和指导老师，一方面是为了取得进一步找寻材料的途径（遇到问题知道到哪里能够找到材料，这本身就需要很深厚的知识积累）。专家们和指导老师以自身丰富的研究经验和论文写作经历，往往可以在材料的找寻方面为写作者确定方向。学生可以通过专家以及指导老师提供的捷径，找到比自己知道的多得多的材料。另一方面，访问本身也是听取对选题的意见和打开选题思路的机会。专家和指导老师一般在所选题目领域内学有所长，学生往往可以得到许多忠告和建议，包括对选题的价值评估、选题的大体可能的论证视角，甚至未来论文的框架结构等等，这种帮助都是弥足珍贵的。

第二节 选题的创新

论文是学术研究的结果，学术必须创新，任何学术研究都应超越已有成果，探索学术前沿。学术研究如果只是在原有的框架里不敢突破，或者没有更具价值的新发现，那么，这样的学术成果也就很难说有什么理论指导意义或社会实践价值。在新的时代要求下，学术迫切需要创新，大学生论文选题的创新也就十分重要了。倘若没有选好题目,即使完成也意义不大,而如果有一个好的选题,则意味着论文成功了一半。因为一项毫无意义的研究,花再大的精力,研究得再好,也没有什么价值,而如果选题很有意义,本身就说明作者有学术眼光,能够超越或创新本领域的认识。积累不同、起点不同、层次不同,当然境界也就不同。因此,选题的创新与否关系到论文的成败。

选题的创新要讲究方法,即科研的路径,没有正确的方法难以得出正确的结论,逻辑上的错误和论证上的粗疏当然不可能令人信服。选题和方法是互为一体的,即目标和过程是紧扣的,选题离不开方法的实施,方法的实施当然也离不开选题的目的。

一、创新的基础和前提是广博的专业基础知识

创新的基础在于对专业知识的牢固把握,创新的前提在于对前人成果的继承。如果脱离了对专业知识的学习和巩固,抛弃了对前人成果的继承和借鉴,那创新也就成了无源之水、无本之木。

任何一门学科或专业都有相关的专业知识,作为一名大学生,应该牢固掌握专业知识,只有在此基础上,才能谈得上创新。就拿汉语言文学专业来说,专业知识分类繁多,有文学史方向的,有文学理论方向的,有语言学方向的。文学史方向的又分为中国古代文学、中国现当代文学、外国文学等;文学理论方向又分为西方文论、中国古代文论等;语言学方向又分为理论语言学、古代汉语、现代汉语等。而各种分支又有更细微的分类,每个分类都有很大的知识容量,因此,要掌握好这些专业知识,需要日常不断积累提高。如果对专业知识掌握得比较牢固,那么,在论文的撰写过程中就能左右逢源,纵横自如。比如,撰写一篇研究清代诗人诗歌创作的论文,如果对诗歌发展史所知甚少,撰写时就只能就诗论诗,而不知道从整个诗歌发展史上来考察,无法对所论诗人创作进行纵向比较和历史定位,写出来的论文也必然肤浅,没有什么价值。如果对诗歌发展的历史掌握得较好,就能把诗人个案放在整个文学发展的长河中加以分析考察,得出的结论必然也是可信的,有一定的参考价值。再比如,有的学生对小说的发展历史所知不多,却贸然写关于《红楼梦》的论文,这种论文就如同沙上建塔,根基是非常不稳固的。根基不牢,何谈大厦的构建?对已有知识了解不清楚,何来研究的创新?更有甚者,有些大学生对研究对象尚不明确,就"勇敢"地动笔写作,闹出的笑话必然不少。比如,

有学生没有通读《金瓶梅》,就敢写研究《金瓶梅》的论文;没读过莎士比亚的戏剧,就敢写研究莎士比亚的论文,只是就别人的文章空谈一通,转引别人文章中所引原文加以发挥,实在是太过浮躁。这些弊病,作为一位有志于创新的大学生,是绝对要避免的。

总之,大学生要想在论文选题和撰写上创新,一定要有广博的知识和良好的科学修养作基础,否则理论加空想,会成为真正的空论。

二、创新的关键是新的观点和思路

论文的生命在于创新。什么是创新?如何创新?我们谈论文的创新,不能望文生义,应该对"新"有一个科学的理解。那么何为"新"?所谓"新"要有一个标准,不是异于前人的说法都是新。"新"是事物本身的发展规律,前人没有发现,你发现了它,而且经过实践的检验,证明了这个发现,这才叫"新"。要在论文的选题上发现别人没有发现的问题,就要具备敏锐的科研嗅觉,而这种敏锐性是经过长期的思考和实践获得的。有时经过几天或半个月的苦思冥想得到的一个自以为很好的观点,很可能是别人十几年前就已经提出的。但新手上路时重复一些经典实验以获得经验也是很正常的。那么,如何才能获得具有创新性的观点呢?一般来说,导师给出的一些选题只是一个指南,告诉你可以在哪些方向、哪些领域选题,一般不宜直接作为论文题目,因为这里面还没有你对这一领域里存在的具体问题的发现,你需要在这个领域里摸索,然后获得自己独特的想法,然后再经过深思熟虑的论证,证明其可行,这样才能创新。简言之,要产生新的观点和思路,大致要注意以下几个方面:

(1)大量地、仔细地阅读文献,多听学术报告、多与同学探讨,从中获得启示,不能急于求成;

(2)总结感兴趣领域内尚未探讨过但很有意义的选题;

(3)总结争论性很强的问题,反复比较研究方法和结论,从中发现切入点;

(4)善于抓住思考过程中遇到的难以解释的问题,往往会成为思维的闪光点;

(5)细致地拟订方案,论证其可行性。

总之,凡事都要想一想为什么,这才是创新的动力所在。突破陈规,积极思考,就是脱离随人步趋的思维陈规,走向创新思维的广阔空间;自主探究,锐意求新,其实质就是张扬个性,展示自我本位意识;开阔视野和发散思维往往是写作灵感勃发的先机。这三个因素相互联系、相互影响,统一于论文选题的具体实践之中。

但是,选题的创新不等于标新立异,证据不足的"创新"是不足取的。当前的论文撰写中存在着比较严重的标新立异的情况,比如牵强附会地运用材料为自己偏颇的观点服务;还比如有的论文作者原本缺乏传统"小学"方面的严格训练,却在论文撰写中随意玩弄古文字、音韵、训诂的把戏;更有甚者,本身理论基础不够扎实,却喜欢违反基本常识信口开河。这些风气如果影响到大学生,后果是非常严重的。因此,学术论文必须尊重客观实际,论说要持之有据,言之有理,切忌主观臆断,信口雌黄;各种论据资料、经典言论都要准确无误,确凿可靠;要避免片面地看待事物,讨论问题,要善于运用科学、严密的思维方法进行思考,使结论建立在可靠的基础上。

三、创新的保证是相关资料的搜集与梳理

学术论文要求作者在专业上必须具有深厚的功力,对所研究的选题有全面的了解,不但知其现状,也要知其历史;不但要熟悉学术界的动态,还要把握好主攻方向。因此,对于已经设计好的选题,要做到创新,就要在认真、全面掌握前人研究成果的基础上,推陈出新,得出自己独树一帜的观点和结论。

孔子提出过"温故而知新"这个命题。一切学术都是人类知识的积累,都是"故","故"就是前人已经发明发现了的知识,我们要在"温故"的基础上创新,有所前进,有所发展,这叫"知新"。惟其如此,学术才能发展;反之,学术就会停滞。因此,我们在"知新"之前先要"温故",也就是说,保证我们创新的是对本领域前人已有成果的掌握和继承。那么,怎样才能做到对前人已有成果的继承和掌握呢?那就需要对选题所涉内容足够熟悉,要对当前学术界对这一领域进行研究的成果了如指掌,把几乎所有能够获知的文献都纳入自己的眼界。然后理性地搜集、研究、选择、引用资料。我们千万不要轻视这种基础性的工作,因为学术论文的创新不仅是推翻某一种陈旧观点,提出新的见解和主张,也可以是把一些分散的材料系统化,用新的方法加以论证而得出新的结论,还可以是在某个学科领域中经过自己的观察、调查、试验,获得新的发现或创造。因此,文献资料的搜集绝对是必要的。其实,在选题确立的

过程中这一环节已经开始了,因为没有详细可供参考的资料也就很难了解所研究选题的历史状况和当下动态。文献的搜集工作,并不是简单的做笔记,而是一个复杂的过程。一般来说,要经过以下步骤:

(1)在论文写作前,一定要搜集丰富的资料。资料来源主要有相关的书籍、刊物、报纸等正式出版物,利用互联网也是一个途径。搜集资料时要注意检索,选取有用的信息。资料越充分,基础越牢固;内容越多,观点越新。

(2)在掌握大量资料后,要细心研究,掌握标准。因为一般是在拟定选题后再搜集资料,在阅读资料的基础上研究,同时确定目的,决定取舍。要鉴别资料的真伪,要判定资料的优劣,把事实与推论加以区别,仔细研究。这样,在研究资料的过程中,对问题的把握越准确,自己的思路也就越清晰。要以科学的态度对待资料,不要有先入为主与固执武断的观念,不要夹杂个人的好恶与偏见,至于得出何种结论是以后的事情,认真地研究资料是使论文更加严谨的保障。

(3)选择资料要去粗取精、弃虚务实、剔旧求新。要注意选取与选题相关和必要的资料,有用的资料不怕长,无用的资料要舍弃,在写论文的过程中不能滥引资料,不知所云。在博取的过程中注重精选,就可使研究的水准越来越高。要紧紧围绕题目,注意资料的可靠性和原始性。还要注意辨析资料的陈旧和新颖。因为要写出具有创见性的论文,方法不外乎三种:资料常见而研究方法新,研究方法旧而资料新,资料新且研究方法也新。挖掘新资料有可能带来新发现,科学研究不是一种重复活动,在资料搜集上也应有新眼光。

四、突出创新点

创新点是自己的选题与别人相关研究的不同之处,超越他们的地方也就是自己的创新之处。一般来说,以下四个方面都是在创新:

(一)人无我有

所谓"发人之未发",也就是自己提出和解决的问题是从来没有人做过的,具体有以下几种情况:

(1)注重本学科中他人尚未涉及的新的研究领域。选题创新应注意填补学科建设上的空白。学科的发展有其不平衡性,在某一时期内注重某一问题的研究,也取得了显著的成果,但可能会忽略了另外的问题或方面,这就是遗漏。从科学发展的全局需要来看,这些空白也是需要填补的,比如一些相对于主流的边缘科学、相对于时尚的冷僻领域、相对于重要现象的特殊个案、相对于著名人物的尘封角色等等,都需要我们去探索,我们总不能把目光都集中在类似李白、《红楼梦》这种热门的领域中。历史有其阶段性,许多被遮蔽的价值或许能够被重新发掘出来。要拓展认识领域,那么找出学科和专业的空白就是新发现,在此前提下完成创新就是更有意义的事情。这就要求对专业有全面的了解,从而找到他人尚未发现的矿藏,这样选题才有新意,才有价值。当前的人文社科研究领域,要想发现和发掘新的研究领域是比较困难的,尤其是对于大学生来说。但是,这也并非绝对,如果勤于阅读,多看多想,总会发现一些前人没有涉及的问题。发现的问题可能比较小,但对于大学生来说,这已经足够,毕竟我们初写论文,能有发现已经难能可贵,把别人没有涉及的小问题做深做细,也是比较有价值的。

(2) 新材料的发现和应用。新材料的发现,乃是人文社科类学科学术研究中梦寐以求的事情,当然也是创新过程中的上上之选。但是新材料的发现往往不是那么简单的,浩如烟海的文献资料堆在面前,能够大体明了它们的分布及时段就已经很困难了,再从中找出别人从未经眼的新材料更是难上加难。而那些依赖地下出土而来的新材料,更是可遇而不可求。所以我们追求新材料,但也不能一味追求新材料的发现,毕竟有些新材料的发现是有机缘巧合的。不过我们也不能因为新材料匮乏而放弃对新材料的发掘和寻找,我们至少要把寻找新材料作为一种长期不懈的追求。可是,在新材料的追求中也存在一些误区,那就是急功近利,伪造假材料,这是非常不道德的现象。还有一种误区,它的普遍性更强,那就是有些同学认为做论文时应该选择那些"资料好找"(实际上是现有成果很多)的题目。其实,决定选题的因素主要不在资料多少,而在于这个问题值不值得研究,有没有现实意义或理论价值。无人研究的主题也许最有价值,最容易写出自己的东西,而研究已经充分的问题,如果你不能超过他,或不能证明他的结论错了,那就是重复劳动,结果写了也多是抄袭和拼凑。人文科学中新材料的发现,除了视野的开阔、阅读的勤奋以外,还要多一些细心,靠一点灵感。现在从事人文社科研究的人数剧增,触角遍及文献的各个角落,要想在某个领域的研究中发现新材料,是非常困难的,比如《红楼梦》的研究,要想有新材料的发现,几乎不太可能。大学生以能力的训练培养为主,能有发现当然好,没有发现也不必强求。

(3) 为一个老的研究问题提供新的证据。对前说的补充、验证,特别是一些富有创造性意义的假说,正是通过不断的充实、检验才丰富起来,形成完整的理论观点的。这种情况有时是和上面第二种情况相关联的,新材料的发现往往就会提供新的研究证据。但有时提供新的证据却未必一定要有新材料的发现。或许一种材料别人熟视无睹,而我们却发现了它的价值,那也是非常难得的。

(二)人有我新

即"发人之未尽发",即在传统的研究领域里,选择新视角、新侧面、新切入点进行更深入的研究,有以下两种情况:

(1)将某一方法应用于旧的研究领域。比如把以卡西尔为代表的文化人类学的符号学研究方法运用于文学研究,尤其是运用于中国神话、《楚辞》和《诗经》等早期中国文学领域,能够多有创获。例如萧兵的《雄虺、应龙和羽蛇:中国和美洲一个神话文学因子的比较》(《淮阴师专学报》1981年第1期)就是在《楚辞》领域对符号学研究法的成功运用。

(2)跨学科研究,现代许多新的科研成果都是多元凝聚产生的,综合创新已成为时代主流。比如文学研究中的心理学研究法,就是典型的跨学科研究。用心理学研究法研究文艺现象始于弗洛伊德的精神分析法,后来发展到更加宽广的领域。在文学研究中,运用现代心理学的理论、方法挖掘文学作品中的作家心理、意识,以及当时的社会心态,为深入挖掘作品的意蕴提供了新的途径。例如王平《论〈聊斋志异〉创作心理中的潜在意识》(《文史哲》1988年第3期),通过对蒲松龄潜在意识的挖掘,深化了我们对于《聊斋志异》的理解。

(三)人误我正

即"发人之误发",有人研究,但你认为他们的研究方法或研究结论等有误,你就可以进行"纠谬"、"商榷"、"质疑"。如陈吉猛《文学与审美意识形态——兼与童庆炳先生商榷》(《南华大学学报(社科版)2003年第4期》)。另外还有对于通说、成说的纠正,要敢于质疑,提出新说,否则科学就无法发展。

(四)人有我全

即综述研究,是对有关领域或主题的研究状况进行归纳、总结和评述。

这种研究需要作者对相关领域非常熟悉并有较高的造诣。

作为学生习作,应重点考虑以上(二)、(三)两种情况。选题创新是要经充分准备、深刻思考的,要考虑其科学价值和社会效益,要考虑难易适中、量力而行,还要考虑完成论文所限定的时间和计划的篇幅。一般情况下,论文首先要考虑到其研究的目的和意义,学术界有关此问题的研究现状,研究的方法、步骤和进度,重点解决哪些问题以及预期达到的结果。这些在论文开题时都要求说明,当然也有助于理清研究思路。因此,一定要把选题创新与实际情况结合起来,勇敢挑战,精心设计。

第四章

资料搜集与文献检索

文献检索是科学研究工作中一个重要的环节,它贯穿研究的全过程,文献提供了选题的依据,当研究课题确定之后必须围绕选题广泛地查阅文献资料。这是在继承前人研究成果的基础上创新的起点,关系到研究的速度、质量以及能否产生成果。每个从事科学研究或撰写学术论文的人都应该认识到文献资料在科研工作中的重要意义,掌握检索文献的方法。我们撰写本科毕业论文也不例外,掌握文献检索的基本方法是写好论文的关键之一。通过检索,我们知道了学术界相关选题的研究目前已经达到什么水平,在哪些方面取得了成就,哪些方面还存在不足或者盲点。这样我们就可以避免重复研究,同时站在前人肩膀上,吸收已有成果,将该问题的研究引向更高层次,少走许多弯路。接受比较严格的文献检索训练,有利于毕业生在工作岗位上发挥才能,多出成果,出好成果。

第一节　资料搜集

资料搜集是写好学术论文的基础。为了写好一篇有分量、有价值的论文,有必要建立课题信息和材料系统。人们进行学术研究,不可能什么都从零开始,科学研究总是在继承前人成果或知识的基础上加以借鉴、吸收、发展,从而有所发明创造的。世界科学技术的发展启示人们:信息和材料是最重要的基础资源。进行课题研究,一定要扩大信息量,提高信息有序度,建立起高效的材料仓库。

一、资料收集的重要性

(1)帮助我们全面正确地掌握所要研究问题的情况。通过查阅有关文献、搜集现有的与这一特定研究领域有关的信息,对所要研究的问题作系统的评判性的分析。内容包括:该课题前人或他人的主要研究成果,达到的研究水平,研究的重点,研究的方法、经验和问题。要了解哪些问题已基本解决,哪些问题有待进一步深入研究,寻找突破口。只有了解了有关动态,才能选定最有价值又最值得研究的前沿问题。

(2)为研究提供科学的论证依据和研究方法。文献资料是跟踪和吸收国内外研究学术思想和最新成就,了解科研前沿动向并获得新情报信息的有效途径。在查阅相关文献的同时,我们从中不仅得到论证的依据,还能得到研究方法的启示,从而为我们顺利完成研究打下基础。

(3)避免重复劳动,提高科学研究的效益。重复劳动不仅浪费人力还浪费了财力,是一件得不偿失的事情。科学研究一定要避免这种现象,通过资料的收集,我们就能很好地发现这个问题,避免走重复的路,从而提高科学研究的效益。

二、资料收集的途径

学术论文的资料收集,一般有两种途径:搜集第一手资料和搜集第二手资料。第一手资料是指亲自参加社会实践活动和科学实验活动获取的资料。主要靠调查研究、实地考察或通过观察和实验直接得到的,这是搜集资料的最基本的方法。这对于我们中文系大学生来说有点难,因为我们直接从事第一线科研和文学创作活动的机会不是很多。第二手资料也称"间接资料",主要指从观察学术动态及阅读文献、书籍、报刊、杂志等方面获得的资料,这是我们中文系大学生采用得比较多的资料。信息化时代,通过网络获得的各种各样的信息也属于第二手资料。无论通过哪种途径收集资料,总体上都要把握这样一个原则:收集材料要"广",选择材料要"严"。论文作者在写作之前要做好材料的收集工作。凡是与本文主题、论点、论据有关的历史、现状,掌握得越丰富越好。选择材料,贵在一个"严"字。作家茅盾对选材曾有过精辟的论述:选用材料的时候,应该像关卡的税吏们那样百般挑剔,整整一卡车的

"货",全要翻过来,硬的要敲一敲,软的要捏一把,薄而成片的,还得对着阳光照了又照,一句话,尽心尽力,总想找个把柄,便扣下来,不让逃税品出关。搜集材料与选择材料之间是"量"与"质"的关系。搜集材料要"多"而"广",选择材料要"少"而"精"。古人云,写文章"贵乎精要"。首先是论文的内容要精要。但客观事物是曲折复杂的,往往是互相联系的,要做到内容精要,作者在动笔之前就要善于分析问题和抓住问题。也就是说,在论文的构思中,最重要而且最艰苦的工作不是占有材料,而是在占有了材料之后,对它们进行精心的选择与恰当的安排,看看其中哪些最有价值,哪些能反映事物本质特点,是读者迫切想要知道的。只有经过一番正确的、精心的"筛选",选出与表现主题有关的材料,才有可能使论文精练。

三、资料的处理

在写毕业论文时,要从各方面搜集丰富而详细的材料,这些材料是分析提炼主题的基础。主题确立了,还需要材料来证明。但是所搜集的材料是丰富而复杂的,不能都拿来使用,还要经过选择,才能使用。在资料的处理和使用上,有些毕业论文常出现材料脱离论文主题、不够典型、不够真实、不够新颖等情况。对此,我们要做好以下工作:

1. 分类并确定类关系

鉴别材料时,要对占有的全部材料进行总体比较分析,然后根据材料的共同点和差异点,概括地找出它们之间内在的联系,并且将材料分成不同的类别,使纷繁复杂的材料系统化、条理化、类型化。分类的目的是为了弄清材料的性质与特点,以便恰当地使用。可以从不同的视角审察材料,譬如说,从来源上看,哪些是直接材料,哪些是间接材料;从属性上看,哪些是事实材料,哪些是理论材料;从时间上看,哪些是历史材料,哪些是现实材料。要看材料与材料之间有没有联系。如果有联系,就要看是什么关系:是前后关系、逻辑关系、还是并列关系;是包容关系、因果关系,还是对立关系。这些关系的确立,意味着对内在联系的发现。

以《诗经》研究为例,我们至少要将材料分为古代材料和现代材料。就用途分还可以分为版本材料、观点支撑材料和其他辅助材料。版本材料当以郑玄《毛诗笺》系统为正宗,因为我们今天所说的《诗经》,实际上属于西汉"四家诗"中《毛诗》系统。我们最好选用经过清人阮元校勘的《十三经注疏》本中的

《毛诗正义》本,有毛亨的传、汉代郑玄的笺、唐朝孔颖达的疏。笺、疏中还引用了许多宝贵的材料,弥足珍贵。另外,石经有汉代今文三家诗残文,可以参考。要了解三家诗遗说,还可以参考清人王先谦的《三家诗义集疏》。其他本子作为版本材料,显然地位要靠后一点。假设某位同学发现《郑风》应当是用西周郑国的乐曲演唱春秋郑国人的诗歌创作,那么青铜器铭文中有关郑国的文献、《世本》、《竹书纪年》中的某些说法就属于支撑材料,《毛诗正义》属于版本材料,石经、汉唐人的某些说法则为辅助材料。

2. 鉴别真伪,分清优劣

对材料分析归类之后,要进一步对材料的真伪和优劣进行鉴别。学术论文采用的材料必须真实、准确。这就需要作者细心地核实材料,包括每个细节、每个数据、每一相关的问题,都不能和实际情况有所出入。文学研究中,也要讲材料的真实、准确,即把文学作品作为一种存在对象加以研究,不能任意改变作品中的人物事件。早在20世纪90年代,已有人提出"民间文学也要打假"的口号,因为某些人把自己滥编的东西说成是"民间文学"。要做到材料的客观真实,就要有严谨的求实作风,从多方面去印证、核对、检查材料,剔除任何虚假不实的成分。实际上,不少研究者在鉴别材料的时候有了重要发现,将选题作适当调整,纠正前人错误,收获很大。例如,我们今天写以《诗经》为选题的毕业论文,不能随便选一本"译注"、"白话诗经"之类作为基本材料,当今不少出版物不一定适合我们做研究材料,其中不少存在错误,这一类出版物我们应当舍去。

3. 对材料的价值要作出评估

材料所体现出的价值,大致可分为认知价值、实用价值、社会价值和审美价值等几个方面。但它们之间并无截然分明的界限。因为认知价值可以转化为实用价值,实用价值亦可转化为社会价值和审美价值。一个材料从不同的角度使用,就会体现出不同的价值。还是以《诗经》研究为例。《诗经》的文本材料,越接近原始越好。就《诗经》来说,收入《四库全书》经部《诗经》类的就有数千部,加上《续修四库全书》中的专著,数量十分庞大,即使我们只是选择了《诗经》三百零五篇中的一篇去阅读,也是很不容易完成的事情,那么我们就应当作出选择。我们必须选择那些有开创意义的、前人有定论的著作,对于大量的平庸之作只能舍弃。

四、资料的选用

根据论文的特点,选择材料应遵循以下四条原则:

1. 选择能突出主题的材料

所谓"主题",又叫"主题思想",是指作品内容的主体和核心,它是作者经过对文章的观察体验、分析、研究,经过对题材的提炼而得出的思想结晶。一篇文章的主题与其材料的关系就好比是"灵魂"与"血肉"、"统帅"与"士兵"的关系。所以,围绕主题来"选材"就理所当然地成为一个首先应遵从的原则。要舍弃那些和主题无关或者关系不大的材料,而选取充分表现主题的材料。具体"选择"、"剪裁"的时候,要考虑论文内容表达的具体需要和读者的需要两方面的因素。

例如,有同学选择了胡适与《新青年》杂志的关系作为选题,但是黄山书社出版的《胡适遗稿及秘藏书信》就有四十余册,材料特别丰富,这位同学不需要掌握全部材料,应当选择胡适与《新青年》有关的材料,其中胡适相关的日记、书信最为重要,他人的回忆录次之,当时报刊相关消息也值得参考。

2. 选择真实可靠的材料

一部学术著作、一篇学术论文能否经受时间的考验,根本之点在于材料的真实性。材料的真实可靠,是决定论文成败的关键因素。真实的材料是客观现实生活中存在的,并非子虚乌有、杜撰编造的东西,真实的材料是经过实践检验而又能反映客观事物本质的。对材料可靠性的检验,要采取谨慎的态度。

3. 选择典型的材料

所谓"典型材料",是指那些能反映客观事物本质和共性的材料,客观事物的性质是复杂的,有的是本质属性,有的是非本质属性;在围绕某一主题所选择的材料中,能反映事物本质的材料,我们就要重点考察,做到所选取的材料能体现个别反映一般、个性反映共性的特征。

4. 选择新颖的材料

韩愈讲,写文章要"惟陈言之务去"。的确,如果写入一篇文章中的材料都是一些陈言旧辞,读来势必乏味。文章只有内容新颖,及时表现了新事物、新思想,说明了新问题,有独到的见解,才能使读者感到兴奋,受到启迪。这就要求我们在搜集材料和写作时应更特别注意那些新颖的、带有时代气息的材料,否则,是写不出体现时代特色以及对社会发展有指导性意义的文章来的。虽然,强调材料要新颖,但并不等于说老材料、旧材料就完全不能用。巧妙地选用老材料,推陈出新,赋以新意,同样可以表现深刻、新颖的主题,给人以新的感受和启发。

第二节 文献检索

一、文献检索的一般知识

什么是文献检索?要先弄懂这个概念,我们先得了解什么是文献。"文献"一词,最早见于《论语·八佾》:"文献不足故也。"朱熹注:"文,典籍也;献,贤也。"古人以"文"为典籍记录,"献"就是贤哲及其学识,后来发展为专指著述。中国历史悠久,文献浩如烟海,要想在浩如烟海的文献中找到自己需要的著作,实在是一件不易的事。因此,为了查找的方便,我们必须求助于文献检索。《中华人民共和国国家标准情报与文献工作基本述语》(GB4884-85)将"文献检索"定义为:"从存贮的文献中找出特定文献的过程。"联合国教科文组织《文献与情报工作辞典》(1976年版)则定义为:"从一个文献集合中查找专门文献的活动、方法与程序。"两者虽表述不同,但其内涵具有一致性。即文献检索是指依据一定的方法,从已经组织好的大量有关文献集合中,查找并获取特定的相关文献的过程。它是读书治学、科学研究或做出重大决策的重要手段。在某种意义上说,一个人文献检索能力的高低是衡量个体吞吐社会信息能力的重要标识。文献检索对生活、学习、工作都具有重要的意义。文献检索包含的内容很多,根据不同的标准有不同的划分方法,常见的划分标准有文献媒体形式标准、检索对象标准,下面围绕这两个标准作些说明。

根据文献媒体形式的不同,文献可分为:
1. **印刷型**

也称"纸介型",是一种以纸介质为载体、以书写或印刷方式为记录手段而形成的文献检索类型。它具有技术含量低、易携带、易阅读、可做标记等优点,但有信息密度低、容量小、体积庞大、占用大量存储空间、不易长久保存等缺点。

2. 微缩型

以光学材料和技术生成的文献形式。在全息照相技术出现之前,一般只是将文字、图像等信息符号进行一种等比的缩放。其优点是:体积小,存储密度高,易保存和流通,价格低,管理方便。其缺点是:需要专门阅读器,且设备比较昂贵,检索与阅读不便。

3. 声像型

也称"视听型",它使用电、磁、声、光等原理、技术将知识、信息表现为声音、图像、动画、视频等信号,给人以直观、形象的感受。它在描述自然现象和实验现象方面具有不可替代的表现力,比如大至天体星云,小至原子结构。在语言学习方面,这类文献检索也有其独到之处。

4. 电子型

通过计算机对数据的存取与处理,完成文献信息的数字化,形成电子型文献及形形色色的电子出版物,包括电子图书、电子报刊、电子新闻、电子会议录等等。机读型的版本也是多样的,有磁带版、磁盘版、光盘版、联机版以及最新的网络版。电子型文献检索不仅具有存储密度高、存取速度快的特点,而且具有电子加工、编辑、出版、传送等种种功能。

根据检索对象标准,文献检索可分为:

1. 事实型信息检索

事实型信息检索以某一客观事实为检索对象,其检索结果主要是客观事实或为说明客观事实而提出的数据。中文专业同学撰写毕业论文时也可以进行此类检索,主要是检索文学事件和文化事业发展方面的事实,例如新时期有关小说创作召开过多少次相关学术会议,有过多少次评奖等等。

2. 数据型信息检索

数据型信息检索以数据为检索对象,其检索结果是可供直接使用的科学数据,完成数据型信息检索主要借助各种参考工具书和数据型数据库。数据型信息检索的检索结果通常具有唯一性。中文系同学要了解本学科的数据型信息,可以查看《中国文学研究年鉴》等工具书。

3. 文献型信息检索

文献型信息检索以文献为检索对象,其检索结果是文献线索,也可以是具体的文献,如检索"我国关于教育产业化研究的论文"。完成文献型信息检索主要借助于检索工具书和文献型数据库。文献型信息检索为相关性检索,检索结果有相关程度大小和相关文献数量多少的区别。例如同样查找"国有企业的体制改革",不同的人通过不同的检索系统可以得出完全不同的相关文献。我们中文系同学撰写毕业论文一定要进行这方面的检索。例如选题是李白研究,可以通过中国期刊网等检索出新时期以来在主要报刊上发表的关于李白研究的论文。

在以上三种检索类型中,文献型信息检索是事实型信息检索和数据型信息检索的基础。后两种类型的信息检索往往是在文献型信息检索的基础上展开的,三者之间在原理、方法和实践等方面有着密切的关系。

二、文献检索的方法

文献检索的方法常见的有两种:手工检索法和计算机检索法

(一)手工检索

手工检索是传统的检索方法,借助手工检索工具进行,常见的手工检索工具是印刷型纸制卡片或目录性专书、字典等。手工检索的优点是检索范围都不受限制。但手工检索耗时多、效率低、检索途径单一,因此查找效果往往不如计算机信息检索好。手工检索主要适用于纸质印刷书刊文献,特别是早期文献信息的查找。

手工检索主要有以下类型:

1. 目录、索引、文摘

目录,也称"书目",它是著录一批相关图书或其他类型的出版物,并按一定次序编排而成的一种检索工具。索引,是记录一批或一种图书、报刊等所载的文章篇名、著者、主题、人名、地名、名词术语等,并标明出处,按一定排检方法组织起来的一种检索工具。索引不同于目录,它是对出版物(书、报、刊等)内的文献单元、知识单元、内容事项等的揭示,并注明出处,方便研究者进行细致深入的检索。文摘,是以提供文献内容梗概为目的,不加评论和补充解释,简明、确切地记述文献重要内容的短文。汇集大量文献的文摘,并配上相应的文献题录,按一定的方法编排而成的检索工具,就称为"文摘型检索工具",简称"文摘"。

2. 百科全书

百科全书是概述人类一切门类或某一门类知识的完备工具书,是知识的总汇。它是对人类已有知识进行汇集、浓缩并使其条理化的产物。百科全书一般按条目(词条)字顺编排,另附有相应的索引,可供迅速查检。

3. 年鉴

年鉴,是按年度系统汇集一定范围内的重大事件、新进展、新知识和新资料,供读者查阅的工具书。它按年度连续出版,所收内容一般以当年为限。它可用来查阅特定领域在当年发生的事件、进展、成果、活动、会议、人物、机构、统计资料、重要文件或文献等方面的信息。

4. 手册名录

手册,是汇集经常需要查考的文献、资料、信息及有关专业知识的工具书。名录,是提供有关专名(人名、地名、机构名等)的简明信息的工具书。

5. 词典(字典)

词典是最常用的一类工具书。分为语言性词典(字典)和知识性词典。

6. 表谱、图录

表谱,是采用图表、谱系形式编写的工具书,大多按时间顺序编排。主要用于查检时间、历史事件、人物信息等。图录,包括地图和目录两类。

(二)计算机检索

在文献信息迅速增长且呈"爆炸"趋势的时代,计算机检索是传统手工文献信息检索的继续。计算机信息检索的优点在于速度快,耗时少,查阅范围广,甚至可以查到国外刚刚出版的期刊论文的信息。计算机信息检索的优点还在于检索内容的专指性强,可以从文献型数据库中通过文献的发表年份、文献中提及的人名等查找相关文献。计算机信息检索的缺点是追溯时间受到一定限制,检索费用比较昂贵,检索的时间也有一定的限制。计算机信息检索主要适用于已经数字化的近期文献信息和动态性信息的查找。计算机信息检索的平台常见的是各类大学图书馆里的数字化资源库以及一些开放获取的学术资源,网络上重要的共享学术信息资源,用户可以免费获得。全国各大学图书馆数字信息资源可供在校生免费使用;某些商业性电子图书信息资源是有偿使用的。但某些网站的注册会员可采用虚拟货币的形式免费下载和阅读。

下面简单介绍国内现有适合大学生写作毕业论文查用的重要的数据库:

《中国学术论文数据库》,由中国科技信息研究所编辑,收录1985年以来国家级学会、协会、研究会召开的全国性学术会议论文,共收录自然科学600

余个学术会议论文。1995年由万方数据公司制成光盘,每年更新一次,年新增论文2.5万篇以上。

《中国学位论文数据库光盘》。中国科技信息研究所是中国学位论文的法定收藏单位,它收集了自1980年以来国内自然科学领域博士、博士后和重点高校硕士研究生论文。1995年由万方数据公司制成光盘,每年更新一次,年新增论文3万篇。

《中国学术期刊(光盘版)》,由清华大学于1995年创办。它将所收期刊文献分为理工(A\B\C辑)、农业、医药卫生、电子技术与信息科学、文史哲(双月刊)、经济政治与法律、教育与社会科学综合等9个专辑。

《人大报刊数据目录索引》,中国人民大学书报数据中心复印报刊数据全文数据光盘,人大书报资料中心出版。它是检索国内人文社会科学文献的数据库,现已汇集了1978年至1997年上百个专题的《复印报刊资料》,文献题录索引达52万篇,包含了人大书报资料中心选编的全部题录内容。主题范围包括:马列主义、毛泽东思想、哲学、社科总论、政治、法律、经济、文化、教育、体育、语言、文艺、历史、地理、科技、出版等。人们可通过分类号、类名、作者、期刊类别、年份、期号、任意词进行单项检索或复合检索。检索结果(包括标题和选中文献)均可复制到剪辑板上,在选中的文献中还可以对定义的文本块进行剪贴,既可保存到指定路径,也可以追加到已存在的文档中。

《全国报刊索引》,上海图书馆编,是一种极其重要的检索性刊物,1956年2月创刊,刊名为《全国主要报刊数据索引》,1966年9月停刊,1973年10月复刊,复刊后更名为现名。编者原为上海市报刊图书馆,后改为上海图书馆。随着报刊数量增长,最初仅收录报刊数十种,到1964年底已收录期刊126种、报纸43种。1978年以后,收录报刊数量不断增加。1990年,由文化部立项、上海图书馆《全国报刊索引》编辑部负责研制和编辑的《全国报刊索引数据库》(光盘),又名《中文社科报刊篇名数据库》,其内容涉及马列主义、毛泽东思想、哲学、社会科学、政治、军事、经济、文化、科学、教育、体育、语言文字、文学、艺术、历史、地理等各个学科,基本覆盖了全国邮发和非邮发的报刊。条目收录采取核心期刊全收、非核心期刊选收的原则,现收入1993年至2000年期刊6000多种,报纸200多种。年更新量20余万条。该数据库为目前全国中文社科报刊文献篇名数据库之最,具有文献信息量大、检索点多、查检速度快等特点。

此外还有超星图书馆、中国知网、中美百万等等,此不赘述。

三、文献检索步骤

随着计算机的日益普及,传统的纸质手工检索方式逐步让位于计算机自动化检索,下面结合同学们写作毕业论文的相关情况对计算机文献检索步骤作如下相关说明。

(一)分析毕业论文题目

学位论文必须保证取材的数量、学术质量达到一定的广度和高度,因此应着重参考各种学术品质较高的期刊论文、会议论文、研究报告、学位论文、重要专著。参考时应注意以下两个方面:

1. 选题分析

选题分析主要弄清楚以下几个方面问题:

(1)明确检索目的;
(2)明确选题的主题或主要内容;
(3)明确选题涉及的学科范围;
(4)明确所需信息的数量、语种、年代范围、类型等具体指标。

选题分析的结果是要明晰检索的主题内容,提取主题概念,确定中文和英文检索词,同时注意挖掘隐含的主题概念,将表达同一概念的同义词一一列出,并确定主题词之间的逻辑关系。其难点在于如何构造英文检索词(关键词),同学们可以采取如下策略:利用专业英汉词典、利用中文学位论文或期刊论文中的英文关键词。

2. 提取主题概念,确定检索词要注意这样几个问题

(1)较定型的名词,多是单词和词组的原形而非缩略语;
(2)无检索价值的词语不能作为检索词,如"技术"、"应用"、"观察"、"调查"、"研究"等;
(3)未被普遍采用、未被专业公认的缩写词,不能作为检索词。

(二)选择相关信息资源,主要考虑五个方面的问题

(1)检索资源是否与检索选题相关。
(2)选择哪些学科的信息资源,特别注意跨学科的问题。
(3)选择哪些语种的信息资源,是中文还是西文或是两者兼顾的。

(4)信息资源覆盖的年限。

(5)信息资源的特点及其针对性如何:要了解已选择的信息资源的查询特点是否与自己的信息需求相吻合。

(三)构造检索式,选择检索入口

检索式是用来表达用户检索提问的,由基于检索概念产生的检索词和各种组配算符构成。检索词可以是一个单元词,表达一个单一概念,也可以是多个词组,表达多个概念。组配算符通常有布尔逻辑算符、截词符(通配符)、位置算符等。拟好检索式后,就要选择检索点,即选择检索途径或检索入口,也叫检索字段。常用的检索入口有题名、著者、主题词、关键词、引文、文摘、全文、出版年、ISSN、ISBN、分类号,等等。

(四)调整检索策略

根据反馈的检索结果,对检索式进行反复调整,直到得到满意的结果。对检索结果数量比较少的,可以进行扩检,如:进行同义词、同义的相关词、缩写、全称等查询;利用系统的助检功能;利用论文的参考文献等扩展检索。对检索结果过多的,可以缩检,如:选用细分的次主题,选用更专指的语词,指定字段检索等提高查准率。检索就是不断试错的过程。

四、检索结果的处理

(一)检索结果的记录:

(1)"存盘":题录信息。

(2)拷贝:

①下载阅读器才能看全文。

②利用工具:选择文本,选定后单击右键,复制,再粘贴到文档。

③或者将全文保存到存储设备。

④一定要记录下相关文献信息:篇名、作者、刊名、卷期号、页码等。

(二)检索结果的使用

首先阅读数据库简介和指南,还可以利用搜索引擎——查找有关该数据库使用方法的课件。

（三）文献资源评价：筛选检索结果

并不是任何搜集到的资料都可以使用，还必须对资料进行选择。由于资料是支撑论点的重要依据，如果资料出现错误，则论文的准确性肯定会受到影响。资料的选择要把握下列原则：
(1)准确：是指资料必须正确。
(2)典型：是指资料能够反映事物的本质，具有强大的说服力。
(3)新颖：是指资料具有独创性。
(4)充分：是指资料要足以支撑论文的观点。

五、检索文献中的常见问题

1. 信息过载

主题界定得过于宽泛，应缩小研究范围。对文献进行筛选，应尽量保留权威文献，剔除档次低的文献。

2. 信息不足

研究主题比较前沿，还没有学者进行过研究，这种情况比较少见。研究主题界定得过于狭窄了，这种情况需要扩大研究范围或者更换搜索关键词。可以用上位词，或者放宽检索项。

六、检索示例

假设有位同学对《诗经》感兴趣，想选择《诗经》作为自己学位论文的研究对象，那么就应当检索一下目前《诗经》研究的状况怎样。我们利用《中国知识资源总库》进行检索，在"题名"项输入"诗经"，得出结果为4256项，也就是说关于《诗经》的研究，从1979到2009三十年有4000余篇论文。这些论文，我们不可能完全消化掉，一篇篇阅读至少需要两年时间，我们撰写学位论文的时间只有数月，这属于信息过多问题。因此我们不得不重新限制检索范围。不妨从十五国风开始检索起，剔除同名实异的主题词，累计检索结果如下：

《周南》58　　　《唐风》17　　　《曹风》6

《召南》29　　《郑风》58　　《大雅》46

《卫风》82　　《齐风》36　　《小雅》52

《鄘风》11　　《秦风》56　　《周颂》48

《邶风》67　　《魏风》23　　《鲁颂》14

《豳风》72　　《陈风》24　　《商颂》37

《王风》27　　《桧风》9

　　检索结果为什么会少于 4256 篇呢？因为这样的分类检索将泛论《诗经》的文章剔除了。如果研究《诗经》学史和《诗经》思想史，则可以使用多项检索，即题名加关键词检索，这里从略。

　　从上表可见，占《诗经》绝大多数的雅颂部分研究论文比较少。各风也不平衡，有些风诗则集中于个别篇目，例如《卫风·氓》的研究篇目比例最高。这样，我们可以选择研究成果比较少的《周颂》、《大雅》、《小雅》或者风诗中的《鄘风》和《魏风》等进行研究。

　　以上只是论文检索，还有一种叫做"书籍检索"，古代和近代的书籍可以通过《四库全书》与《续修四库全书》的书目检索。当代出版的书籍，我们可以利用国家图书馆图书检索系统或者其他系统如超星图书馆检索。

　　是不是这些检索结果全部囊括了当今的研究成果呢？当然不是。还有台湾、香港和国外书刊的研究成果没有进入这个检索范围。日本和我国港台地区的汉学研究书籍和报刊论文，其研究水平不能忽视。如果初步确定了研究范围，还应当检索大陆与港台地区以及日本出版物中的相关信息，也可以查阅《诗经》学会发布的信息。

　　在指导教师心中，一篇好的论文在资料占有上往往具有穷尽性。很多导师收到论文后的第一件事情就是看看附录中的参考文献是不是全面。当然穷尽性占有是理想境界，实际上达到这个水平必须付出极其艰巨的劳动，我们应当尽可能做到。

第五章

论证方法与技巧

论证,既是议论文成立的基础,也是议论文存在的灵魂,可以说,没有充分有力的论证,一篇合格的议论文就难以成立。而学术论文是议论文的典型代表和专业性体现。作为一篇学术论文的必备要件,论证就显得尤为重要。在议论文或学术论文的写作过程中,作为以论据阐释说明论点的过程和方法的论证的重要性是无论怎么强调都不会过分的。

第一节　论证的含义与分类

一、论证的含义

所谓"论证",顾名思义,就是用论据来证明论点成立的过程与方法。如果说论点是指议论中的确定意见,论据是指立论的根据,那么,论证就是具体运用论据阐明论点、支持论点的推论过程和方法。《现代汉语词典》对"论证"是这样解释的:作为名词,首先是指逻辑学上引用论据来证明论题的真实性的论述过程,是由论据推论出论题时所使用的推理形式,其次是指立论的根据;作为动词,是指论述并证明。这一解释至少为我们提供了如下的信息:第一,论证既是逻辑推理的一种形式又是议论文必不可少的一个环节;第二,论证是一个论述过程,具有方法论的意义。《现代汉语词典》在解释"论据"时是这样表述的:作为名词,在逻辑学上是指用来证明论题的判断,又指立论的根据(多指事实)。这也间接地说明了论据与论证具有必然的内在联系:论据偏重于事实(如事实、实例等),论证着眼于方法论,注重论述的过程和技巧。

二、论证的分类

论证的方法有许多种,因为论据的类型、论证的视角、论证的结构、论据与论点之间的逻辑关系等方面的不同而有不同的划分(钮伟国《论证方法的分类》,《阅读与写作》2002年第12期)。

首先,从论据的类型来看,可以划分为举例论证、引用论证和比喻论证三种。论据的类型无外乎有典型事例、公理名言和巧妙比喻等。以典型事例包括典型数据作为论据的,称为举例论证法,简称"例证法"。引用公认的事理和名人名言作为论据的,可以称为引用论证法或事例论证法,简称"引证法"。运用典型的比喻作为论据的,又称比喻论证,简称"喻证法"。

其次,根据论证的角度可以分为正面论证和反面论证两种。所谓"正面论证法",是指从正面直接证明论点成立的论证方法。所谓"反面论证法",是指从反面间接证明论点成立的论证方法。

再次,从论证的结构来看,也可以将论证分为并列论证、递进论证和对比论证三种。所谓"并列论证法",就是从几个方面对同一观点进行论证,这几个方面是相互平行、相互并列的。所谓"递进论证法",即指对同一论点进行逐层深入的论证,使论点渐次展开。所谓"对比论证法",是指对同一论点从正反两方面进行平行并列论证,使论点在对比中显得鲜明而确切。这种论证方法可以视作并列论证法的一种特例。

最后,从论据与论点之间的逻辑关系来看,还可以将论证方法分为演绎论证、归纳论证、类比论证、归谬论证和因果论证五种。所谓"演绎论证法",是演绎法在论证中的具体运用,也就是从一般到个别,从一般公认的道理原则(包括名人名言等)中推理出作者所要证明的观点与立场,论据与论点之间存在着演绎推理的逻辑关系。同理,所谓"归纳论证法",也是归纳法在论证中的推广与应用,是从个别到一般,即从个别的、具体的和典型的事例中归纳出作者所要证明与支持的观点与立场,论据与论点之间存在着归纳推理的逻辑关系。归纳论证法与演绎论证法是相对而言的,二者之间是相比较而存在的。所谓"类比论证法",就是通过相类似的事例或论据来进行推理,得出作者所要肯定的较相近的结论来,或者运用比喻作为论据来推论出作者所要表达的结论,二者都是通过论证相类似的事理来说明或支持论点的成立。所谓"归谬论证法",即先假设对方的观点"正确",然后以此为前提得出一个"错误"而荒谬的结论来,从而证明这个前提的不能成立。这是驳论常用的方法,由反面论点引出错误结论来说明道理。相对于其他的"正论法"(正面论述的方法),这种方法可以称之为"反论法"。所谓"因果论证法",就是指论据与论点之间存在着因果关系,即由论据这个"因"就可以直接或间接地推理出论点这个"果"来。一般说来,所有的论据与论点之间都存在着一定的因果关系,或直接或间接的。而因果论证法中的论据与论点之间的因果关系则更为明确、更为直接。

当然,论证的分类还有许多类型,这要视具体的情况而定。由于分类标准不同,因此,论证的种类也不一而足,难以一概而论。至于论证的方法,其本身并无优劣之分,只有作者运用得是否恰当之别。

第二节 常见的论证方法及其例证

论证的类型划分标准不一,方法也难以一律。如上所述,论证的方法大致有十三种之多。我们不可能面面俱到,逐一予以详细论述。现将论文写作过程中最为常用的几种重要的方法予以详细介绍。

1. 归纳、统计论证法

归纳论证法就是运用一些个别的、典型的事例来归纳推理出其中所具有的共同属性,并将这些同类属性综合提升为一个带有普遍性的观点。

比如有同学写《〈诗经〉中的"其"字》,为了探讨《诗经》的正常句子结构,可以先举一些具体例子:

(1)我心悠悠(《邶风·泉水》)   悠悠我心(《郑风·子衿》)
(2)德音秩秩(《大雅·假乐》)   秩秩德音(《秦风·小戎》)
(3)天子穆穆(《周颂·雝》)   穆穆鲁侯(《鲁颂·泮水》)
(4)黍稷或或(《小雅·信南山》)   凡凡黍苗(《曹风·下泉》)
(5)其叶青青(《小雅·苕之华》)   青青子衿(《郑风·子衿》)

通过归纳、统计这些例子,可以得出结论:左排例句是主谓结构,右排例句是偏正结构,这两种结构在《诗经》中都用得很多,都属于正常结构。这样的事例列举自然为论点的归纳提供了强有力的证明。

2. 事例论证法

事例论证法就是通过列举一些典型事例以论证自己论点的正确性或他人论点的错误性。这种方法简洁明快、通俗易懂。事例不在多而贵在精。只有典型的事例才具有代表性,也才能产生具有普遍性的结论和较强的说服力。

如果写《浅析〈史记〉中刘邦形象》,分析刘邦的胆小自私,可以举例说明:

彭城之战后,刘邦大败逃跑,《史记·项羽本纪》记载:"汉王道逢得孝惠、鲁元,乃载行。楚骑追汉王,汉王急,推堕孝惠、鲁元车下,滕公常下收载之,如是者三。曰:'虽急不可以驱,奈何弃之!'于是遂得脱。"《史记·樊郦滕灌列传》对此记载更为详细:"汉王急,马疲,虏在后,常蹶两儿欲弃之,婴常收,竟载之,徐行面雍树乃驰。汉王怒,行欲斩婴者十余,卒得脱,而致孝惠、鲁元于丰。"

可见,刘邦把自私演绎到了极致,为了保命,竟可以牺牲自己的亲生骨肉。

3. 引用论证法

引用论证法,就是为了增强论点的说服力往往有意引用名人名言、诗词名句、寓言故事或者具有哲理性的习惯用语(包括习语、谚语、歇后语、成语和格言等)来增强自己观点的权威性。这一方法运用得最为广泛。引用论证,运用得好就可以增强说服力和论点的权威性。

在《20世纪20—40年代女作家笔下女性形象透视》这篇本科论文中,为了说明过去女性是传宗接代的工具和泄欲对象,作者就很好地运用了引用论证法:

女人们自出生以来,就被看作男人泄欲的对象。她们的职责无非是供男人开心,为男人生儿育女,操持家务,她们自然而然地成了男人的附庸,男人的玩物,她们像主人豢养的一只只"金丝鸟",终日盘桓在小圈子里,无论怎样努力都无法摆脱被控制的命运。"兄弟如手足,女人如衣服",就是男权社会为女人规定的性别角色,她们随时都有可能遭到男人的厌弃和蹂躏。

其中,"兄弟如手足,女人如衣服",的确具有画龙点睛、言简意赅的效果。

4. 比喻论证法

比喻论证法,就是通过比喻的方法将抽象深刻的道理寓于具象浅显的事例中,这样就会使人在形象的事例中产生丰富的想象,并由此及彼、由表及里,从而在形象中感悟抽象,从现象中窥视本质,从事例中领略哲理。这种抽象的道理具象化、深奥的哲理浅显化就能够使论证收到深入浅出、栩栩如生的阅读效果。

荀子在《劝学篇》中为了论证"学不可以已"这样一个大道理和总论点,就大量采用了比喻论证法,阅读之后给人过目难忘、口齿留香的审美感受,该文也成为千古美文。它通过青出于蓝而胜于蓝、冰水为之而寒于水、木绳而直轮而曲的事例说明了"君子博学而日三省乎己,则知明无过矣"的道理。通过"不登高山,不知天之高也;不临深渊,不知地之厚也;不闻先王之遗言,不知学问之大也"形象地说明了教育的重要性。通过"登高而招,臂非加长也,而见者远;顺风而呼,声非加疾也,而闻者彰。假舆马者,非利足也,而致千里;假舟楫者,非能水也,而绝江河"自然而然得出了"君子性非异也,善假于物也"这一结论。

5. 类比论证法

所谓"类比论证法",是指运用类比的方法进行论证。所谓"类比",作为一种推理方法,它是根据两个事物之间在某些特征上的相似性而推出它们在其他特征上也有可能相似的结论。类比推理是一种或然性的推理,其结论是否正确还有待实践证明。同时,作为动词,类比还具有进行类比和比较的含义。类比推理又可简称为类推,即比照某一事物的道理推出与之同类的其他事物的道理。由此可以看出,类比论证法具有类推、比较和比喻的内涵。

《邹忌讽齐王纳谏》是《战国策》中的名篇,也是千古传唱的美文。它之所以成为美文,主要是因为它采用了类比论证法。它在"邹忌"与"齐王"之间找到了相似性,二者之间具有明确的雷同点:两人一个为相,一个为王;一个为家,一个为国;一个是个人经历,一个是国君处境。邹忌从自己的生活遭遇出发,发现了一个带有普遍性的问题,那就是每当你为人所私、所畏、所求时很难听到真实的话,这恰恰是人性的弱点所在,稍有不慎就会被甜言蜜语、花言巧语、媚言谗语所包围、熏染与腐蚀,从而就会在不知不觉中走向邪路、干出邪行、成为自以为是的邪恶小人。

类比论证法,常常利用事物之间有类似的特点或关系,由近及远地推知或证明另一道理的正确。类比论证法富于启发性,它能够利用生动形象的事例使神秘抽象的道理深入浅出,既可以便于读者领悟又可以使文章简练生动。

6. 反面论证法

反面论证法,又称"间接论证法"。一般说来,论证方法多数是从正面立论,人们常称之为正面论证法,如前所述的归纳论证法、事例论证法、引用论证法、比喻论证法、类比论证法等皆属于这一范围。反面论证法,就是不对论证的论点做正面论证,而是从反面进行论证,从而获得出奇制胜的论证效果。反面论证采取的战术是,如果彼论点是正确的,那么此论点就是错误的;反之亦然。反面论证法的逻辑基础是排中律,即在同一时间内,从同一方面出发,对于同一事物来说,两个矛盾判断不可能都是虚假的,其中必定是一个真实一个虚假,而没有第三种可能。

它又可分为反驳论证法和归谬论证法两种。所谓"反驳论证法",是指先说出自己的理由,然后再逐一否定或驳斥对方与自己不同的观点,从而确定自己的论点。所谓"归谬论证法",是先假设对方的错误论断是"正确的",然后以此为前提推理出一个"荒谬的"结论来,从而证明这个前提是错误的。如果说正面论证法打的是正面交锋战,那么反面论证法则采取的是迂回包抄术,以奇招取胜。

反面论证法又可分为立论中的反证和驳论中的反证两种。立论中的反证是指并不直接论证作者的正面观点,而是论证与正面观点相对立相矛盾观点的错误性,从而反证出正面观点的正确性。驳论中的反证是指并不直接批驳错误的论点,而是论证与错误论点相对立、矛盾的另一论点的正确性,从而反证出错误论点的错误性。

在《〈陌上桑〉研究》这篇论文中,作者对《陌上桑》的成诗年代,首先举出两个需要反驳的观点:

肖涤非先生认为,《陌上桑》的成诗年代应当早于曹植和《孔雀东南飞》。肖先生将《陌上桑》与曹植的《美女篇》进行比较,认为《美女篇》中的"行徒用息驾,休者以忘餐"应当出自《陌上桑》的"行者见罗敷,下担捋髭须。少年见罗敷,脱帽著帩头。耕者忘其犁,锄者忘其锄。来归相怨怒,但坐观罗敷。""曹乃建安作者,则此篇产生时间之早,固约略可见,其早于《孔雀东南飞》,则可断言耳"①。

也有学者认为,《陌上桑》的创作时间应当在建安曹魏时代到西晋之间。木斋先生认为,《陌上桑》诗的主体部分,是扬弃乐府民歌《秦女休行》而写成的。与《陌上桑》相比,《秦女休行》在艺术上显得比较粗糙,"而《秦》诗的作者左延年是黄初时期最优秀的民歌作手,也就是说,民间写作在曹魏后期还不

---

① 萧涤非:《汉魏六朝乐府文学史》,人民文学出版社,1984年版,第89—90页

具备写《陌》的艺术水准。"①而后作者考察了曹魏时期的曹植和晋代的傅玄，认为他们是与《陌上桑》关系最为密切的诗人。两人都写过类似作为《陌上桑》来源的《秦女休行》的题材的诗歌。曹植《美女篇》中有与《陌上桑》相似的写作手法和近似的诗句，而傅玄的《艳歌行》则有众多诗句与《陌上桑》相同，因此二人是《陌上桑》最有可能的作者。同时作者又认为，《陌上桑》产生的时代不会晚于西晋，因为比傅玄稍迟的陆机，曾写过模拟《陌上桑》的作品《日出东南隅行》。

论文作者是这样反驳的：

肖涤非先生的判断虽然正确，但是过于笼统，不够确切。况且仅凭"行徒用息驾，休者以忘餐"两句诗歌就断定《美女篇》在模拟《陌上桑》，不免有些武断。就《美女篇》全诗来看，并无太多模拟《陌上桑》的痕迹，还是将二者定位为两篇独立的诗歌比较公平。至于第三种观点，前半大致可信，在后半部分的论述中，作者承认陆机作《日出东南隅行》是在模拟《陌上桑》，但是将同样创作了与《陌上桑》相关作品的曹植和傅玄认定为可能的作者，其评判标准不公允，所以不能让人信服。

在此基础上，他亮出自己比较赞同的观点——"《陌上桑》这首歌曲就是武帝立乐府时所采的民歌"：

《古诗为焦仲卿妻作》中说："东家有贤女，自名秦罗敷。可怜体无比，阿母为汝求。"此诗作于建安末年，这时秦罗敷已经变成民间美女的典型了，所以可以推断，《陌上桑》一定流行于建安或建安以前。而且，稍后的《秦女休行》的开头是："始出上西门，遥望秦氏楼。秦氏有好女，自名为女休。"这个开头显然是在模仿《陌上桑》，并且女主角也姓秦。曹植的《美女篇》也在模仿《陌上桑》，所以《陌上桑》的成诗时间不应晚于汉末。

当然，我们在运用驳论时还应该注意以下两点，一是要先引述对方的论点，然后才开始反驳。如论点较为复杂，则先对错误的论点给予一定的剖析。二是在反驳错误的论点之余，还要确立与强化自己的论点或主张。

7. 对比论证法

所谓对比论证法，是指拿正反两方面的论点或论据作对比，在对比中证明论点的正确。对比论证，是指议论时把两种事物或者同一事物的两种不同情况加以对照、比较和分析，突出其中的不同点，从而引出正确的结论来。在

---

① 《〈陌上桑〉创作时间、作者考辨》，《北方论丛》2008年第1期。

论证时尤其需要运用比较的方法。比较方法是一种辩证的认识方法,主要通过互相矛盾的对立面的比较使人们能够较为清楚地认识事物的本质和特点。俗话说,有比较才会有鉴别(比较出事物间的不同)。尤其是性质完全相反的两种事物加以对比,更能把它们的不同性质极其鲜明地显露出来。对比论证由于对相反的两种情况加以比较分析,因而更易丰富论证的内容,开拓读者的视野,引导读者的思维向纵深处发展。只有这样,说理才会显得较为深刻透彻,论证才能具有很强的说服力。在题为"留学生汉语学习中的文化障碍分析"的论文中,为了分析留学生汉语学习中文化障碍形成的原因,作者进行中西方的文化对比分析:

由于受到千百年来的儒家思想的教育和熏陶,人们推崇谦虚知礼,温良恭俭,而争强好胜、自我表现会受到冷落,所以汉语成语有"枪打出头鸟"一说。而西方文化价值观的核心是个人主义,人们崇尚独立思考和判断,依靠自己的能力去实现个人利益。因此在表达个人观点时,中国人由于重视人际关系的和谐,往往采取委婉含蓄的方式,唯恐直截了当会伤害对方的面子。西方人觉得中国人这是在"绕圈子",他们认为先把个人的观点鲜明地摆出来才具有说服力。

对比论证法将正反两方面的观点、事实加以对比,使被论证事物的某些属性更加鲜明、突出和易识。

另外,我们特别提出的一种表述方式,也算一种论证方式,就是图示法。图示法,顾名思义就是将相关文献资料或论证过程采用图表的形式表达出来,直观、具体、明确、形象。这种方式在自然科学论文中常常采用,近年来在人文社会科学论文中也被普遍采用。

第三节 论证应坚持的原则

论证的方法有多种,我们可以根据具体的情境和语境来选择具体的方法。任何方法都没有绝对的好坏之分。只要是恰当的方法,就是好方法。在进行具体论证时,如果能够遵循如下原则,就会使方法变成了技巧,使得技巧与方法合而为一,从而产生令人满意的论证效果。

第五章 论证方法与技巧

1. 精心选择真实而有代表性的事例和正确而有说服力的道理作论据

事例在精不在多。俗话说,宁咬鲜桃一口,不食烂桃半筐。真实而又典型的事例可以以一当十,产生强大的说服力。所以在选用事例时要少而精,宁缺毋滥。同样在选用名人名言和常用的格言俗语时也应该遵循这一原则。应该遴选那些意义正确、毫无歧义的格言道理作论据。只有这样才能保证论点和论证的成功。那些似是而非、模棱两可的话语最好不要引用,否则会陷自己于尴尬的境地。这样就不利于论证的顺利进行。当然,在使用论据时还必须对论据进行简要分析,使之简明扼要。否则,拖沓冗长会影响论证的进展与效力。

2. 根据论据与观点必须统一的原则和行文的需要,可以使用多种论证方法

一般而言,短文章论证方法较为简单,可以一以贯之;长文章可以采用多种方法交叉使用。但也有例外,关键在于作者对文章和方法的驾驭能力。在本科论文《〈古镜记〉的文化内涵和文学意义》中,作者为了论证"古镜是婚嫁、爱情的信物"的观点,他进行以下论证:

镜背铭文就有代表婚嫁、爱情的"长相思"、"勿相忘"等等。《三国志魏志倭人传》记载魏文帝赠倭女王铜镜百枚,《世说新语》亦载有东晋名人温太真用玉镜台做聘礼的故事。古镜用做婚嫁之物与其辟邪功能相关,新人希望借古镜求得吉祥如意,故而古人结婚时新娘抱镜、怀镜成为风俗。《晋东宫旧事》中记载,皇室娶亲,也要用多种铜镜:"皇太子纳妃,有著衣大镜,尺八寸,银华小镜,一尺二寸,竝衣纽百副,漆妆盛盖银华金薄镜三,龙头受福莲花钮锁百副。"又有《本事诗》记载战乱时节一对夫妻以镜为信物分离后又获得团圆的故事,此故事就成了后人熟识的成语"破镜重圆",镜子也因此成为爱情的信物。

很明显,作者熟练地运用了例证论证法、引证论证法和归纳论证法等多种论证方法,有力地说明了论点。

3. 论证结构要严密,语言应富于诗意

在行文时,除了巧设论点、衬托论点、证明论点外,还应该既要保证论证结构的完整性,又要使论证具有诗意。对于论点,既要选好、衬好,还要论好、完好。这就要求我们在论证时不要急于求成,应该在选好选准论证方法的前提下,做到前有铺垫、中有阐述、后有回应,使之结构完整。只有这样才能善始善终,产生预期的论证效果。当然还不应忘记语言的魅力。在准确生动形象的基础上,还应该诗意化,使之具有可读性和感染力。如本科论文《"向死而生"的生命美学之歌——论〈死于威尼斯〉中的生命意识》的部分内容:

一、渴望——垂暮之年生命意识的再次迸发

人的一生并非极其短暂,但无论是谁,在生命即将走到尽头的那一刻,都会有一种极其强烈的求生渴望。这是人的固有本能所决定的。在《死于威尼斯》中,主人公阿什巴赫正是经历着这一特殊阶段,从文本出发,可以将生命意识产生的原因主要总结为以下几点:

(一)适应力下降

神话原型批评的代表人物荣格曾在《主要原型》中提到:"情感不是一种个人活动,而是发生在他人身上的东西。一个人适应力最弱的时候,情感便出现了。"这一表述揭示了情感产生的原因——适应力的减弱。值得一提的是,在《死于威尼斯》之前,浮士德已作了很好的典范。垂暮之年,觉得自己是一个可怜的傻子,胸中涌动着分道扬镳的两个灵魂,一个攀附着现世,一个要脱离俗尘。于是,在魔鬼的引诱下,签了协定,去感受官能的快感,享受自然,飞往光明之岛,渴望第二次焕发青春;《死于威尼斯》与之有着很大的相似之处,而且主人公比浮士德有着更强的自觉性。

从上述节引可见这篇论文,无论从论文题目,还是章节标题和正文,都富有诗意,其可读性和感染力增强了论文的说服力。实际上,即使论点论据论证结论再完整准确,论证方法再新颖,如果不用生动形象优美的语言来传达,那也是难以成为千古美文的。可以说,言之无文,传之不远。

第六章

论文的结构、标题和语言

毕业论文的结构、标题和语言表达属于表现形式的问题,在大多数研究论文写作的专著或教材中一般都是寥寥数语一带而过的,但我们认为论文写作是一项严谨、系统的工程,表现形式中一些细节性问题也不容轻视。因论文的结构、标题或语言的拙劣而引起指导老师不满、社会诟病的现象,在本科生的论文写作中屡见不鲜,所以应该引起广大毕业论文写作者们的高度重视。

第一节 论文的结构

如何安排毕业论文的结构直接关系到论文内容表达的效果,因此写作者应该了解毕业论文结构的含义与成分、特点与要求,掌握论文结构的基本模式。

一、论文结构的含义与成分

1. 论文结构的含义

毕业论文的结构是作者根据研究对象的内在联系和客观规律,经过深思熟虑而形成的思路在论文中的体现,是论文内部的组织和构造。毕业论文的结构可以从两方面来考察,一方面,毕业论文都具有一些必不可少的结构成分,如论文标题、作者署名、内容摘要、正文等,它们不仅每篇必具,而且位置相对固定;另一方面,毕业论文又具有一些需要灵活对待和处理的结构成分,例如论文正文部分究竟要划多少层次、分多少段落、怎样过渡、如何照应等等。需要作者深思熟虑的主要是在这里,应力求结构的严谨、自然、完整和统一。

准确地把握毕业论文的结构还必须认识到:在论文结构的安排上,作者是大有用武之地的。虽然,同专业的本科毕业生们在选择课题上难免会出现大致相似甚至相同的情形,但这并不妨碍毕业论文在结构上的多姿多彩,因为毕业论文内部的组织和构造会因论文主题的不同、作者看问题角度的不同、思路习惯和构思特点等不同而发生许多变化;虽然毕业论文的作者们在论文的撰写中往往要遵循一定的结构程序(例如常见的绪论、本论、结论三段式),论文的结构成分又基本一致,但由于每个作者研究的目的、能力、方法等都会各不相同,因此,论文内部的组织构造还是会有千差万别的。

2. 论文结构的成分

一篇结构完整、规范的本科毕业论文通常具有以下基本的结构成分:

(1)论文封面(封面提供的信息较多,其中最重要的是标示出论文的标题)。

(2)作者和指导老师的姓名(这项内容有的学校也在封面标示)。

(3)论文摘要(摘要是对论文内容不加注释和评论的简短陈述。摘要列在正文之前但却写在论文完成之后)。

(4)关键词(或称主题词,一篇论文一般应有3~8个关键词)。

(5)论文目录(目录是论文中的各级小标题的依次排列,由于毕业论文较长,故设此项便于读者整体把握论文)。

(6)正文(由于毕业论文的正文篇幅都较长,所以在正文的主体部分要尽可能加上小标题或序码以使文章要点更清晰突出)。

(7)注释(注释是论文内容的有机组成部分,可分为"补充内容的注释"与"注明资料出处的注释"两类)。

(8)参考文献目录(参考文献目录可以反映出作者研究的状况及钻研的程度,同时它还可以提高论文的学术价值)。

(9)附录(那些不便于放入论文正文但又需要读者了解的各种资料性内容都可以由附录来展示)。

(10)论文标题和摘要的英文翻译(学术论文要与国际接轨,所以毕业论文写作就开始提出这样的要求)。

在以上十项中,有些结构成分是每篇论文都必具的,有些则不是必具的,例如论文目录、注释、附录就不是每篇论文都必具的。目前,各高校对本科生的毕业论文的格式、规范所做的规定也略有不同,导致各校本科毕业论文的结构成分也不完全一样,这里只是择其要者大致列举。

二、论文结构安排的要求与常见问题

1. 毕业论文结构安排的要求

毕业论文不仅要做到"言之有理"、"言之有物",还要做到"言之有序"。毕业论文的作者都有明确的研究和写作的目的,毕业论文涉及的任何事物都有其内在联系,这两点就决定了毕业论文言之有序的"序"。遵循"序",论文在布局谋篇上就会更合理,结构就会更严谨。概括地说,毕业论文的结构安排要在中心论点的统率和支配下,把各个部分严谨周密地组织起来,分清主次轻重,做到层次分明,详略疏密有致。具体地说,毕业论文的结构安排必须符合以下三大要求:

(1) 结构必须具有完整性。

结构完整性的要求是由论文的内容必须完整所决定的。构成文章的各个局部只有结合成一个完美统一的整体,才能展现内容的完备。论文结构是由许多必要的环节组成的,缺少其中任何一个环节,都有可能使整体结构松散。论文中的各个局部是适应论文的整体而存在的,它们彼此之间具有深刻的内在联系和巧妙、得体的外部组合,共同表达着一个主题,体现着作者完整的思路。如果论文结构不够完整,或无故残缺或颠倒错乱,则必然影响研究成果的完美展现。

结构完整性的要求也是由论文内容的展现必须匀称和谐决定的。构成论文整体的各个局部不仅要相对齐备,而且应匀称和谐。行文中要尽力做到详略得体,轻重合理,疏密有致,首尾呼应,使文章结构表现出匀称和谐的整体美。论文内容的各个部分在文章结构中所占的地位要适当。根据表述主题的需要和文章含量的大小,各部分应有一定的量的比例,既不可头重脚轻,也不可尾大不掉;既不能主次不分,更不能让某一部分恶性膨胀。

一般本科生的毕业论文在篇幅上都要求达到万字左右,很多同学都是首次撰写如此长篇的论文,在论文结构的完整性上常常会出现问题。例如,有的论文明显缺少某一重要部分,或无头(绪)或无尾(结论),不能形成一个完整的整体;有的论文,开头既没有说明课题的来源或研究目的、意义,也不交代调查的手段和方法,一上来就列举大量事实和数据,让人觉得"没头没脑";

有的论文结尾处没有明确的结论,没有个人的观点和见解,缺乏必要的分析和评论;有的论文该详细的不详细,该简略的却过于冗长,对中心论点的论证不充分,而对其他分论点却津津乐道,如此等等,不一而足,由于结构上不能符合完整性的要求,结果导致研究成果缺乏科学性和可靠性。

(2)结构必须具有严密性。

结构严密性的要求主要是指论文各部分之间要有严密的逻辑联系,不得出现互相矛盾或互不相干的现象。论文结构具有严密性的重要标志是文章各个部分能互相扶持、协调,而不是互相拆台、矛盾。它主要体现在论文前后提法的一致,观点和材料的统一,一系列不同层次的小论点和中心论点间的密切配合上。结构的严密性更突出地表现为由论文主题产生的一种内在的凝聚力。主题作为文章的"灵魂"可以把形似散漫的材料凝聚在一起,形成一种有机的结构,予人浑然天成的感觉。

论文结构要符合严密性的要求,首先,在安排论文结构时必须步步紧扣主题这个中心。如果离开了这个中心,材料就成了散兵游勇。论文的结构也必然横生枝节,散漫无章。其次,作者必须理清论文材料之间的关系。事物之间有各种不同的关系,反映这种关系的材料之间也有各种不同的关系,比如,平行关系、递进关系、接续关系、对立关系等。总之,理清了事物之间的相互关系,并在结构中体现出来,文章的结构自然也就体现出了严密性。再次,必须根据特定的研究目的、对象,采用合理的推理形式。一般来说,文章采用的基本推理形式,决定着文章的内在结构形式。如果一篇文章主要是探讨某一事物产生的原因,那么反映在论文结构上,必然有因果关系的两个部分,或者是由结果推及原因,或者由原因推断结果,缺一不可。总之,如能恰当选择推理形式则论文的结构自然也就体现出了严密性。

(3)结构必须具有灵活性。

论文结构要具有灵活性是指论文正文部分内部的组织构造要富于变化、生动活泼,切忌呆滞、死板。虽然毕业论文具有与其文体相适应的一般结构框架,但它不应该成为束缚作者构思及组织文章的创造力的教条。结构是文章内容的合理而巧妙的组织安排,论文内容若丰富多彩,则其结构形态也必然随之千变万化,作者在结构上的创造性恰恰就体现在这里。

要使论文结构具有灵活性,需要注意的方面有很多,其中最为重要的一点就是,要对以生产知识为主的和以职业训练为主的不同专业进行区分。对以生产知识为主的专业、学科,要坚持学术教育标准,论文当然要注重突出学术性、理论性,注重论证方法的灵活多样,而论证方法的灵活多样必然会引起结构的灵活多变。许多毕业论文在论证主题过程中,因论证方法比较单调,行文平铺直叙,没有波澜起伏,结果导致文章结构的僵化,并最终影响论文的质量。

而职业训练类的专业(例如新闻、广告)最为注重的是实践,毕业论文更为注重的是具体做法、措施的介绍以及新鲜经验的发现、归纳和总结,这类论文的结构要做到灵活多变主要依靠广泛收集典型、新颖的材料,进而依靠材料之间多样化的联系来实现论文结构的灵活多样。

2. 毕业论文结构的常见问题

从最近几年来广大本科毕业生撰写的毕业论文看,在结构上存在的问题实在无法一一罗列,下述的三类问题相对说来更为普遍,尤应引起我们的重视:

(1)陈词滥调简单罗列,结构混乱松散。

有些毕业论文的结构乍看上去好像没有什么问题,文章有头有尾、段落分明,但实际上表面规整,而内里却是一盘散沙。究其问题的根源主要是论证不力。常见的毕业论文论证不力的情况主要有两类:一类是只有理论分析,从理论到理论,缺少必要的充分的事例和数字的依据,虽然提出的观点大大小小实在不少,但所论之理不成体系且毫无新意;另一类是材料很多,但在选材和组织材料上欠佳,缺少周密严谨的逻辑性。这后一类毛病更为常见,其表现主要为:忽视"新颖性"的选材要求,材料陈旧,总是用一些人们熟知的老例子,缺乏新鲜感、吸引力;不能有选择地利用典型、精当的材料形成自己的观点,例子滥而散,没有从材料中发现自己立论的角度和起笔的由头;论据缺乏典型性、必要性,仅凭在特定环境中极少发生的某些事实,得出与该环境中大量发生事实所不同的结论,因而论证缺乏说服力;提出论点、罗列论据之后,不作深入的分析甚至不作任何分析,没有论证过程,使用"由此可见"、"大量事实证明"等语句,转而扣合所提出的论点。以上的现象乍看好像主要都是材料及其使用的问题,其实从论文的结构角度来看,这种陈词滥调加上开中药铺式的简单罗列,必然会造成论文结构的松散和混乱。这是由材料引起的结构问题,要解决问题当然是从材料入手,从材料的选择和使用上来努力。

(2)中心不明胡乱拼凑,结构生硬畸形。

一些质量很差的毕业论文,往往会有一个明显的毛病:中心不明,胡乱拼凑,论文的结构生硬、畸形。这些毕业论文往往一开始就回避论题,或云山雾罩，离题千里，或主观臆断，不进行必要的和充分的论证，而是以偏概全，以点带面，以小论据支撑大论点，论据不足，犯"推不出"的毛病；或前后颠倒，层次不清，胡子眉毛一把抓，东扯西拉，分论点之间缺乏逻辑性，论点与论据之间也没有必然的联系，二者或互相脱节，或互相矛盾，犯"引论失据"的毛病；有些论文的作者因对概念和事实并没有真正理解，分析问题时不是从实际出发，不是从对事实的分析中得出结论，而是用观点去套例子，用事实去印证观点，结构上又缺乏层次性，一篇近万字的长文章，中间不用序码，也不加小标题，不仅读起来很吃力，而且让人通览全文多遍也无法理清其基本的结构。这类结构问题主要是由论文主题引起的，要解决问题当然首先要在主题的提炼和表现上下工夫。

（3）谋篇缺乏整体观念，绪论和结论毛病百出。

由于毕业论文追求科学性和严谨性，在表达上无需像文学创作那样追求新异，因此从理论上说毕业论文的段落划分只要遵循普通文章分段的基本原则，应该是不会出现什么大问题的。但从近年来本科毕业论文的写作实际看，情况却并非如此。在本科毕业论文写作中，由于作者谋篇布局时缺乏通盘考虑，造成文章层次不明、条理不清的现象不在少数。而那些内容上靠拼拼凑凑而成的论文，层次划分不仅没有内在逻辑依据，也不符合作者和读者的认识规律，结构上的问题当然就更多了。作者心中缺乏布局的总体观念，写作时必然信马由缰，因而出现前后不衔接，甚至前后重复、前后矛盾的现象也就不足为奇了。

另外，在本科毕业论文的结构问题上，绪论和结论的写作（也就是从论文结构上说的开头和结尾）存在问题也较多，例如，有些论文的绪论洋洋洒洒，篇幅相当长，却写了一些与论文主体没有多大关系，甚至离题千里的无用话，这样的绪论既臃肿繁杂又内容贫乏，当然无法起到导引本论的作用；有些论文的绪论整段抄录教科书的有关内容，对一些人所共知的一般知识，不厌其烦地作介绍，却不认真提及自己课题的意义，也没有说清论文的要害所在，因而内容空泛，文不对题，所以有人认为：有这样的论文开头（或叫绪论）还不如无。

那些结论不符合写作要求的论文，其表现也有种种不同。例如，有的论文根本没有结论，或形式上有个结语但根本不能完整、准确地表达自己的研究成果。有的论文在写完调查过程和所能获得的数据材料之后，就突然停笔，没有归纳和总结，也没有评价与建议。这样的论文，让人看不出其研究任务是否已完成,当然也无法判断其任务完成的质量。再如,有些毕业论文常在结尾处写上几点一般性老生常谈的体会、认识,就匆匆收笔了,而这些肤浅的体会和认识,其实是不能充当论文结论的。

三、论文结构的基本模式

1. 毕业论文结构的基本型

人们在长期的写作实践过程中,对某些文体文章的写作逐步形成了一些特定规范——即结构的基本型。这种"模式"开始是某个人的创造,但是由于它符合人们的思维规律,所以一直被沿用下来,并在人们的反复运用中逐步完善、定型化。所以,这种模式的产生不是偶然的,它是在人们共同思维规律的基础上形成的。我们利用这些"型"来写作,不但能比较省力,便于组织材料表达观点,而且这种"模式"符合人们的思维规律,因而便于阅读,这是一种事半功倍的方法。

下面我们具体介绍毕业论文结构的基本型,即绪论、本论、结论的三段式结构模式:

(1)绪论。

毕业论文的绪论,一般包括下列内容:说明研究这一课题的理由、意义。这一部分要写得简洁。提出问题,绪论的核心部分。问题的提出要明确、具体,有时要写一点历史的回顾,如关于这个课题谁作了哪些研究,作者本人将会有哪些补充、纠正和发展,并说明作者论证这一问题将要使用的方法。如果是一篇较长的论文,在绪论中还有必要对本论部分进行扼要、概括的介绍,或提示论述问题的结论,这便于读者阅读和理解本论。

绪论只能简要地交代上述各项内容,尽管绪论可长可短,因题而异,但其篇幅的分量在整篇论文中所占的比例很小,通常用几百字即可。

(2)本论。

本论是展开论题,表述作者个人研究成果的部分。它是毕业论文的主体部分,必须下工夫把它写充分、写好。

有些毕业论文,绪论部分提出的问题很新颖,很有见地,但是本论部分写得很单薄,论证不够充分,勉强引出的结论也难以站住脚。这样的毕业论文是缺乏科学价值的,所以一定要全力把本论部分写好。

由于毕业论文论述的是比较复杂的理论问题或应用性问题,一般篇幅又较长,所以常常使用直线推论(即,提出一个论点之后,一步步深入、一层层展开论述。论点,由一点到另一点,循着一条逻辑线索直线移动)与并列分论(即,把从属于基本论点的几个下位论点并列起来,一个一个分别加以论述)两者相结合的方法。而且往往是直线推论中包含有并列分论,并列分论下又有直线推论,有时下面还有更下位的并列分论。毕业论文中的直线推论与并列分论是多重结合的,其他一些篇幅较长、论述问题比较复杂的论文也多采用这种方式。

(3) 结论。

结论是论文的收束部分。毕业论文的结论应包括下述内容:

写出论证得到的结果。这一部分要对本论分析、论证的问题加以综合概括,引出基本论点,这是课题要解决的答案。这部分要写得简要具体,使读者能明确了解作者独到见解之所在。最值得注意的是,结论必须是绪论中提出的,本论中论证的,自然得出的结果。毕业论文最忌论证的不充分,而妄下结论。应该要首尾贯一,成为一个严谨的、完善的逻辑构成。

对课题研究的展望。个人的精力是有限的,尤其是作为学生对某项课题的研究所能取得的成果也只能达到一定的程度,而不可能是终点,所以,在结论中最好还能提出本课题研究工作中的遗留问题,或者还需要进一步探讨的问题,以及可能解决的途径等。

最后,要对在整个研究过程中给予自己帮助的人表示谢意。

上面所说的是毕业论文结构的基本型。这个基本型是一般常用到的,但不是一成不变的死板公式,作者完全可以根据研究内容和表达的需要灵活地变通处理。"模式"不是个死板的套子,不考虑内容如何,一律削足适履地塞到里边去是不行的。利用"模式"写作,一要注意善于变化,灵活地运用;二要注意当现成的"模式"有损于内容表达时,就要坚决地把它丢开。

2. 一种值得推荐的毕业论文结构类型

传统的论文结构内容的呈现主要是"老三段",即提出问题、分析问题、得出结论(或解决问题)。近年来文科专业本科生毕业论文的结构也有了一定的变化,其中影响较大的是一种"六段式"结构类型:即①前言;②文献回顾;③研究方法;④研究结果;⑤分析或讨论;⑥结论或总结。

在"六段式"结构类型中,"文献回顾"和"研究方法"两项是传统结构模式重视不够的,但其实它们在论文中的存在是很有意义的。研究文献回顾的作用至少有四个方面:一是检查已有研究的优缺点,二是找到研究的最佳切入点,三是证实自己的研究课题的价值,四是学会尊重他人的研究成果,避免重复研究。最后一点在文科专业研究中是非常重要的,因为文科研究是一个逐渐积累的过程,个人的研究都应该有自己的独到之处和特殊的贡献,这样才能促进该领域研究的不断发展。

研究方法这一项通常包括的内容有:研究设计、研究背景、样本选择、工具使用、数据来源和研究步骤等。如果采用问卷法、观察法和访谈法,一般还要求说明采用的形式是什么。比如是结构性的、半结构性的还是无结构的。如果采用量表法,还必须说明是什么类型的量表、几点量表、其来源是什么等,同时还要在附录中列出原始的问卷和量表。总之,通过这一部分的内容的写作,必须将自己研究方法的使用全面地展示在读者的面前,让读者能够清楚地知道研究者是采用什么样的方法获得数据的。①

第二节 论文的标题

论文的标题是全文的眉目,毕业论文的作者应了解论文标题的基本要求,掌握论文标题常见的类型及拟制方法。

一、论文标题的基本要求

题目应与论文的主题(中心论点)密切联系,可以直接呈现主题,也可用其他各种方式间接显示出来,比如通过表明论文的论述中心或范围来暗示主题。虽说毕业论文的标题无需像文学作品或有些新闻作品的标题那样刻意求新求变,但是过于刻板、老套,也是不为读者所欢迎的。例如从"试论张爱玲小说的悲剧意识"的标题中,我们很快就能了解到论文论述的中心。但是,如果所有研究作家的论文,拟制标题都套此格式,则必然显得呆板从而让读者麻木。所以,我们在确定题目方面,还需要下一番工夫,以便把标题拟得简洁、醒目、贴切。好的标题往往都是既能直呈文章主题又极富吸引力的。很

---

① 参见陈晓端《英国大学文科研究生学位论文的结构要求及其启示》,《高等教育研究》2003 年 2 期。

多毕业论文为了求得这样的效果,除设立正标题外,还增设副标题,其作用是对正题加以解释、补充或限定,使得重点更加突出,含义更为明确。

目前,人们对毕业论文题目拟制提出的要求不尽一致,以下几点是基本共识:确切具体;简明精要;突出重点;庄重严肃;符合"文体"要求。① 下面分别简述之:

1. 确切具体

即论文标题应准确贴切,切忌空泛。我们拟制毕业论文的标题主要目的是让读者明白论文写的是什么,进而决定读或是不读。因此,论文的标题必须准确而具体地指出论文的研究对象,并恰当地概括研究的深度和广度。在毕业论文的写作实践中,标题不够准确具体,常常表现在以下三方面:

(1)标题过大。有些同学不懂毕业论文写作技巧,常常喜欢选一些大题目,以致论文标题与论文内容名实不符。如有一篇谈论广告的论文,作者在对社会上各种不健康的广告进行了分析后,指出广告宣传必须有利于社会主义精神文明建设,而其标题却为"广告与精神文明",显然题大文小。有些同学喜欢在标题中动辄使用"模式研究"、"本质分析"等词语,这很容易给人以好高骛远、大而无当之感。

(2)标题太小。有一些同学则与上述情况相反,往往只就具体事件拟制标题,不能上升到理论的高度,拟制的标题不能很好地概括文章内容,如"试论我校新闻专业青年教师课堂教学大赛的评比规则"。

(3)标题含义模糊,不知所云。标题的主要作用是告诉读者论文论述的是什么,其含义必须清楚,一目了然。一篇谈论保护和使用水资源重要性与必要性的论文,其标题为"一项被忽视了的基本国策",这样的标题究竟告诉了读者什么呢?倘若我们将它改为"一项被忽视了的基本国策——论水资源的保护和利用",意思就明白多了。

2. 简明精要

即标题的语言应简洁明了,内容应精简扼要。根据论文题名的命名过程和作用,可以这样定义论文的题名:用最恰当、最简明的词语反映论文中的重要的特定内容的逻辑组合。最恰当的词语,即是在用词上恰如其分地反映论题的意义及所研究的主要内容,不能用一些哗众取宠的词藻或不适当的程度词。最简明的词语,即用词简洁,不使用冗长的形容词和不必要的虚词,选用

---

① 参见何周富《论文标题拟制"五注意"》,《成都行政学院学报》2000年第3期。

论文研究所涉及的学科中众所周知、通俗易懂、词义简单且规范化的术语,不能使用复杂完整的主、动、宾语句逐一表述论文的内容。因此,根据"最恰当"和"最简明"原则,论文题名要反映特定的研究内容,而且在字数上一般以不超过20个字为宜。

拟制论文标题时,既要注意其文字不能太长,又要注意其能概括论文的主题。要力求用最少的文字表达最大的信息量,用最精练的语言高度概括和明确反映论文的主题。

为了使标题的拟制符合简明精要的要求,毕业论文的作者必须掌握标题的结构特征。标题是最能反映论文特定内容的有关词语的逻辑组合,它并非主语、谓语、宾语俱全的完整句式。在拟制标题时应进行周密思考,合理安排,通过词语的巧妙组合,用最精练的文字准确地表达论文完整的主题。论文标题的确定是一件十分严肃的事,因为它是论文撰写者对其科研成果的肯定,也是对其科研成果的命名。就标题的命名过程而言,有两种情况:其一,根据科研成果的主要思想和内容给予命名;其二,根据所要进行加工的科研资料、科研素材和性质给予命名。

论文标题的作用主要有两点:一是反映论文的主要内容和作者的重要观点,使读者从题名就能了解论文所要研究的问题和作者的主要观点;二要方便文献机构和数据系统检索。因此,论文标题所用的词语尽可能包括正式主题词(叙词)、非正式主题词和自由词。

3. 突出重点

有些论文论述的范围较广,层次较多,其内容有时很难用一个准确的标题标出。此时,在拟制标题时突出重点即可,不必面面俱到。突出重点的方法有很多,常见的有:主体法,即以论文论述的主要内容为拟制标题的方法;语序法,即把主要内容放在标题开头的拟制方法;正副标题法,即把主要内容作为正标题、次要内容作为副标题的方法,如"论《红楼梦》的叙事艺术"可改为"实极而虚,虚极而实——《红楼梦》叙事艺术探讨"。

4. 庄重严肃

有些写作教材在讲论文标题要求时将"新颖生动"作为其要求之一。其实,这对论文尤其是学术论文、理论论文是不适合的,因为这二者论述的都是非常严肃的学术问题、政治问题,观点之鲜明、材料之准确、行文之严谨,是其他任何文体都不能相比的。有些学生不明白这一点,认为论文标题愈生动、愈新奇,愈能吸引读者就越好,因此拟制一些非常不适当的标题。如有一篇文章探讨的是"农耕文化"对自己所在城市市民的负面影响,作者希望借此唤醒家乡市民的竞争意识、市场意识和现代意识,但论文的标题却为"悠闲的城市不要再悠闲",显得极不严肃。又如,另一篇论文论述的是如何正确看待我党历史上的四次重大失误,这本身是一个非常严肃的政治问题,作者为使标题新颖吸引读者,将标题拟制为"错误:也是一种宝贵的财富",不但失去了理论文章的严肃性,而且还会误导读者。

5. 符合"文体"要求

"毕业论文"这一概念实际上是很宽泛的。就其内容来说,有自然科学论文和社会科学论文之分;就其性质来说,有技术论文和政治理论论文之别;就其作用来说,有学术理论论文和工作指导论文之异。此外,文科毕业生所写的毕业论文很多都是综述性论文,这种论文与那种探究学科知识原创性的学术论文的区别也是十分明显的。论文的标题必须符合这些不同"文体"的细微要求。否则,读者瞄一眼论文标题就会产生困惑。例如"试论人民政协的民主监督"就不能写成实践指导类论文,而"提高新闻语言准确性的三条途径"同样不能作为理论类论文的标题。

此外,想要拟制一个好标题,还应该注意突出标题的专指性,一般说来好的论文标题都必须具有专指性。毕业论文标题的专指性指的是标题在概括文章内容时揭示内容的深度和准确度。众所周知,论文的读者并非为欣赏而接触论文,论文的标题必须注重它的情报性,也就是我们通常所说的"专指性",以使论文的阅读者可以凭标题来判断是否值得阅读该篇文章。

标题的专指性要求标题必须与文章内容完全相符,并提供足够的关键词。所谓"关键词",指的是从文献题目、摘要和内容中抽取出来,用以揭示(或表达)文献主题内容特征的,具有实际意义的,未经规范处理的自然语言词汇。比如,"大众传播的社会影响"这个标题的专指性就很强。有人曾做过统计分析,得出的结论是:文学艺术学科的论文标题与内容的相符率最低,是因其标题中修饰词较多的缘故。① 也就是说,文学艺术学科的论文标题的专指性可能天然的不强,那么如何才能增强它的专指性呢?运用副标题就是一个较为有效的方法。比如"腾挪跌宕的灵魂——莫言创作论",这是一篇文学论文的标题,如果没有副标题,只有"腾挪跌宕的灵魂",那就根本判断不出文章的内容,更无法抽取出关键词。所以,追求个性和特色的文学论文,使用副

---

① 参见徐雪芹《试论学术论文的标题》,《大连教育学院学报》2003年第1期。

标题、分标题(正文主体部分的小标题)来增强论文标题的专指性确实行之有效。

二、论文标题的常见类型

毕业论文的标题从其概括范围和作用的角度来划分,一般分为正标题和副标题。正副题之间最好能形成一种映照、互补的关系。

例1:

      意象批评论   (正标题)
    ——从锺嵘《诗品》谈起   (副标题)

正副标题都是揭示论文研究的对象和范围的,但副标题将范围作了进一步的限定。

例2:

      繁荣与困顿   (正标题)
  ——试论现代性视野中的新世纪底层文学 (副标题)

正标题揭示主题,副标题显示范围。有时也可以调整为:正标题显示研究范围,副标题揭示文章的主要内容或观点。

例3:

     从《活着》到《兄弟》   (正标题)
    ——论余华小说的先锋性   (副标题)

毕业论文的标题如果从拟制角度不同来分,则可以分成如下三类:

(1)反映研究对象、研究方法和研究结果型。从论文研究的三大要素中确定题目:科研的三大要素为对象、处理和效应,即研究对象、研究方法和研究结果。一般而言,论文题目也由此三部分或其中两部分构成。

例如:

      从仙石到顽石
    ——孙悟空、贾宝玉比较论

显然,正副标题一起揭示了论文研究对象、研究方法和研究结果。研究对象:孙悟空、贾宝玉。研究方法:比较。研究结论:从仙石到顽石。

(2)借鉴型,即借鉴其他相似相同题目,确定自己不与之雷同的新题目。写论文前,作者都阅读了大量参考文献,每篇文献都有不完全相同的题目,作者可选择与自己研究内容相近的论文,借鉴其题目特点,确定自己不与之雷同的新题目。

例如：

胡锦涛的新闻价值观

与上面的题目相似的有：

毛泽东的新闻价值观（已毕业学生论文题目）

邓小平的新闻价值观（已毕业学生论文题目）

江泽民的新闻价值观（已毕业学生论文题目）

……

（3）关键词组合型，即将关键词组合成论文的题目，关键词最能直接反映文章的内容，如能恰当组合，往往就是文章的题目。

例如：

语体的通用成分、专用成分和跨体成分

这样的论文标题显然是由四个关键词组合而成的。

第三节　论文的语言

毕业论文不仅要做到"言之有序"，还要做到"言之有文"。毕业论文的语言从语体归属上说是属于论著体，这是一种主要应用于专门性科学研究及信息交流等场合的语体，它不同于文艺语体，也不同于那些以解决实际问题为宗旨的公文语体，它是进行学术研究、反映研究成果时所使用的语言（主要是书面语言）。撰写毕业论文的同学们应该掌握论文语言的基本特点与要求，同时还要与时俱进大胆追求论文语言的创新。

一、论文语言的特点与要求

1. 论文语言的特点

毕业论文的语言是作者赖以探讨或解决学科基本问题的唯一工具。正如马克思所说："语言是思想的直接现实。"尽管毕业论文写作需要具备选题、取材、构思、技巧等多方面的能力，但这一切都必须也只能通过语言来体现和完成。作者语言表达的水平直接影响论文的表现力和表达效果。只有了解论文语言的特点,掌握毕业论文语言运用的基本要求,并且有比较丰富的语言储备,才能写好毕业论文。因此,过好语言关,也是写好毕业论文的重要一环。一般说来,毕业论文的语言具有以下几大特点:

(1)论证性。

所谓"论证性"乃是指毕业论文的语言呈现出一股强大的思辨力,往往通过细致、具体、全面、辩证的阐释,以及恰当的强有力的论证方法来实现分析问题、解决问题的根本目的,论证性是毕业论文语言最为重要的特点之一。

毕业论文是对某一课题作科学研究之后形成的文字表述,其主要阅读对象是指导老师、相关的同学或其他相关的人员。高校要求本科毕业生撰写论文的目的是培养大学生探求真理的精神、强化其社会意识、引导开展科学研究训练、提高综合实践能力与素质等,是培养大学生创新能力、实践能力和创业精神的重要实践环节。因此,毕业论文不应在文章中传播普及性知识。目前有很多毕业论文是"课堂笔记式"的,有明显的知识传授倾向,有些论文明显地是从教科书中摘编的;有的则是宣传性资料,是供社会各种人员阅读的普及性读物。这类介绍知识而无学术观点的文章,不符合毕业论文的基本要求,严格说来不应属于学术论文之列。

既然毕业论文的阅读对象不是一般意义上的学生,撰写毕业论文在内容和方法上同一般的课堂教学也就自然有所区别。毕业论文反映的是作者在导师指导下对某一课题长期积累、勤于思辨、潜心研究,在分析和综合的基础上得出的新的科学结论。它讲究渊源、承继、发展、创新、自成理论体系,具有科学的严密性。毕业论文的核心是"研究"而非"传授",因此不应在毕业论文中只讲解、介绍某类知识,而应提出论点,然后通过有力的思辨予以展开,运用精粹的材料前来支撑。强有力的思辨和细致、具体、全面的阐释是毕业论文语言具有论证性特点的具体表现。

毕业论文要求语言具有科学的严密性,因此,作者应当掌握大量论据,经过严密的论证,得出科学的合乎逻辑的结论。毕业论文的逻辑结构应是步步为营、层层推进,运用演绎推理或归纳推理等方式,最后推出必然的结论。毕业论文语言风格不应是漫谈式的、聊天式的、叙述式的。日常生活中我们会看到一些有学术内容的文章用文艺笔调来写的,那是为了普及,属于"科普"一类,毕业论文不能采用这样的语体风格。

文科论文,特别是文学方面的论文中,有一类是"赏析"性的文章(即对某部或某篇作品进行分析和评价)。赏析文章有一定的可读性,有的亦不乏真知灼见。学术刊物上也偶有出现,它具有调剂作用。但赏析文章一般缺乏系统的理论,近乎教材的分析,其下者,更与讲义无异。毕业论文应有深刻的学理性和系统严密的论证过程,不是一般的心得体会或读后感,应提出独特观点和科学结论,并予以科学的阐释、剖析和证明。因此,毕业论文的语言运用应尽力避免这种"赏析"性语调。

(2)严正性。

毕业论文语言的严正性是指作者遣词造句有着极为严格的限制性,追求表意的严密、纯正。如在语体风格上很少甚至排斥具有口语色彩、意义未经严格限定的多义的日常生活用语;在句法运用系统上,其句法特点的构成也是服从于精确、严密地表达学科内容的需要的;在修辞手法上,积极修辞手法运用频率极低,对词语的修辞色彩表现出严格的限制选择性倾向;喜欢运用图表等非语言符号来代替语句成分,等等。此外,毕业论文是理性思维的产物,而非情感思维的产物。因此毕业论文应是科学的、客观的、冷静的、严密的,不应掺杂个人的情绪在内。毕业论文只服从客观的事实、科学的规律和逻辑的规则,而不以个人的好恶为转移。有些文章,特别是那些文学类毕业论文,掺进了作者的情绪,或用漂亮的言词甚至诗歌笔调抒发个人的情感,这些虽然会增加论文语言的华美,但同时也会损害文章的科学性和客观性,所以还是应注意节制,尽力予以避免。

(3)规范性。

学术论文在章法和形式上是具有一定规范的。例如一定的容量、一定的论证步骤、一定的书写格式等。这些乍看上去与语言无涉,其实都是论文语言运用系统有特色的构成部分。一定的容量,是指毕业论文要有相当的篇幅,以容纳足够的材料与观点和论证过程。一般规定本科毕业论文应在万字左右,因为篇幅太短则不能进行充分的论证,难以达到论文的基本要求。毕业论文还应有一定的层次、段落,或以小标题指明,或以符码相隔,以反映论证的步骤或论点的组成。另外,还应有一定的引文和注解,目的是为了使论文有更有力的支撑,并为读者的查阅提供便利。大多数高校还规定论文要有中英文内容提要和关键词,并注明参考文献。对论文的抄写格式、稿纸规格及注释形式等,也都有相应的规定。所有这些形式上的要求,目的都是为了加强毕业论文的规范性。它们实际上也都对论文的语言表达起到了规范作用。

2.论文语言表达的基本要求

撰写毕业论文是一项严肃而艰巨的工作,语言表达丝毫也草率不得,对

语言掉以轻心,是不可能写出高质量的论文来的。在展纸命笔之际,作者应努力遵循下列基本要求:

(1)语言要准确、科学。

撰写毕业论文首先要求语言准确。准确就是要符合客观实际情况,做到没有差错。"准确"是从总体上要求语言讲求科学性和逻辑性,能贴切地表达论文的内容。论文中用词和造句必须恰如其分地反映事物的本来面貌,并能如实、贴切地表达作者的意图和思想。要使语言准确无误必须做到如下几个方面:

①用词要做到准确,合乎事实。提高用词准确性的途径主要有两个:

首先,要注意辨析词义,要仔细区别近义、同义词在含义上和用法上的细微差别,准确选用那个"唯一"的词。在毕业论文的写作过程中,必须仔细推敲那些关键词,并在反复选择的基础上,使用最恰当的词语。汉语中的近义词、同义词很多,有些近义词粗看起来,意思区别不大,但若仔细地分析,就会发现含义不完全相同。例如:"漂亮"与"美丽"这两个词,有时几乎可以说含义相同,可是在"这件事他干得很漂亮"句中,若要将"漂亮"换成"美丽"则显然是不行的。

其次,要注意区别词语的感情色彩,在选词、用词上注意掌握"分寸感"。在汉语词汇中,除了很大一部分"中性词"以外,还有一些词语是能通过其特定的含义体现出鲜明、精妙的感情色彩或判断的细微差异的。例如:"鲁迅是伟大的思想家、文学家。""萧红是现代文学史上杰出的女性作家之一。"这里用了"伟大"和"杰出"两个词,分寸感拿捏得都很准。如果将它们的位置互换,显然就欠当了。

②造句要合乎语法规则。论文的语言最基本的就是遣词造句的问题。如果造句能够文通字顺,那么论文的语言就达到最起码的要求了。句子是否通顺,取决于事理说得对不对、合不合语法规则。如果句子表意欠当或语意不合逻辑,或者句子的成分残缺或杂糅,就都会使文意出现偏差或含糊不清。所以造句时要注意:

首先,句子成分要完整。构成一个句子最基本的成分是主语、谓语和宾语。在比较复杂的句子里,还有宾语、补语和状语等连带成分和附加成分。在一般情况下,句子成分,特别是主干部分不能随意省掉。如果省掉了不该省略的成分,句子就会残缺不全,意思就不能表达清楚。例如:"与会代表们认真讨论了今年的工作和学习,一个个摩拳擦掌,信心百倍。"这里显然缺少宾语"计划"。

其次,词语要搭配得当,词序要有条理。在句子中,词与词的互相搭配以及词序的安排都是不能随意的,一不小心就会犯搭配不当或其他不合语法规则的错误。例如:"培养创作精神首先要敢于打破环境",这里就有搭配不当的问题,"环境"是无法"打破"的。

再次,要合乎事理和规则。有些句子,从语法形式上看,成分不缺,搭配也得当,但仍不准确。原因是反映的事理不合逻辑,不合思维规则。例如:"爷爷长得很像他的小孙子。"这就不合逻辑和思维规则。再如:"今年的粮食和小麦又获得了大丰收,只是水稻产量略有减少。"这句显然就不合事理,既然"粮食"获得了"大丰收",怎么又说水稻减产?还有"小麦"也不能与"粮食"并列。

(2)要简洁明快。

简捷就是造句干净利落。用语"贵乎精要",以最简洁的语言表达尽可能丰富的内容,做到"文约而事丰,言简而意赅"。论文语言要想简捷就必须做到:

①思想明确,认识深刻。有些毕业论文语言不精,常常是作者对内容理解不深所致,并不完全是技巧问题。所以要提高语言的精练度,必须首先锻炼思想,培养自己的认识能力,善于分析,抓住问题的症结,这样,写出的文字,才能以一当十,简洁凝练。唐代刘知几在《史通·叙事》一文中谈到,"盖作者言虽简略,理皆要害,故能疏而不遗,俭而无阙。譬如用奇兵者,持一当百,能全克敌之功也"。所以,我们在写毕业论文时,首先必须将要表达的内容想清楚、弄明白,才有可能做到"文约而事丰,言简而意赅"。

②提取最精粹的词语。从某种意义上来说,写作的艺术就是提炼的艺术,若要使语言简明,首先要舍得割爱,删繁就简。这说起来容易,做起来难,有些作者总是不忍删减,还有些作者不知怎样删减。语言的提炼最要紧的是尽量节约用字。少用字,同时还要把意思表达完美,就必须在写作时注意选择提取那些经过千锤百炼的最精粹的词语。

(3)要生动传神。

毕业论文尤其是文学专业的毕业论文在具备观点正确、鲜明,语言准确、简练的前提下,还要力求做到语言生动,让人读起来不枯燥乏味。"我们的最好的思想、最深厚的感情,只能被最美妙的语言表达出来。若是表达不出,谁能知道那思想与感情是怎样的好呢?"①语言与内容完美结合才会赢得读者的青睐。深邃的思想、深刻独到的见解只有借助语言才能闪现耀眼的光芒。要把毕业论文写好,光语言准确、简练还不够,还要生动传神。

那么,究竟怎样才能够使毕业论文生动传神呢?具体的方法和努力途径有很多,以下四点就值得重视:

①要使用形象化的语言。学术论文的特点之一,是语言的抽象性。但是任何抽象的概念都来自具体的事实。如果我们在写作时,能把理论的概括同形象的描述恰当地结合起来,就会有助于深刻地揭示事物的本质,并使理论易于为人们理解和接受。

②要善用新词。遣词造句时,应当刻求新意,努力使语言新鲜、生动。如果人云亦云,拾人牙慧,总是在老套子里打转,语言就不会生动。要敏锐发现、乐于采用刚刚涌现的新词新语;要不断挖掘和发现语词中新的含义、新的用法。

③要巧用多样化的语言。若能按照主题的需要把叙述、说明、议论、设问、比喻、举例、解释等交叉起来使用,相错成文,则文章就会显得变化多端,给人生动之感。此外图表、公式、符号甚至是独特的排版格式也都是论文多样化的语言形式,因此都要注意恰当选用。

④要慎重对待修辞。修辞的主要目的之一就是为了把文章写得生动活泼。虽然在毕业论文的写作中积极修辞的手法运用频率极低,但在行文中,总是一种句式,缺乏变化,也难免会让人觉得语言单调乏味。写作者应当学会根据文章内容的特点和表现主题的需要,恰当选用论文常用的几种修辞手段,使句子的表现方式丰富多彩,从而增加语言的生动性。

此外,在论文中,如能把语言声调的平仄、句式的长短、语气的缓急都灵活地搭配起来,适当地交错使用,则可以产生一种节奏感,读来会朗朗上口,抑扬顿挫,节奏鲜明,发挥出语言在形式上的强大表现力。比如我们运用一些排比、对偶等句式使语句长短适度、大体相称,语言在音节的和谐上就会增加一分美。②

需要特别指出的是,毕业论文语言运用上的生动传神的要求与其语言严

---

① 参见老舍《关于文学的语言问题》,《百科知识》1996年第5期。
② 关于论文语言要求,这里参考借鉴了《中国论文下载中心》05.5.30网友投稿《毕业论文的语言》一文中的一些内容。

正性的特点是不矛盾的。生动以严正为前提,严正不是干瘪和无味,尤其是文学、广告类的毕业论文往往在强调语言严正的同时更青睐生动。

二、毕业论文语言的创新

1. 要遵循创新的基本原则

随着中国高等教育的发展,国人的文化素养也日益提高,人们在阅读论文时不仅求"知"也求"美"。因此,追求论文语言创新的要求会越来越强烈。在鼓励论文语言创新时我们觉得首先要强调一下创新的基本原则。

原则之一:要紧紧围绕专业、学科的发展,要充分体现专业、学科的最新进展。

进入新世纪以来,由于信息技术的突飞猛进,各专业、学科的发展更是与日俱进,展现并进一步推动这种进步,需要人们大胆选择那些具有开创性的研究课题,而开创性课题由于缺少大量可资利用的资料,也没有现成的方法可作借鉴,所以写作的难度特别大。这类课题还有一个特点,就是对于语言的要求也特别苛刻,开创性研究要求展现这种研究的过程、方法、成果的语言都必须是全新的。不如此语言就不能完成所承担的任务,所以作者就必须要紧紧围绕专业、学科的发展来创新语言,让语言能够充分、贴切地体现专业、学科的最新进展。

原则之二:毕业论文语言的创新应坚持"精确"、"简洁"、"平实"的方向。

目前,社会上有一种表达娱乐化的风尚,此风对大学生的影响也非常明显。有些大学生说话撰文总是追求语言的幽默、搞笑。由于学历和学力的限制,很多本科生写的都是综述性的论文,由于这类论文不像开创性论文要求那样严格,在撰写中有些人往往不知不觉地就弄出一些随意、花哨、油滑的词语,往往不在基本概念的精确界定、阐释上下工夫,不对论文提到的基本原理、基本原则作科学、规范的表达而是随意地"说说",甚至为了追求语言表达的生动、幽默,写作者甚至绕前捧后废话连篇或者胡乱比喻任意夸张。作为学术论文之一的毕业论文(即便是综述性的论文),对这种倾向也是"零容忍"的!

当前新事物、新思想、新发现层出不穷,需要我们及时创新语言才能准确地表达这些新内容。毕业论文语言的创新绝不能偏离"精确"、"简洁"、"平实"的方向,因为陈腐的、繁冗的、油滑的、放诞的、偏斜的语言都无法承担起

第六章 论文的结构、标题和语言

表达的重任。

2. 要努力克服不良文风

目前,在本科毕业论文写作上有些人由于片面地理解了语言创新的要求,结果导致不良文风盛行,例如以下几种不良文风在当下的本科毕业论文中就较为常见:

(1)空话连篇,矫揉造作。例如,有人不在研究上下工夫,却在行文时煞费苦心地说时髦话,说假大空的话,以为如此便可获得读者认可;有人研究不深入,依靠"掉书袋"来给论文"注水",自以为如此便是有学问;有人执笔为文"甲、乙、丙、丁"、"首先、其次、再次"、"一、二、三、四",形式上看似很清晰,实则通篇茫无头绪;有人为文重复啰嗦,把读者都当弱智,不为自己绕着弯儿说废话感到羞耻反而为那臃肿不堪的论文沾沾自喜。

(2)华而不实,不懂装懂。例如,有人总是担心自己文笔枯窘,不能获得读者青睐,千方百计尽量堆砌形容词,滥用各种修辞手法;有人行文动辄不是"吊诡"就是"悖论",细看其文章内容却是与这两个概念风马牛不相及,真让人"欲哭无泪"!论文语言应该追求易读性、生动性,但这"生动"应该以充实的新颖内容作基础;论文也可以有饱满的情绪,但这种情绪应该发乎本性,而且为内容表达所需要。要是不顾论文写作的根本宗旨,生编硬造,雕琢遮掩,恣意夸诞,不懂装懂,那就只会适得其反,引起读者鄙视。

(3)文白杂糅,意在卖弄。有些人在写论文时,由于缺乏基本的语体知识和表达修养,偏偏又有哗众取宠之心,喜欢在白话中生硬掺文言词句,文白杂糅的结果是既不利于专业信息的传达,也让人读起来感到别扭、难受。尽管我们反对这种不良文风由来已久,但是总是有些人钟情于此,所以要克服它还是任重道远。

(4)干干巴巴,语言无味。有些人写文章语病并不多,但文章总是写得少气无力,词语有限,句式单一。这除了内容方面的影响之外,不认真学习语言,语言修养太差恐怕是其根本原因。平时掌握的词汇很少,对专业领域中刚刚涌现的新词新语也不留心,写出的文章当然总是显得干巴巴得像个瘪三了。

(5)生吞活剥,洋腔洋调。有些毕业论文内容并无多少新意,作者却要故作深奥,明明有现成的汉语的概念、词语,能够准确、鲜活地表达想要表现的内容,偏偏弃之不用,搞点洋文来掺和。更有甚者对外文资料的内容并未彻底弄明白,便生吞活剥,胡乱引用。毕业论文写作中,作者如果阅读视野开阔,行文时能够恰当引用外文资料,当然应该受到鼓励,但这与生吞活剥、洋腔洋调的文风完全是两码事。

"学诗贵求惊人句,学问慎作惊人语",毕业论文语言的创新绝不能以表面的放诞、油滑、偏激来迷惑人招揽人。毕业论文的作者可有"惊人之论"或"惊人之想",但这种"惊人"是建构在积极的假设、扎实的研究和辛勤的劳动的基础上的。表现这种"惊人之想"、"惊人之见"的毕业论文的语言也应该追求创新,但不能是借助"惊人语"来牵人耳目,不能靠"先声夺人",谋得"惊人之效"。把语言的创新扭曲为以冒天下大不韪的方式来赢得"天下人注目",从而营造一种"轰动效应",以此来推销自己,这种现象在眼下学界并不鲜见。但我们应该认识到:如果我们从学写毕业论文时就蹈此覆辙,那么,我们在学术研究的路上可就是一开始便走上了歪门邪道。

第七章

论文的形式规范

论文的形式规范指的是论文定稿、打印时在形式上的规定、要求,它是论文内容完整性的外在呈现,也是传播与方便读者阅读之必需。

第一节 论文写作要合乎形式规范

一、论文形式规范的重要性

论文的形式规范包括论文的编写格式、印制要求等内容。任何文体的文章都有其形式规范。文章的形式规范是由其内容和功用决定的。学术论文,是指对某一学科领域中的问题进行了较为系统专门的研究之后,表达新的科学研究成果或创新见解和知识的科学记录,或是某种已知原理应用于实际取得新进展的科学总结,用以提供学术会议上宣读、交流或讨论,或在学术刊物上发表,或作其他用途的书面文件。

为高效记载、传达、交流信息,学术论文在形式上要求合乎规范。统一的学位论文和学术论文的撰写和编辑格式,会便利信息存取系统的收集、存储、处理、加工、检索、利用、交流和传播。

在信息化时代,信息资源的建设处于十分重要的地位。作为信息资源的一个重要方面,学术论文越来越显示其重要性。为了跟上信息化新时代,学术论文必须实现规范化。只有这样,学术论文提供的信息才能与国际数据库制作技术和信息检索与评价系统接轨,从而使学术论文提供的新信息得到迅速的传播。因此,国家对论文形式规范问题非常重视。为此国家及有关部门先后专门组织制定并颁布了论文形式规范方面的相关标准和规定,如:1987年,中华人民共和国以"国家标准"的形式颁布了《GB7713—87 科学技术报告 学位论文和学术论文的编写格式》;1999年,中华人民共和国新闻出版署发文颁布了《CAJ-CD B/T1-1998 中国学术期刊(光盘版)检索与评价数据规范》(新出音[1999]17号);2000年,中华人民共和国教育部办公厅颁布了《中国高等学校社会科学学报编排规范(修订版)》(教社政厅[2000]1号)等,这些格式、规范适用于学术论文的编写格式,包括形式构成和题录著录,及其撰写、编辑、印刷、出版等。后两个规范中关于文章题名、作者署名及工作单位、摘要、关键词、分类号、基金项目、作者简介、注释、参考文献等项的规定也需要作者在撰写文章时予以遵从。所以从另一个角度说,这也是学术论文撰写的规范,是对学术论文形式进行衡量的标准。

就高等学校学生的学年论文、学位论文来说,统一的形式规范、撰写格式和编辑的格式便于教师检查指导、读者检索阅读、评委审阅评价,整理快速、归档标准、便于出版、传播有效、快速交流,适应现代化的需要,提高工作效率。为此,各高校都很重视学位论文的形式规范,分别根据上述的国家规范,制定和发布了自己的学年论文、学位论文格式规范,并作统一要求。

二、掌握论文形式规范

1. 培养论文形式规范的意识

作为论文的撰写者,要写出合乎形式规范的论文,首先要认识到论文形式规范的重要性,要树立形式规范化意识,破除只注重正文内容而忽视了论文形式,把题名的推敲,摘要、关键词的抽取,参考文献的选取和著录等当成无伤大雅、无关紧要的,甚至把这些看成文章以外可有可无的附件的观念,严肃认真地执行国家制定的有关论文规范化的标准和自己所在学校的具体要求。

论文形式规范化,既是文献信息制作、传播、存储向着现代化、标准化、规范化的方向发展的需要,是促进学术信息在文献网络化、数字化环境下快速交流的需要,也是促进研究现代化,培养论文作者对受众负责的责任感,培养作者的现代性、对社会的适应能力,全面提高作者学术研究能力的一种重要途径。目前,所有的高校都有自己的学术论文形式规范,按规范审读、评定学位论文。所有的学术期刊都已执行上述国家标准规范,按其标准规范编排学术论文。因此,每一位学位论文的作者只有认真学习、深入了解、主动执行这些规范,并按规范制作自己的学位论文,作者写作的学位论文才能顺利过关,通过评审,获得相应的学位。走入社会后,只有合乎规范的学术论文,才能在有关期刊上迅速刊发,并通过现代技术途径向所有需求者迅速传播。

2. 掌握论文形式规范的途径

作为学术论文作者,要掌握论文形式规范的方法,可从以下几方面着手:

(1)熟悉国家及自己所在学校、所属专业制定的学术论文形式规范;

(2)关心学术动态,经常阅读学术期刊的有关论文,熟悉学术论文的模式及要求;

(3)撰写论文时严格按照规范化要求操作,习惯成自然,写出书面形式合乎标准的论文来。

第二节 论文的形式构成及格式要求

目前,各高校文科的本科学士学位及研究生硕士学位的学位论文在形式规范上并没有完全按照国家标准去做,而是有一些大家共同认可的、简明易于操作的通用规范。这些通用形式规范是基本合乎《GB7713 科学技术报告、学位论文和学术论文的编写格式》、《GB7714 文后参考文献著录规则》、《中国学术期刊(光盘版)检索与评价数据规范》、《中国高等学校社会科学学报编排规范》等规范要求的。

下面介绍的论文的形式构成及格式要求,就是根据国家标准和许多高校本科学士学位及研究生硕士学位的学位论文通用的形式规范综合而成的一般形式要求。了解和掌握了这些一般形式要求"大同",再适应各校的特殊要求"小异"就容易多了。

通用的文科论文格式一般由前置部分(封面、目次页)、主体部分、附录部分、结尾部分(致谢、封底)构成。各部分均有其构成的要件、一定的规格以及排列的次序。下面仅就论文各部分构成的要件结合印制等统一的规定、要求等,将相关内容依次分别介绍如下。

一、前置部分

文科学位论文的前置部分一般包括封面、目次页等。

（一）封面

封面是论文的外表面，提供应有的信息，并起保护作用。一般学校都会印发统一的毕业论文封面（装订线一律在左边），要求学生上交的每份论文都要采用，学生只要按项如实填写就可以了。

封面上需作者填写的内容：

（1）题名和副题名。题名是以最恰当、最简明的词语反映论文中最重要的特定内容的逻辑组合。应简明、具体、确切，能概括文章的要旨，符合编制题录、索引和检索的有关原则，应有助于选择关键词，还应新颖能吸引读者。

题名所用每一词语都必须考虑到有助于选定关键词和编制题录、索引等二次文献，可以提供检索的特定实用信息。

中文题名一般不超过 20 个汉字。特殊情况也可例外。

必要时可加副题名。如题名语意未尽或过于概括，用副题名补充、引申、说明或限制论文中的特定内容；如为系列论文，也可用不同副题名区别其特定内容。

（2）学科（系别）专业名称。系指学位论文作者所学专业的名称。

示例：汉语言文学

（3）研究方向（或论文类别）。系指学位论文作者本篇论文研究方向的名称，应写到二级学科。

示例：中国现代文学

（4）作者姓名。论文的作者是撰写论文并能对内容负责的人。在封面的相应位置填上即可。

（5）学号。如实填写即可。

（6）指导教师。包括姓名、职称、职务、学位及所在单位名称（若为本校教师一般只写前两项，应写明全称）。

（7）日期。系指论文完成提交的时间，应写明确完整的年、月、日。

（8）学位授予单位。应写明学位授予学校的全称，不得写简称。

有的学校还要求另附自制内封面（或称题名页）一份，其内容为中英文论文题目,作者的姓名、学号、班级,指导老师的姓名与职称,论文完成时间等。只是各项英文内容应与各项中文内容题名完全对应,与封面略同,不再赘述。

封面示例:

××大学学士学位论文

题　　目　　试论萧红创作中的故乡情结
系别、专业　　中文系　汉语言文学专业
研究方向　　　中国现代文学
作者姓名　　　陆××
学　　号　　　20055019
指导教师　　　××　教授
论文完成时间　2009年5月10日
学位授予单位　××大学

(二)目次页

按论文编制项目次序的各项顺序,依次编排论文内容的项目名称、章节(层次)编号及页码等。章节排列一般不超过三个层次。一般篇幅的论文,目次页可有可无。目次页另页编排。

目次页示例:

目次

一、××××××××××××

(一)××××××××××

1.××××××××××××
2.××××××××××××

3.××××××××××××

　（二）××××××××××

　　1.××××××××××××
　　2.××××××××××××
　　3.××××××××××××

　（三）××××××××××

　　1.××××××××××××
　　2.××××××××××××
　　3.××××××××××××

二、××××××××××××

……

三、××××××××××××

……

二、主体部分

　　主体部分依次为中文题名、中文作者姓名、中文摘要、中文关键词、外文（一般为英文，下同）题名、外文作者姓名、外文摘要、外文关键词、正文（绪论、主体、结论）、注释、参考文献等。

　　（一）题名

　　正文前的中文题名应与封面中文题名一致。中文、外文题名均用黑体、小三号字打印。位于首页居中位置。副题名用小于题名的字号另行起排。前加破折号，位置在题名下居中或稍偏右。

　　示例：
　　失乐园中的上海宝贝

——浅论当代中日文学视野下女性形象的嬗变与互鉴

（二）作者姓名

作者姓名位于题名之下，以异于题名的字体居中排列。在校学生的毕业论文一般要求个人独立完成，当然只署一个作者名。在作者姓名下另起一行在括号内标明系别、专业、年级（或届数）、班级。

格式：　　　　　姓名
（系别、专业、年级或届数、班级）
示例：　　　　　陈××
（××大学中文系古典文献专业 2009 级二班）

其他身份的作者的论文，在封面和题名页上，或学术论文的题名下方、正文前面署名的个人作者，只限于那些对于选定研究课题和制定研究方案、直接参加全部或主要部分研究工作并作出主要贡献，以及参加撰写论文并能对内容负责的人，按其贡献大小排列名次。应标明工作单位全称、所在省市名称和邮政编码，加圆括号置于作者署名下方。

格式　　　　　　姓名
（工作单位，省市名称　邮政编码）
示例：　　　　　李×
（××大学　中文系，安徽　合肥　230039）

如系多位作者完成，作者的署名之间要用逗号隔开；作者单位不同时，应在姓名右上角加注阿拉伯数字序号，并在其工作单位名称之前加注与作者姓名序号相同的数字；各工作单位连排时以分号隔开。

示例：王×[1]，甄××[2]，张××[1]
（1. 北京师范大学　教育系，北京 100875；2. 上海第二工业大学　人文学院，上海 201209）

译文的署名，应著者在前，译者在后，著者前用方括号标明国籍。如作者姓名有必要附注汉语拼音时，中文姓名必须遵照国家规定，即姓前名后，中间为空格，姓氏的全部字母均大写，复姓连写；名字的首字母大写，双名中间加连字符，姓氏与名均不缩写。外国作者的姓名遵从国际惯例，英文署名采用姓前名后、中间加空格，姓氏全大写、复姓连写，名字的首写字母大写、双名中间加连字符（-），姓氏与名字均不缩写的格式。

示例：ZHANG Hua(张华)，PAN Lian‐Yi(潘联宜)，ZHUGE Ying(诸

葛颖),Paul A. Fishwick

至于参加部分工作的合作者、按研究计划分工负责具体小项的工作者、承担者,以及接受委托进行资料搜集、检索和整理的辅助人员等,均不列入。这些人可以作为参加工作的人员一一列入致谢部分,或排于脚注。

(三)摘要

摘要是论文的主要内容或结论的简短陈述。论文一般均应有摘要,摘要应能客观地反映论文主要内容的信息,重点是成果和结论。编写摘要可参照《GB6447—86 文摘编写规则》的规定执行。

摘要的目的是供读者在最短的时间内了解论文的总体内容。摘要的内容应包括与论文同等量的主要信息,供读者确定有无必要阅读全文,也供文摘等二次文献引用。因此,摘要应具有独立性和自含性,即不阅读论文的全文,便能获得必要的信息,了解文章的结论。摘要是一篇完整的短文,可以独立使用,可以引用,也可以用于推广。

摘要应具有客观性,它只对文献的主要内容或观点作直接、精确而扼要的表达,从而让读者阅读后能对文章的内容与观点有基本的了解。宜采用叙述的语调,不宜使用第一人称,也不宜使用"本文系统地讨论了"、"本文论述了"等词语开头,更不能加进主观见解、解释或评论,如写进"全面深入地分析了"、"本文有很高学术价值"、"本项研究已取得明显效益"等词句。不要使用一些过于笼统、概括甚至夸饰的词句。如"本文分析了小说女主人公的个性特征及其实质"、"本文对……进行了比较分析"、"对……提出了看法和建议"、"分析了……应注意的五个方面的问题"等。

在保证独立性和自含性的前提下,摘要应尽量简要。不可重复题名,只是对标题作进一步扩充说明,或对标题中出现的有关概念进行解释或说明,提供重复信息。当然,也不可对文献未含信息作多余的说明。中文摘要一般为 100~300 字;外文摘要不宜超过 250 个实词。如遇特殊需要字数可以略多,学位论文为了评审,学术论文为了参加学术会议,可按要求写成变异本式的摘要,概括地表述论文的研究背景、目的、研究方法、研究重点、结果和主要结论。不受字数规定的限制。

一般论文的摘要置于署名与关键词之间,长篇论文的摘要以另页置于题名页之后。

英文摘要的内容一般应与中文摘要相对应。

中文摘要前以"摘要："或"［摘要］"作为标识；英文摘要前以"Abstract："作为标识。

摘要应以与正文不同的字体字号编排，一般中、外文均是五号，中文使用宋体。

（四）关键词

关键词是能够反映论文主题概念的一组词或词组。标注关键词的目的是为了文献标引工作的方便。关键词从本篇论文中选取出来，应尽量从《汉语主题词表》中选用。如能按《GBPT 3860－1995文献叙词标引规则》的原则和方法，参照各种词表和工具书选取，则会更加合理、准确。未被词表收录的新学科、新技术中的重要术语和地区、人物、文献等名称，也可作为关键词标注。

一篇论文的关键词由3～8个词或词组组成，一般不得低于3个或多于8个词或词组。关键词应以与正文不同的字体字号，另起一行，排在摘要的左下方。在英文摘要的左下方应标注与中文关键词一一对应的英文关键词。中文关键词前以"关键词："或"［关键词］"作为标识；英文关键词前以"Keywords："作为标识。各关键词之间用分号（；）隔开，最后无标点。

示例：关键词：萧红；故乡情结；身份焦虑

外文题名、外文作者姓名、外文摘要、外文关键词等外文的文献标识部分的要求，在上文讲中文的文献标识时已附带讲过，外文文献标识的各项内容应与中文文献的各项内容一致，形式上要与中文文献标识一一对应。这里不再赘述。

学术刊物和有的学校还要求在关键词下标注文章编号，顺便介绍如下：

分类号——标注目的在便于信息交换和处理。一般应按照《中国图书馆分类法》（第4版）对每篇论文标引分类号。一个主题的论文只标注一个分类号；涉及多主题的论文，一篇可标注多个分类号，主分类号排在第1位，各分类号之间以分号分隔。

分类号排在关键词之后，其前以"中图分类号："或"［中图分类号］"作为标识。

示例：中图分类号：A81；D05

文献标识码——其目的在于标明文章的性质。

按照《中国学术期刊（光盘版）检索与评价数据规范》规定，每篇文章均应

标识相应的文献标识码。规范规定了五种文献标识码,作者应从中选用一个标识码标示文章的性质。与文科论文有关的有:

A—理论与应用研究学术论文

B—理论学习与社会实践总结

C—业务指导与技术管理性文章

D—动态性信息

E—文件、资料

中文文章的文献标识码以"文献标识码:"或"[文献标识码]"作为标识。

示例:文献标识码:A

(五)正文

关键词下面接着是论文的正文。

论文的正文部分的编写格式因文、因人而异,取决于文章的内容、作者的思路等因素。但其框架一般都是由引言(或绪论)开始,以结论结束。

1.绪论

绪论是对该篇论文基本特征的简介,如简要说明研究的缘起、背景、论文研究方向相关领域前人的工作和知识的最新进展及薄弱之处、理论基础和分析、评述和对相关问题的研究阐发,论文研究的设想、宗旨、目的、范围、方法、意义、命题和技术路线,论文编写的体例以及资助、支持、协作经过等。上述各点不必一一列述,应根据论文的内容、目的,有所侧重,言简意赅,不要与摘要雷同,不要成为摘要的注释。一般在教科书中有的知识,在绪论中不必赘述。

一般的论文和学士学位论文可以只用小段文字起着引言的效用。学士学位论文的绪论应表明作者对研究方向相关的学科领域有系统深入的了解,应力求具有先进性和前沿性;反映出作者确已掌握了坚实的基础理论和系统的专门知识,具有开阔的科学视野,对研究方案作了充分论证。

硕士、博士学位论文需要反映出作者确已掌握了坚实的基础理论和系统的专门知识,具有开阔的科学视野,对研究方案作了充分论证,因此,有关历史回顾和前人工作的综合评述,以及理论分析等,可以单独成章,用足够的文字叙述。

2.主体

主体是论文的核心部分,占主要篇幅。可以包括:研究对象、研究方法、使用的材料、推理论证的过程、形成的论点和导出的结论等。

由于研究工作涉及的学科、选题、研究方法、工作进程、结果表达方式等有很大的差异,对主体内容不能作统一的规定,但还是有其统一的要求。即主体的写作要求除了内容上必须实事求是,客观真切,准确完备外,还要求论述表达要合乎逻辑,层次分明,简练可读。所以在形式上经常要分层分段。

论文的层次有暗、明两种形式。暗者不用明确的形式标志,以在每层的主题段或中心句和段里的中心句前后勾连,成为一体。明者又有两种形式:一是空格,即在各层之间以空格间隔,作为一个相对完整的内容的结束和另一个相对完整的内容开始的标志;二是采用更明确的标志,分章分节,用序号标明。因为学术论文的篇幅较长,容量较大,论述内容比较复杂,所以经常采用分章节、加序号、加标题的方法。

论文的主体的层次不宜过多,一般不超过5级。

(1)序号。论文的序号编排要规范,中文的论文层次的序号为先中文数字,后阿拉伯数字;先不加括号,后加括号;分层次排列。各层次系统为:

第一层:一、二、三、……;

第二层:(一)(二)(三)……;

第三层:1.2.3……;

第四层:(1)(2)(3)……;

第五层:1)2)3)……不宜用①,以与注号区别。

也可采用另一种序号编排规范,即节及节以下均用阿拉伯数字编排序号。

第一层:1、2、3……;

第二层:1.1、1.2、1.3……;

第三层:1.1.1、1.1.2、1.1.3……;

第四层:1.1.1.1、1.1.1.2、1.1.1.3……;

第五层:1.1.1.1.1、1.1.1.1.2、1.1.1.1.3……。

外文的为先大写字母,后小写字母;先不加括号,后加括号;分层次排列。各层次系统为:

第一层:A. B. C. ……;

第二层:(A)(B)(C)……;

第三层:a. b. c. ……;

第四层:(a)(b)(c)……;

第五层:a)b)c)……。

(2)层次标题。层次标题是指文章篇名以下的各级分标题。

层次标题应简短、明确,准确反映该层次的内容,尽量避免使用外文字母和数字。

同一层次的标题应尽可能"排比"——即词(或词组)的结构、类型相同或相近,意义相关,语气一致。当然不能只求形式,以辞害意,要根据具体内容和需要来提炼。

示例:虚妄的反抗——走出家庭的冲动
　　　无爱的焦虑——爱情路上的跋涉
　　　忏悔与回归——精神家园的追求

(《试论萧红创作中的故乡情结》中的层次标题)

层次标题一般以15个字以内为宜,最多不超过当行字数。

文中应做到不出现背题(禁止将某一层次的标题排于版末而题下无正文行的排版禁则),一行不占页,一字不占行。

第一、二层次标题应单独成行,第三、四、五层次标题可与文章其他内容同列一行。

文内标题力求简短、明确,题末不用标点符号(问号、叹号、省略号除外)。

大段落的标题居中排列,可不加序号。

3. 结论

论文的结论是最终的、总体的结论,不是正文中各段的小结的简单重复。结论应该准确、完整、明确、精练。在结论中要清楚地阐明论文中有哪些是自己完成的成果,特别是创新性成果;如果不可能导出应有的结论,也可以没有结论而进行必要的讨论。可以在结论或讨论中提出建议、研究设想、改进意见、尚待解决的问题等。

(六)注释

注释主要用于对文章篇名、作者及文中某一特定内容作必要的解释或说明。如:对某些名词术语的解释、引文(尤其是直接引用)出处的说明等。

1. 注释的方法

对论文中特定内容的注释,常用以下三种注释方法:

(1)脚注——注文置于要注解内容所在当页的地脚;

(2)夹注——注文加圆括号括上,夹置于文内要注解的词语后;

(3)尾注——将所有要注释的内容统一置于文章的末尾,按在文中出现的先后顺序排列。它是一种最常用的方法。

脚注和尾注具体的注释方法是:先在正文中需加注之处的右上角用带注码的阿拉伯数字([1])或用带圆圈的阿拉伯数字(①)有序标出,一般放在标点符号前。再在当页地脚或文章末尾按序排列,一一注解。区别在于:脚注的序号是当页需注解内容的排序,而尾注的序号则是全文需注解内容的排序。

2. 注释的种类

(1)篇名(如有基金项目资助的学术论文)、作者简介一般都用脚注。都应在题目或名字最后一字的右上角标加"＊"符号,并在篇名所在页的地脚处作注时以"＊"开头。作者简介是对文章主要作者的姓名、出生年、性别、民族(汉族可省略)、籍贯、职称、学位、简历及研究方向(任选)等作出介绍。其前以"作者简介:"或"[作者简介]"作为标识。

格式:作者简介:姓名、出生年、性别、民族、籍贯、职称、学位、研究方向。

示例:作者简介:汪梅花(1968—),女,回族,安徽绩溪人,安徽师范大学英语系副教授,博士,研究方向:英语语言学。

基金项目是资助本项研究的基金名称,以"基金项目:"或"[基金项目]"作为标识,并在圆括号内注明项目编号。

格式:＊基金项目:项目名称(项目编号)

示例:＊基金项目:××大学学生科研基金资助项目(ADXSKY2009005)

(2)阐释、说明类注释一般用尾注,注释的内容直接在序号后表述。

示例:笔者当时曾直接听了这次报告,此处复述其大意。

(3)引用类注释一般用尾注,按照正文中引用的文献种类,注释的具体格式分别参照参考文献的格式。

中外文注释均是小五号,中文使用宋体。

(七)参考文献

参考文献指论文写作过程中所参阅的各种资料,应附在论文末尾加以说明。

参考文献有多种意义:作为阐发作者见地的佐证或背景资料;提供有力的理论依据或经典论述;表示对他人理论或成果的继承、借鉴或商榷等,反映作者对情报吸收、利用的程度。

文后参考文献的著录项目要齐全，要求罗列出所有引用的中外文文献资料目录。一般说来，文科专业论文主体撰写过程要求必须有5篇以上的参考文献。

参考文献的著录应按照《GB 7714—87 文后参考文献著录规则》及《中国学术期刊（光盘版）检索与评价数据规范》的规定执行。

文献的著录采用顺序编码制，其排列顺序以在正文中出现的先后为准；在引文处按论文中引用文献出现的先后排序，以阿拉伯数字连续编码。序号置于方括号内（[1]）。一种文献在同一文中被反复引用者，用同一序号标示。

需标明引文具体出处的，可在序号后加圆括号注明页码或章、节、篇名，采用小于正文的字号编排。

参考文献列表时应以"参考文献："（左顶格）或"[参考文献]"（居中）作为标识；序号左顶格，用阿拉伯数字加方括号（[1]）标示；每一条目的最后均以实心点结束。

各种参考文献的类型，根据《GB 3469—83 文献类型与文献载体代码》规定，以单字母方式标识：

M—专著

C—论文集

N—报纸文章

J—期刊文章

D—学位论文

R—研究报告

S—标准

P—专利

对于专著、论文集中的析出文献采用单字母"A"标识，对于其他未说明的文献类型，采用单字母"Z"标识。

对于数据库、计算机程序及电子公告等电子文献类型，以双字母作为标识：

DB—数据库

CP—计算机程序

EB—电子公告。

对于非纸张型载体电子文献，需在参考文献标识中同时标明其载体类型，建议采用双字母作为标识：

MT—磁带
DK—磁盘
CD—光盘
OL—联机网络
并以下列格式表示包括了文献载体类型的参考文献类型标识：
DB/OL—联机网上数据库
DB/MT—磁带数据库
M/CD—光盘图书
CP/DK—磁盘软件
J/OL—网上期刊
EB/OL—网上电子公告
以纸张为载体的传统文献在引作参考文献时不注其载体类型。
参考文献著录的条目以小于正文的字号编排在文末。
专著、论文集、学位论文、研究报告的基本格式为：
〔序号〕主要责任者.文献题名〔文献类型标识〕.出版地：出版者，出版年.起止页码(任选).

具体格式如下：

1. 专著著录格式

专著著录注意应标明出版地，尤其注意应标明出版年，文献中的位置。

格式：〔序号〕作者.专著名〔M〕.出版地：出版者，出版年，起止页.

示例：〔1〕张少康.文赋集释〔M〕.上海：上海古籍出版社，1984，78—79.

2. 期刊中析出的文献

期刊中析出的文献应标明年、卷、期，尤其注意区分卷和期，标明文献中的位置。格式为：

格式：〔序号〕作者.题(篇)名〔J〕.刊名.出版年，卷号(期号)：起止页.

示例：〔2〕严家炎.《太阳照在桑干河上》与丁玲的创作个性〔J〕.北京大学学报(哲学社会科学版)，2008(2)：87—88.

3. 会议论文

格式：〔序号〕作者.篇名〔C〕.会议名，会址，开会年.

示例：〔3〕程福宁.关于现代文章学建设的几个重大问题〔C〕.中国文章学研究会第25次学术年会，咸阳：西藏民族学院，2009.

4. 学位论文

格式：〔序号〕作者.题(篇)名〔D〕.授学位地：授学位单位，授学位年.

示例:[4]陆红颖.曾是惊鸿照影来——论中国现代情诗的古典底蕴[D].杭州:浙江大学,2006.

5.报纸文章

格式:[序号]主要责任者.文献题名[N].报纸名,出版日期(版次).

示例:[5]周天意.当代人更需要老子的智慧[N].中国教育报,2009-8-27(7).

6.标准

格式:国际标准、国家标准—[序号]标准编号,标准名称[S].

示例:[6]GB/T16159-1996,汉语拼音正词法基本规则[S].

7.报告

格式:〔序号〕作者.题(篇)名[R].报告年、月、日.

示例:[7]白永秀,刘敢,任保平.西安金融、人才、技术三大要素市场培育与发展研究[R].西安:陕西师范大学西北经济发展研究中心,1998.

8.电子文献

格式:〔序号〕作者.题(篇)名[E].出处或可获得地址(网址).发表或更新日期/引用日期(任选).

示例:[8]王明亮.关于中国学术期刊标准化数据库系统工程的进展[EB/01].http://www.cajcd.cn/pub/wml.txt/980810-2,html,1998-08-16/1998-10-04.

[9]万锦坤.中国大学学报论文文摘(1983—1993).英文版[DB/CD].北京:中国大百科全书出版社,1996.

9.论文集中的析出文献

格式:[序号]析出文献主要责任者.析出文献题名[A].原文献主要责任者(任选).原文献题名[C].出版地:出版者,出版年,析出文献起止页码.

示例:[10]徐中玉.论苏轼的"随物赋形"说[A].蒋孔阳.中国古代美学艺术论文集[C].上海:上海古籍出版社,1981,272-295.

10.各种未定类型的文献

格式:[序号]主要责任者.文献题名[Z].出版地:出版者,出版年.

示例:[11]张永禄.唐代长安词典[Z].西安:陕西人民出版社,1980.

参考文献采用顺序编码制,按论文正文所引用文献出现的先后顺序连续编码。

注释集中排在文末时,参考文献排在注释之后。

第七章 论文的形式规范

(八) 附录

论文形成过程中所涉及的原始材料、调查材料等可整理后用附件形式附在参考文献之后。附录是作为论文主体的补充项目,并不是必需的。

下列内容可以作为附录编于论文后,也可以另编成册:

(1) 为了整篇论文材料的完整,但编入正文又有损于编排的条理和逻辑性,这一材料包括比正文更为详尽的信息、研究方法和技术更深入的叙述,建议可以阅读的参考文献题录,对了解正文内容有用的补充信息等;

(2) 由于篇幅过长或取材于复制品而不便于编入正文的材料;

(3) 不便于编入正文的罕见珍贵资料;

(4) 对一般读者并非必要阅读,但对本专业同行有参考价值的资料;

(5) 某些重要的原始资料等。

论文的附录依序用大写正体 A,B,C,……编序号,如:附录 A。标注在附录的左上角。

每一附录均另页起。

附录与正文连续编页码。

附录中的图、表另行编序号,与正文分开,也一律用阿拉伯数字编码,但在数码前冠以附录序码,如:图 A1;表 B2 等。

主体部分格式示例:

主体部分首页:

(题名)　　　　×××××××××××
(作者姓名)　　　　　×××
(系别、年级)　(×系×专业×级×班)
(摘要)　　摘要:××××××××××××
　　　　　　　　×××××××××
(关键词) 关键词:×××;×××;×××;×××
(正文)　　××××××××××××××
　　　　　×××××××××××××××
　　　　　×××××××××××××××
　　　　……
(注释)　　注释:

　　　　　　　[1]×××××××××××××
　　　　　　　[2]×××××××××××××
　　　　　　　[3]×××××××××××××
　　　　　　……

（参考文献）参考文献：
　　　　　　　[1]×××××××××××××
　　　　　　　[2]×××××××××××××
　　　　　　　[3]×××××××××××××
　　　　　　……

四、后置部分

后置部分包括致谢和封底。

（一）致谢

致谢是作者对认为需要感谢的组织或个人表示谢意的短文。排于注释及参考文献之后，另页起，"致谢"二字单行居中排列，致谢短文排于下方，字体应与论文正文有所区别。

可以在正文后对下列方面致谢：

(1)指导老师及协助完成研究工作和提供便利条件的组织或个人；

(2)资助研究工作的奖学金基金、合作单位，资助或支持的企业、组织或个人；

(3)在研究工作中提出建议和提供帮助的人；

(4)给予转载和引用权的资料、图片、文献、研究思想和设想的所有者。

(5)其他应感谢的组织或个人。

（二）封底

封底一般即是附加在论文主体最后用于卫护论文的一张白纸，没有文字内容。

第三节　论文编制的一些要求

全部论文章、节、目的格式和版面安排，要求划一，层次清楚。

一、字数

文科类毕业论文一般在 8000～10000 字。

二、纸张

论文一律用 A4(210 mm×297 mm)标准大小的白纸。

三、纸型

基本都是"A4"，"纵向"。个别页面可以采用"A4"，"横向"。应便于阅读、复制和拍摄缩微制品。

四、文字

用字应符合现代汉语规范，除某些古籍整理和古汉语方面的文章外，避免使用旧体字、异体字和繁体字。

简化字应执行新闻出版署和国家语言文字工作委员会 1992 年 7 月 7 日发布的《出版物汉字使用管理规定》，以 1986 年 10 月 10 日重新发表的《简化字总表》为准。

五、标点

标点符号使用要遵守《GB/T15834—1995 标点符号用法》的规定（参考文献著录中的标点作为标识的用法另据后文规定），除前引号、前括号、破折号、省略号外,其余都应紧接文字后面,不能排在行首。

独立成行的标题后面不再加标点符号。

夹注及表格内的文句末尾不用句号。

著作、文章、文件、刊物、报纸等均用书名号。

用数字简称的会议或事件,只在数字上加引号;用地名简称的,不加引号。

外文的标点符号应遵循外文的习惯用法。

六、数字

数字使用应执行《GB/T15835—1995出版物上数字用法的规定》,凡公历世纪、年代、年、月、日、时刻和各种记数与计量(包括正负数、分数、小数、百分比、约数),均采用阿拉伯数字。

年份不能简写。

具体日期一律用汉字。

非公历纪年用汉字,并加圆括号注明公元纪年。

多位的阿拉伯数字不能移行。4位以上数字采用3位分节法,即节与节之间空1/4字距。5位以上的数字尾数零多的,可以"万"、"亿"作单位。

数字作为语素构成定型的词、词组、惯用词、缩略语,应使用汉字。

邻近两个数字并列连用所表示的概数均使用汉字数字。

七、图

图包括示意图、图解、地图、照片、图版等。

文科论文一般很少用图。在确需用图来说明问题时,应该注意的是:

图要切忌与所用表及文中叙述重复。同时图应具有"自明性",即只看图、图题和图例,不阅读正文,就可理解图意。

图要精心选择、设计与绘制,大小适中,比例适当,线条均匀,粗细相称,主、辅线分明,黑白对比度不大,无污点,无灰度,清楚美观。图中文字与符号应清晰可辨,最好采用激光印字机植字(汉字为6号或小6号宋体,数字为6号或小6号白正体,其他外文字符的字体应与文中表述的一致)。

照片图要求主题和主要显示部分的轮廓鲜明,图像清晰可辨。如用放大缩小的复制品,必须清晰,反差适中。照片上应该有表示目的物尺寸的标度。

图应标明图序和图题,序号和图题之间空1字;图序以阿拉伯数字连续编号,仅有1图者于图题处标明"图1";图题一般居中排于图的下方。

必要时,应将图上的符号、标记、代码等,用最简练的文字,横排于图题下方,作为图例说明。

图一般随文编排,图较多时也可集中排在文末或其他适当位置,并在图版上方标识所在页码。

图需卧排时,应顶左底右。插图的横向尺寸不超过版面2/3者,图旁应串文。

八、表

文科论文一般很少用表。在确需用表来说明问题时,应该注意的是:

表格应结构简洁,具有自明性。

表格应有表序和表题。序号和表题居中排于表格上方,两者之间空1字。表序以阿拉伯数字连续编号,仅有1表者,于表题处标明"表1"。

表内数据一律采用阿拉伯数字。个位数、小数点位置应上下对齐。相邻行格内的数字或文字相同时,应重复填写。

表一般随文编排,先见文字后见表。

表格的横向尺寸不超过版面2/3者,表旁应串文。表需卧排时,应顶左底右;需跨页时,一般排为双面跨单面;需转页时,应在续表上方居中注明"续表×",表头要重复排出。

表名放置在表格正上方,中外文对照。

九、字体

中文题名用黑体小三号字打印,外文题名用黑体小三号字打印。

正文一般用宋体小四号字打印。

文章中的各段标题用黑体小四号字打印,并且前后要一致。

外文字体一律为 Times New Roman。

全文的文字格式要统一。

十、段落

论文题目居中,每段落首行缩进2字符。
行距一律为1.5倍。

十一、页面设置

页边距——论文在书写、打字或印刷时,要求纸的四周留足空白边缘,以便装订、复制和读者批注。
所以每一面的页边距并不一样。上方(天头)、左侧(订口)、下方(地脚)和右侧(切口)的留空分别为:
上:2.5 cm,下:2.0 cm,左:3.0 cm,右:2.5 cm。

十二、页码

论文一律用阿拉伯数字连续编页码。
页码由书写、打字或印刷的首页开始,作为第1页,并为右页另页。
封面、封二、封三和封底不编入页码。
题名页、(前言)序、目次页等前置部分可以单独编排页码。
页码必须标注在每页的相同位置,便于识别。
应力求不出空白页,少数字页。

十三、印制

论文印制,除前置部分外,其他部分双面打印。
若论文篇幅较长,在封面与封底之间的中缝(书脊)必须有论文题目、作者和学校名。

十四、装订

按上文介绍的论文格式顺序依次装订。
论文统一在左侧装订。
装订要整齐、结实,以便长期存档和保管。

第八章

毕业论文答辩程序与论文的评价

论文定稿并打印并不是论文写作活动的完成,接下来还有一个环节就是答辩。

第一节 毕业论文答辩的意义与作用

毕业论文答辩是毕业论文工作的重要组成部分,也是学生毕业论文写作活动的最后一个环节。具体说来,是指毕业学生在由答辩委员会或答辩小组组织的答辩会上,回答答辩老师围绕论文所提出的问题,并对自己的论文进行辩护。它是确保学生毕业论文真实性和有效性的主要措施,也是综合检验学生专业理论水平和应用能力的重要环节。每个毕业学生的毕业论文都必须参加答辩。因此,毕业论文答辩意义重大。

一、毕业论文答辩是考查学生专业知识、理论水平和应用能力的重要途径

通过本科四年的学习,学生掌握了相应的基础知识、专业知识,具备了一定的理论水平和实践能力。毕业论文写作是这些知识理论和实践能力的运用,而答辩则是对学生"运用得如何"的具体考察。毕业论文选题一般都是学生四年来最感兴趣、积累最多、积淀最丰厚的学科中的某个话题,也是学生最认真对待、下工夫最深的科研活动,因此,最能反映学生的真实水平。通过毕业论文答辩,可以检验出学生的理论功底是否深厚、专业知识面是否广阔、所占有的资料是否全面、写作水平的高低,以及思维能力、应变能力的优劣等。

毕业论文答辩委员会或答辩小组的组成人员大都是相关学科的教授专

家,他们知识结构合理,视野开阔,理论水平高,经验丰富。通过答辩,他们不仅可以把握论文的质量,了解学生的理论水平和实践能力,而且能发现论文的缺陷与不足,向学生提出中肯的意见和建议,使学生获得教益,受到启发,以便进一步修改完善。因此,毕业论文答辩可以说是专家群体给学生上了一堂特殊的具有针对性的写作指导课和科研指导课,不仅能够考察学生的基础知识、专业知识、理论水平和实践能力,而且能够提高学生毕业论文的质量和科研能力。

二、毕业论文答辩是审查学生毕业论文写作是否真实的重要手段

按照规定,本科学生毕业论文要求在老师指导下按时按质按量地独立完成。但毕业论文作为一项实践性很强的教学活动,毕竟不同于课程教学,也不可能采取闭卷考试的方式进行考核,因此,其真实性就很难绝对保证。所谓"真实性",指的是毕业论文是否是自己独立完成,有无抄袭现象,或者是别人代笔的结果。无可否认,近年来,本科学生毕业论文抄袭现象比较严重。有的是几篇文章拼凑而成的,有的是从网上下载的,也有个别是找人代写的。究其原因,主要有以下几个方面:

一是就业的压力以及毕业论文写作时间与就业时间的冲突。不少学生认为,如果找到工作了,毕业论文应付一下,老师是不会为难我的;相反,如果找不到工作,毕业论文做得再好也没有用。另外,毕业论文写作时间一般被安排在第七学期末和第八学期,这段时间毕业学生正忙于找工作,没有时间和心思写毕业论文。往往拖到最后没有办法了,只有抄袭拼凑。

二是部分学生思想上不重视,再加之有些学校对毕业论文工作管理松懈,答辩不规范,走过场,甚至根本就不进行答辩,使学生觉得没有必要在毕业论文上花费太多的时间和精力,抄一篇就足以应付了,反正现在报刊上文章多如牛毛,老师不会查出来,或者根本就不查。

三是个别学生平时不学习,专业知识、理论水平差,平时没有积累。到写毕业论文时,选不出合适的题目,要么由老师出个题目,要么勉强找一个题目,写不下去,结果只有抄袭和拼凑了。

毕业论文答辩能够有效地检验毕业论文是否真实、有无抄袭现象。通过指导教师与评阅教师的评阅,再经过答辩委员会或答辩小组的提问,一篇毕业论文如果不是自己写的,最终会露出马脚。一般来说,一篇论文有1/3以

上属于抄袭,那么就不会通过答辩了。这对于那些有抄袭现象的学生也是一种警示,促使他们尽量自己写作。因此,毕业论文答辩起到了考察学生治学态度、纠正不良学风的作用。

三、毕业论文答辩是学生向答辩老师学习、求教的大好机会

一篇毕业论文完成以后,不可避免地存在一些缺陷和不足。这些缺陷与不足有的是学生没有意识到的,有的是学生意识到了,但一时无力解决而刻意回避的。而在答辩过程中,这些缺陷与不足一般逃不过答辩老师的眼睛。因为答辩委员会或答辩小组的老师都是该学科的专家,他们具有广博的知识面和很高的专业理论水平,并且经验丰富。他们在评阅论文过程中,会发现论文的缺陷与不足,然后针对这些缺陷与不足提出问题,让你回答。通过答辩老师的提问与评点,学生明白了论文存在的问题,知道了应该怎样去解决这些问题,怎样弥补缺陷与不足。因此,毕业论文答辩就成了向答辩老师学习、求教的大好机会。在近年的毕业论文答辩实践中,我们不时发现这种现象:不少学生的毕业论文,经过答辩听取了老师的意见后进行较大修改,质量有了大幅度提高,而有的本来基础较好的论文,经过答辩老师画龙点睛式的点拨,再经过修改弥补了不足,更趋完善,更有新意且具有较高的水平或应用价值,作者将论文投寄给学术期刊而得以发表,真正地发挥了促进学术发展的作用。

四、毕业论文答辩促进了师生之间的互动交流

所谓"答辩",并不仅仅是学生被动地问答老师的提问,还包括"辩"——为自己的论文辩护的意思。问—答—辩是一个师生互动的过程。这个过程,首先是老师发现了学生论文的缺陷与不足,提出问题,学生回答之后老师总结评点,提出一些针对性的意见和建议,使学生意识到缺陷与不足,明确了从哪些方面进行整改,最终提高了论文的质量和学生分析问题、解决问题的能力。其次,是开拓了新的研究领域,深化了研究内容。答辩老师虽然都是相关学科的专家,但也不是万能的。在某一领域,就某些问题,还有视野不到、研究不深的地方。如果这些领域和问题学生在毕业论文中都有所涉及,并且具有新意,老师会非常感兴趣。老师会就这些地方提出问题,师生双方在问—答—辩的过程中开阔视野,深化了对问题的认识,开拓了研究领域和研

究方向,形成了新的学术空间和增长点,可谓是教学相长。再次,每场答辩一般安排 5 名学生左右,同时现场还有其他学生旁听,这样,同学们在听取别人答辩时,会获得大量的信息,学到新的知识,增强实践能力。答辩以后,同学之间也可以就某些问题继续展开讨论和研究,也促进了同学之间的交流。

五、毕业论文答辩是核定毕业论文最终成绩的重要环节

为了客观公正地确定学生毕业论文的成绩,按照通行的规定,毕业论文最终成绩由指导教师成绩、评阅教师成绩和答辩成绩三部分组成(见第三节:毕业论文的成绩评价),其中答辩成绩所占的比重最大,因为答辩成绩最能反映学生的综合素质。因此,毕业论文答辩是核定学生毕业论文最终成绩的重要环节。

第二节　毕业论文答辩程序与注意事项

一、答辩前的准备工作

(一)组织准备

1. 院系级答辩委员会

在毕业论文答辩之前,学院或系应该成立答辩委员会,统一组织领导本年度各专业的本科学生毕业论文答辩。负责毕业论文最终成绩的审核和特殊事项的协调与处理工作。院(系)答辩委员会应该由院长或系主任担任主任,分管副院长或系副主任担任副主任。成员由相关教研室主任、各答辩小组组长等组成。

2. 各学科专业答辩小组

由于每年本科毕业学生较多,而且分属不同学科专业,为了更细致有效地组织答辩,不搞形式,不走过场,使每位学生的每一篇毕业论文都能按程序参加答辩,真正达到答辩效果,在答辩委员会之下以学生毕业论文涉及的学

科专业为基础,分设若干答辩小组(如文艺学答辩小组、新闻学答辩小组、古代文学答辩小组、外国文学答辩小组等),具体组织该学科专业的论文答辩,评定小组答辩成绩。答辩小组一般由3~5人组成,其中至少有1名高级职称人员,答辩组长一般由该学科的学术带头人担任,指导教师与2位评阅教师应参加所在学科的答辩小组,因为他们对学生的毕业论文熟悉,便于提问。每个小组指定1名答辩秘书(可以确定1名答辩教师兼任),负责填写答辩表格、统计分数等。

(二)学生的准备

答辩学生在答辩之前应做好充分的准备工作。准备工作做得好不好,对答辩成绩影响很大。表面上看,在答辩过程中,老师处于主动地位,学生处于被提问、被审查的地位。但如果学生态度积极,准备充分,充满自信,就会变被动为主动。学生只有充分发挥主观能动性,才能顺利通过答辩并获得好成绩。学生在答辩之前至少应该做好以下几个方面的准备:

1. 要进一步熟悉自己的论文

从内容到格式,对自己的论文再一次进行研读和修订。内容上主要看观点是否正确,论据是否充分,论证是否合理,表述是否准确,论述是否透彻,引用是否恰当,注释是否准确等,尤其要检查有无自己还不熟悉、理解不透彻的概念和范畴。因为从最近几年的毕业论文工作实践来看,部分同学在引用别人的观点、概念、范畴以及相关的论述的时候,存在着消化不良现象,不能准确理解所引用内容的意思。这样,答辩时,如果答辩老师就这些内容提问,学生往往答不上来或者回答不准确。只有做到对自己的论文全局在胸、每个知识点都充分理解,才可能在答辩时镇定自若,游刃有余。另外,对论文的格式也要进一步规范。

2. 准备好答辩陈述

答辩陈述是学生毕业论文答辩的重要环节。在答辩成绩的评定中占有相应的分值。答辩陈述的内容一般包括选题的意义和依据、论文的基本思路和主要内容、论文的创新点和需要解决的问题、阅读和参考文献情况等。答辩陈述一般不超过10分钟,因此在准备时应该做到重点突出,简洁明了,言简意赅。

3. 心理和技巧准备

良好的心理素质和自信心能够使学生正常甚至超常发挥。学生要克服害怕心理和畏难情绪,要相信自己,只要准备充分,就一定能顺利通过答辩。同时,也不要把毕业论文答辩看得太神秘,在高度重视的基础上,以一颗平常心来对待。这样就不至于过分紧张了。为了在答辩之前对毕业论文答辩过程有一个直观的了解和体验,获得必要的答辩技巧,同学们在答辩之前可以找机会旁听别的场次的论文答辩,也可以向相关的老师、同学请教;同一学科的同学还可以组织模拟答辩。

(三)答辩老师(答辩小组成员)的准备

在答辩之前,指导教师和评阅教师应认真填写指导教师意见和评阅教师意见,根据相应的评分标准评定成绩。答辩小组的其他成员也应该认真阅读学生论文,熟悉学生毕业论文的情况。这样才能在学生答辩过程中掌握每个学生的情况,提问要有的放矢。一般说来,答辩老师应该在答辩之前,在认真阅读论文的基础上,把答辩时拟提出的问题准备好,免得在答辩现场找不到合适的问题,提问没有针对性或提问质量不高。当然,答辩老师也可以根据学生的答辩陈述或现场的具体情况即席提问。答辩老师在准备所提的问题时,应注意以下几点:

1. 所提问题应具有科学性

本科学生毕业论文答辩时提出问题的目的在于检验学生对本学科基础知识、基本理论的掌握情况以及实际应用能力;检验学生的理性思维能力和表述能力;辨别论文内容的真伪,检查有无抄袭现象等。因此,答辩老师提出的问题应该具有科学性,不能随意设问,也不必在一些琐碎的无关紧要的细节上纠缠不清。

2. 所提问题应该难易适中

针对本科学生的学历层次,答辩老师所提问题应该难易适度。既不宜提超出本科生水平与能力之上的、难度太大的问题,也不宜提一些常识性的、人人皆知的问题。此外,也不应该提偏题怪题。

3. 所提问题应该具有针对性

答辩老师所提问题应该联系本学科的内容和学科背景、针对论文的实际,提出与论文有直接和间接关系的问题。不宜提超出本学科专业之外、与论文毫无关系的问题。更不能把论文答辩会开成座谈会、闲聊会、吹牛会。

另外,答辩老师所提问题还应该具有可辩性。

二、本科学生毕业论文答辩的一般程序

毕业论文答辩应该按照规范的程序有序地进行。答辩程序一般分以下几个步骤:

(一)预备工作阶段

(1)答辩秘书或有关人员布置好答辩会场。
(2)答辩小组成员、记录员、答辩学生进入会场。
(3)答辩组长宣布答辩开始,并向学生说明以下事项:①介绍答辩小组成员和记录员的姓名、职务和职称等情况;②说明答辩程序、相关要求和注意事项;③以一定的方式确定并宣布答辩顺序。

(二)正式答辩阶段

(1)由答辩组长根据答辩顺序宣布第一位学生开始答辩。
(2)答辩学生通报自己的姓名、学号、论文题目、指导教师等信息,这时记录员认真记录。
(3)学生开始陈述。陈述内容包括选题的目的、依据和意义;论文的主要观点;基本思路和主要内容;论文的基本结论;创新点和需要解决的问题;阅读和参考文献情况等。答辩学生在陈述时应该做到重点突出、观点明确、思路清晰、详略得当;同时要做到神情自若,声音洪亮,语言清晰,语速适中。答辩陈述一般不超过10分钟。
(4)老师提问。学生答辩陈述结束后,由答辩老师提出问题,让学生答辩。提问以未参加该答辩学生论文写作指导的教师为主,论文写作指导教师也可以提问。问题的数量以2至4个为宜。提问的内容应在论文研究领域内,不应提问偏题、怪题。
(5)学生进行回答或申辩。论文答辩应当场进行。答辩者在回答问题前可以有不超过5分钟的思考时间,也可以立即回答。对每个问题的回答时间应该控制在5分钟以内。
(6)学生回答问题以后,提问老师应该有简要的评点,其他老师和在场学生也可以发言,但答辩组长应该有效地控制时间和节奏。
(7)本场所有学生答辩完毕之后,答辩组长对本场答辩进行总评。总评

主要包括对本场答辩的总体看法、取得的成效、存在的不足、答辩后续工作安排的说明、对同学们的要求与期望等。其他答辩老师也可以发表意见。

在整个过程中,记录员认真做好答辩过程的记录,尤其是学生答辩陈述和老师提问、学生回答问题的记录。

(三)后续工作阶段

(1)答辩学生退场。
(2)答辩小组成员填写《答辩教师成绩评定表》,并在相关表格上签字。
(3)答辩小组根据每个成员所评定的成绩,评议出每位答辩学生的小组答辩成绩。实行"五等级制"成绩:优秀(90~100分)、良好(80~89分)、中等(70~79分)、及格(60~69分)、不及格(59分以下),为了将来折合百分比的方便,每个答辩老师在每个学生的《答辩教师成绩评定表》上应该写明单项小分以及与答辩等级相对应的分数。
(4)答辩组长负责毕业论文答辩栏的填写。

(四)评定毕业论文的最终成绩(见第三节相关内容)

三、答辩应该注意的事项

1. 认真准备,有备无患

相关内容前文已述。答辩学生在答辩前一是要充分熟悉、理解论文的内容,二是认真准备答辩陈述。在以往的答辩实践中,我们发现,不少学生准备不充分,不认真。有的不按照要求撰写陈述报告,答辩时随想随说,东扯西拉,不知所云,或者根本就无话可说;有的对论文内容不熟悉,答辩老师提问论文中某个部分的内容时,答辩学生自己却不知道在论文的什么地方,半天也找不到;有的学生对于引用、借用乃至抄袭的观点、概念、范畴、内容一知半解,甚至根本就不理解,一问三不知;更有甚者,有的学生不懂装懂,望文生义,胡乱解释,闹出笑话。这些都是准备不认真、不充分的结果。因此,认真准备非常重要。

2. 态度端正,镇定自若

答辩学生要以良好的心态和积极的态度对待答辩,为此,要克服两种不良心态:一是害怕答辩,对答辩有一种恐惧心理和畏难情绪;二是对答辩持一种无所谓的态度,认为答辩只是走过场,最终每个人都能通过,不必太认真。以上两种态度都是有害的、不正确的。对于答辩,我们要在战略上藐视它,战术上重视它。应该把答辩当作本科四年最后一次特殊的学习任务来完成,要严肃认真地对待。

自信是成功的保证,缺乏自信往往会影响正常发挥,甚至导致失败。在实际工作中,我们不时发现,有些学生论文做得不错,答辩之前的准备工作也比较充分,可到了答辩现场,由于过度紧张,发挥不出来。例如,有的学生在答辩陈述时,不敢抬头,低着头照稿子念,而且思路紊乱、口齿不清、声音很小;在回答问题时,目光游离,不敢正视答辩老师,甚至头脑一片空白,听不清、记不下老师的问题,更不要说有条有理地回答了。因此,我们要求答辩学生在高度重视、认真准备的前提下,以一种平常心来对待,不必把成败看得太重要,更不必产生恐惧心理和紧张情绪。要在内心不断肯定自己,激励自己,告诫自己不比别人差,一定能顺利通过答辩。

3. 集中注意力,认真听取提问,准确把握题旨

首先,在答辩现场,当某个同学答辩时,其他同学要集中注意力,认真听讲。不要东张西望,不要交头接耳,不要看其他书、做其他事情。

其次,在答辩老师提问时,答辩学生更要集中注意力,仔细听清,认真记录。一定要把老师提出的问题听清楚,记准确。一般说来,回答问题前答辩组长会给学生几分钟的思考准备时间。这几分钟至关重要,答辩学生首先应把握问题的实质,理解问题的内涵,想清楚回答该问题的关键所在,然后着手准备。切忌没有听清楚问题,或者没有思考成熟就仓促回答。只有这样,才能准确有效地回答问题,避免答非所问。

4. 回答问题应该简洁明了,具有针对性

一般来说,答辩小组给每个同学回答问题的时间在5分钟左右。这就要求答辩学生在回答问题时要紧扣题旨,就事论事,突出重点,简明扼要。不要贪多求全,节外生枝,不得要领。话说得太多,如果偏离主题,不但得不到高分,反而容易引起反感。时间扯长了,答辩组长会打断你的发言,那样就更不好了。

5. 衣着得体,谦虚有礼

答辩学生的举止风度、气质品位往往会影响答辩老师对自己的印象。这些印象虽然不决定学生的答辩成绩,但客观地说,"印象分"或多或少地存在着。得体的衣着、优雅的风度、文明的举止、自然的神态、谦虚的态度等往往能给答辩老师留下好印象,多少会影响到对论文成绩的评价。为此,我们要求学生在答辩时做到以下几点:第一,衣着得体,美观自然,朴素大方,不穿奇装异服。女同学不要袒胸露背,不必涂脂抹粉;男同学要衣着整齐,不要穿大裤衩,不能穿拖鞋。第二,答辩时应站有站相,坐有坐相,不能摇头晃脑,搔首弄姿;也不能架着二郎腿,或身体倾斜地靠着椅子坐。第三,谦虚谨慎,讲究礼貌。对于老师提出的问题,要落落大方、有理有据地回答。对于把握不准、理解不清的问题,能回答多少是多少,不要不懂装懂,东拉西扯,乱说一气。对于实在无法回答的问题,要首先表示歉意,实事求是地表明自己对这个问题还没有搞懂,以后一定下工夫研究,并虚心地向老师请教。第四,谦虚有礼,切忌对答辩老师有抵触情绪,形成对立局面。答辩老师提出的每个问题,总是有他的目的和用意的,都是有一定针对性的。其中某个问题答辩学生回答不上来也是可能的、正常的。有的答辩老师在你回答某个问题时,还会不断追问,其他老师也可能插话,这些都是正常的。遇到这种情况,一定要清醒理智,不能认为老师是在跟你过不去。有些时候,答辩老师只是想与你和其他同学多辩辩,看看你掌握的深广度,并不是有意为难你,你回答的好坏未必影响你的成绩,所以,不必太紧张,不要太介意。

6. 真诚坦率,据理力争

我们强调学生在答辩时要谦虚有礼,并不意味学生不可以发表不同意见,而一味地盲从答辩老师的观点。当答辩老师的观点与你不同,而你又认为自己的观点正确时,你是可以与之辩论的。如果你所写的论文的基本观点是经过自己深思熟虑,又是言之有理,持之有据,能自圆其说的,就不要因为答辩委员会成员提出不同见解,就随声附和,放弃自己的观点。否则,就等于是你自己否定了自己辛辛苦苦写成的论文。只要你态度真诚,言之成理,答辩老师即使不同意你的观点,也能够理解你捍卫自己观点的辩解。如果你的辩驳论据充分,自信有力,有时还能够让答辩老师心悦诚服。比如,在今年的一次答辩中,一名学生的论文是《消费时代文学的价值》,论文的最后部分论述了重建以"真善美"为核心的文学价值的必要性和可能性,其中谈到在指导思想上必须以"社会主义核心价值体系"为指南,引用了党的十七大报告中关于社会主义核心价值体系的论述。一位答辩老师怀疑是抄袭、借用报刊或别人的观点,未必是学生自己的见解,并且持有不同看法,于是就问:"这是你自己的观点吗?"这位学生从容地回答:"是自己的观点。"老师又问:"为什么会形成这些观点呢?"这位学生从消费时代"真善美"文学价值失落的原因以及重建的必要性、社会主义核心价值体系的内涵以及对当代思想文化建设的指导意义等方面,有理有据地展开论述,态度从容不迫,语调不卑不亢,对相关概念、范畴和原理的阐释准确到位,博得了现场的一片掌声。那位提问的老师不但打消了疑虑,而且对这位学生捍卫自己观点的勇气表示钦佩。

7. 全面总结,进一步修改完善论文

毕业论文答辩过程是一个不断提高和完善的过程。通过答辩,失误得到了纠正,不理解、不清晰的观点得到了明确,不完善的地方得到了补充。同时,毕业论文答辩也使我们的思维能力、运用理论知识解决实际问题的能力得到了训练和提高。学生不能有答辩过后万事大吉的思想,不能因为通过了答辩就把一切抛之脑后了。答辩结束之后,应该对整个毕业论文工作进行全面的总结。这对学生毕业以后写文章、搞科研非常重要。尤其要总结答辩过程中老师的提问情况,你的回答情况,老师的评点情况,以及老师提出的建议与要求等。将与论文有关的合理的建议与要求吸收到论文中,对论文进行再次修改,使论文的质量有一个大的提升。同时,对论文的格式也应该进行进一步规范。好的毕业论文还可以在老师指导与推荐下拿出去发表。

第三节 毕业论文的成绩评价

毕业论文的成绩分为优秀(90~100 分)、良好(80~89 分)、中等(70~79 分)、及格(60~69 分)、不及格(59 分以下)五个等级,每个等级都有相应的评分标准。为了全面、客观、公正地评定毕业论文的最终成绩,一般的做法是由指导老师所给的成绩、评阅老师所给的成绩、小组答辩成绩三部分组成,每部分所占的比例是不一样的。

一、指导老师的成绩评价

从毕业论文教学层面上看,指导教师是学生毕业论文的第一责任人,全程掌控学生毕业论文的进度和质量。指导教师在确认学生毕业论文可以定稿以后,要填写《指导教师意见表》,为学生毕业论文下评语,并根据相应的评分标准给出"指导教师成绩"。指导教师在评定成绩时,应根据评分标准的量

化指标填写《指导成绩评定表》。下面是通常使用的评分标准和相应的《指导成绩评定表》：

项目	优秀	良好	中等	及格	不及格	满分
论文选题	论文选题角度新颖，富有创造性，具有较高的理论水平和现实意义。	中心论题明确，有一定的理论水平或应用价值。	中心论题基本明确，能结合专业理论学习或社会实践内容。	论文选题与本专业相关，但理论水平或应用性较差。	论文选题无理论和现实意义，与本专业无关。	20
学生工作态度	认真严谨，主动与指导老师联系沟通，按时完成毕业论文各个阶段的任务，绝大部分时间在学校，遇事请假。	态度认真，能按时完成毕业论文各个阶段的任务，大部分时间在学校，遇事请假。	态度比较认真，基本按时完成毕业论文各个阶段的任务，有一半左右时间在学校，遇事基本能请假。	态度基本认真，但不能完全按照要求完成毕业论文各个阶段的工作，有大半时间不在学校，有时不请假。	态度不认真，不能按时完成毕业论文各个阶段的任务，大部分时间不在学校，也不请假。	20
写作水平	理论分析准确，逻辑严密，层次清楚，结构合理，语言流畅。	理论分析恰当，条理清楚，层次比较清楚，语言通顺。	条理清楚，有一定的分析能力和说服力，有少许语病。	材料陈述较为清楚，但分析力不强，个别地方语言不通顺。	分析能力差，论证不严密，材料简单堆砌，语言不准确。	40
格式规范化	论文格式符合要求，打印清晰漂亮，无错别字，达到正式出版物水平。	格式基本符合要求，有个别错误，打印清楚，基本达到正式出版物水平。	内容提要和正文基本符合要求，但注释和参考文献格式有问题，打印基本清楚。	行文基本规范，但不符合学校规定的要求。	论文的格式不规范，打印不清楚。	20

毕业论文（设计）指导教师成绩评定表

院系：＿＿＿＿ 专业：＿＿＿＿ 学生姓名：＿＿＿＿ 毕业论文名称：＿＿＿＿ 指导教师：＿＿＿＿

项目	论文选题	学生工作态度	写作水平	格式规范化	合计	评定等级
单项分数						

指导教师从论文选题、学生工作态度、写作水平、格式规范等方面对学生毕业论文作出评价，客观公正地写出评语，并参照评分标准填写《指导成绩评

定表》，根据各单项分数之和评出等级。比如各单项分数之和为81分，则对应等级就是"良好"。

二、评阅教师的成绩评价

指导教师确认学生毕业论文定稿、评定出成绩之后，将毕业论文定稿一式两份，连同《评阅教师意见表》，分别交给两位评阅教师进行评阅。评阅教师参照上述标准客观地进行评价。根据《评阅教师评分标准》，填写《评阅教师成绩评定表》，给出评定等级。

三、答辩小组的成绩评价

按照学生毕业论文答辩程序的规定，只有在指导教师和评阅教师都下了评语、评定了成绩，并且同意答辩之后，该学生的毕业论文才有资格参加答辩。答辩成绩由答辩陈述成绩与回答问题成绩两部分构成，其中答辩陈述包括论文选题根据和选题意义、论文的基本思路和主要内容、论文的创新点和需要进一步解决的问题、文献资料等内容。以下是通用的《中文系本科学生毕业论文答辩评分标准》、《中文系毕业论文答辩成绩评定表》及《中文系毕业论文答辩小组成绩统分表》。

中文系本科学生毕业论文答辩评分标准

项目	优秀	良好	中等	及格	不及格	满分
选题根据和研究意义	选题根据充分，研究意义明确，陈述清晰、到位。	选题根据比较充分，研究意义明确，陈述相当清晰。	基本上陈述清楚了选题的根据与研究意义。	陈述时涉及了选题的根据和研究意义，但不够充分、到位。	陈述时没有涉及选题的根据和研究意义，或者虽然涉及了但表述不清。	10
论文的基本思路和主要内容	对论文写作思路的陈述清晰连贯、逻辑性强，能够很好地概括论文的主要内容。	对论文写作思路的陈述相当清晰，能够较好地概括论文的主要内容。	对论文写作思路的陈述基本清晰，基本概括了论文的主要内容。	陈述时涉及了论文的写作思路和主要内容，但是，逻辑性不强，重点不突出。	陈述时没有涉及论文的写作思路和主要内容，或者虽然涉及了，但是表达不清，没有逻辑性。	10

续表

项目	优秀	良好	中等	及格	不及格	满分
论文的创新点和需要进一步解决的问题	陈述时突出了论文的创新点，提出了进一步解决的问题。且表述清楚，所提问题合理。	对论文创新点的陈述比较充分，较为合理地提出了需要进一步解决的问题。	基本讲清了论文的创新点，涉及了论文需要进一步解决的问题。	陈述时涉及了论文的创新点和需要进一步解决的问题，但不够充分，说服力不强。	陈述时没有涉及创新点和需要进一步解决的问题，或者只涉及了其中一个方面，且表述不清。	10
文献资料	使用材料翔实、恰当，掌握大量的背景资料和数据。	有比较丰富的文献材料和较充足的理论依据。	持论有据。	理论根据及客观材料有少部分欠缺。	缺乏理论根据，客观材料空乏。	10
回答问题情况	能够很好地回答答辩教师提出的所有问题，并且还有一些发挥或创见。态度认真，思路清晰。	能够较好地回答答辩教师提出的问题，态度认真，具有条理性。	基本能够回答答辩教师提出的问题，态度比较认真。	能够回答答辩教师提出的问题，但不够系统全面，有些问题回答不上来。	不能回答答辩教师的提问，或者答非所问，态度马虎。	60

备注：上表前四项属于学生答辩陈述内容。

中文系毕业论文（设计）答辩教师成绩评定表

院系：_____ 专业：_____ 学生姓名：_____ 毕业论文名称：_____
答辩教师：_____

项目	选题根据和研究意义	论文的基本思路和主要内容	论文的创新点和需要进一步解决的问题	文献资料	回答问题情况	合计	评定等级
单项分数							

答辩时间：

在答辩过程中，答辩教师根据答辩评分标准填写《答辩教师成绩评定表》，打出分数，评出相应等级，然后答辩秘书将各位答辩教师所给的成绩汇总起来，填写《答辩小组成绩统分表》，取其平均值为小组答辩成绩。

四、毕业论文的最终成绩评价

为了全面客观公正地评价本科学生毕业论文,我们确定本科学生毕业论文的最终成绩由指导老师所给的成绩、评阅老师所给的成绩、小组答辩成绩三部分组成。其中指导教师成绩占30%,两位评阅教师的成绩各占15%,小组答辩成绩占40%。按照这个比例报答辩委员会审批。

以上我们从指导教师、评阅教师、小组答辩、最终成绩评定四个层面介绍了本科学生毕业论文的成绩评价。这四个层面形成了一种层层递进的关系。指导教师成绩+评阅教师成绩+小组答辩成绩=最终评定成绩。我们力求做到定性与定量相结合,科学性与可操作性相结合。各校在具体工作实践中可结合本校、本专业的实际情况进行取舍。

第九章
指导教师的职责与指导方法

指导教师是指导学生毕业论文撰写工作的指定教师,院(系)根据学生毕业论文写作的需要安排相应专业的教师担任对应专业学生论文的指导老师。在整个毕业论文撰写过程中,为了保证学生毕业论文完成的质量以及对论文进行分析评价,指导教师都要进行指导,发挥重要的作用。因此,规定和明确指导教师的资格、职责、任务以及指导教师的指导方法非常必要。

第一节 指导教师的资格

一、学历和职称

《安徽省教育厅关于普通高校本专科生毕业设计(论文)管理工作的暂行规定》(教高【2003】9号)明确了指导教师的资格,特别是学历和职称的要求。要求如下:

(1)已获得中级及以上专业技术职称的教师、工程技术人员和理论研究人员。

(2)首次参加指导工作的指导教师,应在具有高级职称、有经验的教师指导下工作;鼓励助教、研究生和有专业技术职称的管理干部参与相关的辅助性指导工作。

(3)提倡聘请校外具有中级及以上技术职称的工程技术人员、科研人员、相关管理干部参与毕业设计(论文)的指导工作,但一般应由本校教师负主要责任。

(4)每位指导教师指导学生人数不宜过多。

指导教师由教研室安排,院(系)负责审查,报学校教务处备案。

一般情况下,大部分高校对指导教师的基本条件要求是:具有相关专业的较高专业理论水平和政治思想素养及文字水平的教师及以上职称的教学人员或研究人员;具有硕士及以上学历的、专业理论素养和政治水平较高的、文字功底较扎实的教学人员或管理人员。也有学校规定指导教师必须在指导论文的近两年承担过科研、教研课题,或在省级以上刊物公开发表论文一篇以上,或公开出版了学术专著、教材等。

二、基本素养

指导教师的基本素养一般包括三个方面:

1. 政治思想素养

作为接受论文指导任务的指导教师,首先应具有较高的思想水平和强烈的责任感,尊重指导对象,平等对待学生,不对学生怀有偏见,用应有的专业素养和能力引导学生,努力完成论文指导任务,保证论文的指导质量。

学生对待毕业论文的态度大致有三种情况:一是对自己严格要求,积极主动,虚心请教的;二是对自己要求一般,主观上想写好毕业论文,也希望能得到指导教师的真传的;三是得过且过,敷衍了事,指导教师不催不动笔,迟迟不能和指导教师见面的。对待三种不同写作态度的学生,指导教师应有不同的方式和方法。对待第一种写作态度的学生,指导教师应悉心指教,耐心指导,提出高标准、严要求,鼓励和帮助学生写出高质量的毕业论文。对待第二种写作态度的学生,指导教师应满腔热情,热心指导,鼓励其树立信心,进行全面的、深入的指导,最大限度地保证论文的质量。对待第三种写作态度的学生,指导教师要有耐心,放下架子,主动找学生谈话,帮助其提高认识,端正写作态度,督促并指导其按要求完成毕业论文写作任务。

指导教师不仅要凭借自己的专业水平指导学生提高毕业论文的质量,更要以自己的品格、人格影响学生,成为学生的表率,发挥自己的指导作用。

2. 专业理论素养

毕业论文的专业性和学术性决定了指导教师必须具备较高的专业理论素养,指导教师的专业素养、学术水平直接影响学生毕业论文的质量。学生撰写的一篇毕业论文涉及相关专业的知识是非常广泛的,比如一篇关于先秦文学研究的毕业论文,可以涉及诸子百家的哲学思想,先秦社会的政治、经济、文化状况,先秦的文学发展等方面。担任毕业论文指导教师,不仅要是专业方面的专家,而且需是一个"通才"和"杂家";不仅专业理论知识扎实,而且需对各门学科、各种理论有深入了解。所以,指导教师必须不断地摄取新知识、新信息,做到专业有所长,知识有所广。否则,就难以指导,或难以达到指导的效果,难以保证论文撰写的专业学术价值。

指导教师只有自己具备了专业理论素养,才能指导学生进行理论升华,增强论文的理论性和学术含金量。

3. 写作基础素养

毕业论文是一种写作文体,也有作为文体的最基本的写作要求,包括结构、语言表达、基本格式等。因此,指导教师必须具备写作的基本技能,才能较好地指导学生撰写出结构完整、语言顺畅、格式规范的毕业论文。其中语言表达是最为关键的,要求指导教师应有扎实的文字功底和较强的语言表达能力,能够正确地帮助学生修改论文中出现的语病。例如:"由于'诗史'观念的产生,宋代造成了'千家注杜'的壮观景象,宋人也形成了特有的杜诗解释方法。"这句中的"'千家注杜'的壮观景象"并非"宋代"所造成,可以改为:"由于'诗史'观念的产生,宋代出现了'千家注杜'的壮观景象,宋人也形成了特有的杜诗解释方法。"掌握基本的写作技能,是指导教师指导学生撰写毕业论文不可忽略的重要素养之一。

4. 心理学修养

在毕业论文的指导过程中,教师指导的不仅是一篇论文,还要面对一个个即将踏入社会,有不同心理活动的学生个体,所以在论文指导过程中会遇到许多学生心理、心态方面的问题,如果缺乏心理学修养,就很难解决这些问题。在论文写作过程中学生的心理大致分为四种:①写作积极性高,态度认真,主动向指导教师请教,想取得优异成绩的学生;②有一定写作积极性,会认真完成论文指导教师安排的各项任务,但主动性不够,想取得良好成绩的学生;③无写作积极性,对论文指导教师安排的各项工作敷衍了事,老师说什么、催什么,就完成什么,但完成质量不高,完全是被动应付,只求论文成绩及格的学生;④迟迟不与论文指导教师联系,不在乎论文写作与论文成绩的学生。对待这几种学生,论文指导教师要深入学习心理学知识,认真思考并尝试站在学生的立场上去理解学生的行为和思维特点,以便更好把握学生在毕业论文写作期间的心理特点及其个体差异性,根据不同情况有针对性地对学生加强心理辅导,帮助学生写出高质量的毕业论文。

总之,指导学生撰写毕业论文是指导教师自身素养的综合体现。指导教师只有重视自身素质的养成和提高,才能充分发挥自己的指导作用,才能帮助学生更好地完成毕业论文。

第二节　指导教师的职责

指导学生毕业论文工作,是指导教师必须完成的教学工作任务。接受毕业论文指导工作的指导教师,应该按照指导教师的职责如期完成毕业论文的各项指导工作。

《安徽省教育厅关于普通高校本专科生毕业设计(论文)管理工作的暂行规定》(教高【2003】9号)也明确了指导教师的工作职责。其职责如下:

(1)按规定拟定毕业设计(论文)课题或题目,填写毕业设计(论文)任务书;支持、指导学生自拟毕业设计(论文)课题或题目;把好毕业设计(论文)的开题报告关。

(2)制定指导计划,在参考文献、资料、实验设备、器材等有关方面帮助学生做好准备工作。

(3)审查学生拟定的毕业设计(论文)课题方案及进程安排,定期检查学生的工作进度和质量;与学生保持密切联系,了解进度,及时指导学生解决理论上的难点和实践中的技术问题。

(4)重视学生文献检索和文献分析等基本功的训练,帮助学生掌握基本的科研方法,指导学生规范地撰写论文。

(5)根据学生的工作态度、工作能力以及毕业设计(论文)的质量,如实评价学生表现,公正地评定学生毕业设计(论文)过程和成绩,写出不少于100字的评语。

(6)认真评阅学生的毕业设计(论文)课题内容,同时提出全面修改意见,指导学生做好答辩前的准备工作。

(7)注重培养学生严谨的科学态度,端正学风,坚持求真务实的工作作风,切实把育人放在首位。

另外,论文评阅教师和答辩教师,从学生完成论文整个工作环节来看,他

们也属于指导教师,他们除了应该具备上述指导教师的一般职责之外,作为评阅教师和答辩教师的资格和职责的一般要求是:

(1)院(系)指定具有讲师及以上职称、熟悉本专业毕业论文内容的教师担任。

(2)评阅教师应以公平、公正、严肃认真的态度仔细阅读毕业论文。

(3)根据毕业论文任务书的要求,参照评分标准对毕业论文的难度、工作量、深度和成果质量写出不少于100字的评语,并给出成绩。

(4)每位学生的毕业论文的评阅教师应在2人以上,指导教师不得担任该生毕业论文的评阅教师。

第三节 指导教师的具体工作

从指导教师的职责看,指导教师的主要指导任务包括指导学生开题、毕业论文正文的撰写和论文答辩。作为学生毕业论文写作的三个重要环节和程序,指导教师应该特别重视,要熟知其中的内涵,有针对性地指导学生,完成高质量的毕业论文。指导教师要发挥自身的指导功能,充分调动学生的写作积极性,促使学生发挥个人潜能,学会如何从事学术研究,从根本上学会如何撰写论文。

一、指导论文开题报告

在毕业论文正文撰写之前,先要完成毕业论文开题报告,为毕业论文正文的撰写做好准备。这一环节,指导教师要指导学生明确开题的意义和目的,列出论文提纲、写作计划、课题的前沿动态和主要参考文献。其中的论文提纲的编写、参考文献的选择尤为重要。

1. 指导学生拟定论文选题以及开题报告、写作提纲

好的开头是成功的一半,选题是毕业论文写作的第一步,选题的好坏在很大程度上决定了整篇毕业论文的写作是否顺利。为了帮助学生在论文写作时选好题,很多高校要求教师在调研和参阅大量文献的基础上结合自己的研究专业自拟一部分选题发给学生,让学生根据自己的兴趣、专业、能力选择

适合自己的毕业论文选题；学生也可自己准备另外的论文选题。对于指导教师来说：首先，要在平时的科研和教学中就注意搜集有一定价值的选题，只有选题有价值，学生的论文写作才能学以致用；其次，论文指导教师要准备一些可行的选题，既有一定的科学、实用性，又能在学生的学识和能力范围内；最后，对于自拟题目的学生，教师要在与学生充分沟通的情况下，根据学生的具体情况区别对待，帮助学生选出新颖、有价值、大小适中又符合自己能力的题目。

在选题时我们特别提倡教师能够结合自己的科研项目引导学生从中选题。《中华人民共和国学位条例》对高等院校的毕业生取得学位有明确规定："高等学校本科毕业生，成绩优良，达到下述学术水平者，授予学士学位：（一）较好地掌握本门学科的基础理论、专门知识和基本技能；（二）具有从事科学研究工作或担负专门技术工作的初步能力。"由此可见，我国高等学校在学生培养过程中把学生是否具有从事科学研究工作或担负专门技术工作的能力作为考核的重要项目。教师在论文指导过程中指导学生参与科研课题研究，有利于提高学生科研能力与论文质量。首先，教师可将自己承担的校级（省级、国家级）科研项目的研究课题作为毕业论文的选题，供学生选择，指导学生参与科研课题研究；其次，鼓励学生设计出与自己在校期间参与的各类专业学科竞赛、创业计划项目相结合的论文选题；再次，指导学生根据自己的兴趣、特长及实习单位实际情况自行拟定题目，写作论文。

与选题相关的就是开题报告和写作提纲：

开题报告是学生对毕业论文的研究、准备与写作情况的文字说明，主要包括论文总体构想、论文研究计划、如何研究等问题的说明。开题报告一般放在学生拟定论文选题之后，写作之前完成，对于刚开始毕业论文写作，还没有准备充分的同学来说，如果没有教师的指导完成起来有很大的难度。论文指导教师可将自己所指导的学生集中在一起，让他们根据自己的研究方向和查阅的资料提出毕业论文的写作计划，进入开题阶段。指导教师在开题过程中应向学生提供相应的参考文献和指导书籍，帮助学生确立论文主题，探讨论文写作计划与研究方法，并对开题报告的填写进行修改与审核，指导学生完成开题报告。其中，硕士论文的开题报告在一些学校还安排开题答辩，经答辩委员会同意后才能开始论文的写作。

论文写作提纲，是论文内容和逻辑联系的提要。编写论文提纲，能起到疏通思路、安排材料、形成结构的作用，从而使论文的写作有计划地进行。论文的提纲一般包括前言、主体、结论三个部分,其中的主体部分又可以再列细目。如《中国修辞学的初步发展》这篇论文,主体部分可以分为修辞与客体、修辞与主体、修辞与受体三个部分,这三个部分也可以根据需要再分细目。论文写作提纲分为简略提纲和详细提纲两种,开题报告的论文提纲采用简略提纲,以简要的文字写出各个部分的标题即可。作为论文的纲举目张,编写论文提纲要能从全局着眼,立全篇的骨架,明全文的层次。作为指导教师要正确指导和引导学生拟定论文提纲,定期解答学生提出的疑问,并提出提纲中存在的问题和修改意见。

2. 指导学生搜集资料

毕业论文的资料,是指学生为了既定目的,从科学研究的实践中,或从相应的渠道获取的一系列事实、现成文字、数据、图像和科学理论等。毕业论文如果缺少翔实的资料,就流于空疏,缺乏说服力,也很难完成写作任务。因此,指导教师要指导学生通过各种路径搜集资料。一般为了写好一篇中文学位毕业论文,要求参考的资料有15种以上,包括论文、论著、教材等。指导教师可以引导学生通过书店、图书馆、网络等途径查阅相关参考书目,广泛阅读,细心体察,整理归纳,确定要写的论文的参考资料,并有序规范地把相关参考文献填写在开题报告上。

二、指导论文正文撰写

论文正文的撰写是毕业论文的重中之重,是指导教师指导学生最主要的一个环节,也是指导教师专业水平的集中体现。因此,指导教师和学生一样,必须投入最大的精力,帮助和引导学生撰写毕业论文正文。一篇毕业论文正文的完成一般需要三稿,即初稿、修改稿和定稿。指导教师指导学生完成初稿后,要对初稿中存在的问题提出修改意见,通过反复修改,最后定稿。指导学生修改论文,可以从以下几个方面进行:

1. 斟酌立意

意即论文的观点,是一篇论文的价值所在。立意的基本要求是正确、鲜明、深刻、集中和新颖。指导学生修改时,要看基本观点是否正确、是否全面,观点是否鲜明、是否突出,观点有没有新意和创造性。毕业论文属于学术论文,观点是其灵魂和生命,始终处于统帅的地位。因此,撰写毕业论文,首先要在观点上下工夫,要做到:写前明"意",意"熟"于胸,"意在笔先";写时宗

"意","开千枝花,一本所系";写后查"意",看看写前确立的观点,是否得到很好的论证,结论是否科学、正确,是否达到了预期的目的。

2. 增删材料

论文的观点必须做到持之有据,充分适当。材料过少,支撑不了观点;材料太多,往往会淹没观点。学生论文初稿完成以后,指导教师还要指导学生对论文中的材料进行估价、确认,或增或减,要根据论文观点表达的需要而定。论文材料使用的基本原则是观点和材料统一,也就是使用准确表达主题的材料、使用真实典型的材料、使用新颖独特的材料、使用能够增值的材料。

3. 调整结构

结构即谋篇布局,反映论文的逻辑性和论述问题的科学性、规律性。论文结构的安排,要在基本观点的统率和支配下,把各个部分的内容严谨周密地组织起来,分清主次轻重,做到层次分明,详略疏密有致。在学生毕业论文中,常见的错误有:结构不完整;结构松散,缺乏条理;论证无力,缺乏逻辑性;头绪繁多,重点不突出;前后重复,不能照应;论证方法单一,等等。指导教师指导学生调整论文的结构,力求层次清楚,结构严谨,首尾照应,重点突出,浑然一体。

4. 锤炼语言

一篇毕业论文的写作最终要通过语言文字表达出来,"工欲善其事,必先利其器",毕业论文中,语言作为表达观点、思想的工具,必须做到准确、流畅、平实、规范。学生写作毕业论文,驾驭和使用语言常见错误有:用词不准确,乱造新词;句子不符合语法规范,出现逻辑错误;语言啰嗦,语意空泛,含糊不清;使用标点不规范;等等。指导教师应针对上述问题,审阅学生的论文,指出存在的问题,指导学生逐一加以修改,做到用词准确、言简意赅、平实流畅、鲜明规范。

5. 规范格式

论文的定稿,最终落实在格式上。与发表在学术期刊上的论文一样,毕业论文大都有格式上的规范要求,每个学校的要求可能不是非常一致,指导教师应根据各自学校的要求,指导学生规范论文格式。论文的格式主要包括论文的标题、摘要、关键词、英文翻译、正文、参考文献等方面的规范要求。

三、定期检查论文写作进展并指导论文修改

论文指导教师要定期检查学生论文写作情况,主要检查学生论文写作计划的执行情况,对学生在论文写作中碰到的问题给予指导,对论文不合要求的学生进行辅导,认真审阅毕业论文初稿,提出修改意见,并完成毕业论文中期检查表的填写任务。

修改是改正论文中的错误或充实论文的内容。只有不断地"写作—修改—实践—写作—修改—实践……"这样多次反复,才能写好论文。论文指导教师要仔细阅读学生的毕业论文,在指导过程中除了使用传统的方法将各种意见、要点用红笔写在论文空白处之外,也可借助网络对学生的电子稿直接进行修改。要鼓励学生自己修改论文。教师可以教会学生一些修改的方法,例如按照"先整体、后局部"、"先内容、后形式"的顺序采用"增补法、删减法、改换法、调整法"等修改方法对论文进行修改,培养学生认真修改文章的好习惯。

四、指导论文答辩技巧

毕业论文答辩,是学生获取学位的一种硬性规定,每位毕业生要获得学士学位,必须参加学位论文答辩并取得合格成绩。毕业论文答辩是指答辩委员会成员和学生面对面的对话,答辩双方必须围绕学位论文所提出的学术问题来展开。学生围绕自己的学位论文,进行自我学术修养的介绍,阐述论文的有关观点和学术价值,简洁准确地回答答辩老师提出的问题,对论文观点作出辩护。指导教师应该指导学生明白论文答辩的一般程序、做好论文答辩准备、掌握论文答辩方法和技巧。

第四节　指导教师的指导方法

教师对学生的指导,方法比传授知识更加重要。在指导学生撰写毕业论文的过程中,指导教师应采用相应的方法引导学生,指导学生顺利完成毕业论文。毕业论文指导教师的指导方法是多种多样的,并贯穿在整个论文的写作过程之中,大体来说,主要有以下几种方法:

一、示例法

学生开始着手论文的写作,对怎样写好一篇毕业论文,缺乏感性的印象,甚至头脑一片模糊,指导教师可以首先选择示例法。指导教师根据学生论文选题,找到与之相应的公开发表在学术杂志上的论文,或前一届学生的优秀论文,提供给学生参考,并加以引导。指导教师可以从论文的语言表达、观点的提出、结构的布设、格式的要求等方面进行指导,使学生懂得一篇毕业论文应该怎样写,语言表达与一般文章的语言有什么不同,结构怎样安排,格式怎么规范。学生动手写作毕业论文之前,头脑中就有了具体的印象,是奠定学生写好毕业论文的重要基础。

二、启发法

指导教师一般只对毕业论文中的原则性学术问题进行指导,保证毕业论文的思想性和科学性。具体的毕业论文写作要靠学生自己完成,指导教师最好"授之以渔",不能只是"授之以鱼",不能替代学生撰写或直接修改毕业论文。指导教师要引导学生发挥主观能动性,调动学生的主动性,启发学生独立思考问题,给以方法论的指导。比如指导学生写论文《试论汪曾祺散文的美学追求》,需要学生具备较强的审美能力,指导教师就应该引导学生采用审美批评研究法;指导学生写论文《〈春江花月夜〉的被理解与被误解》,属于接受研究的范畴,指导教师就应该引导学生采用接受批评研究法。至于论文中的具体观点、论据、逻辑性以及文字表达,在指导老师的启发引导下,由学生独立完成。

教师在论文指导过程中,首先要启发学生将自己的思想表达出来,形成自己的独立见解和论文的观点、设想、结构等,只有让学生感到自己有表达的冲动,才能充分调动他们的写作积极性,促使他们产生写作的动力;其次教师的指导量应越来越少,先细后粗,多指方向、办法,少给答案,减少学生对教师的依赖性,启发学生由被动写作向主动写作发展,使学生随着论文写作的进展,能主动向书本、向已有资料、向同学等各方面学习,发掘出自己的新观点、新方法,写出有创造性的毕业论文。

三、讨论法

指导教师要采用平等的民主探讨式的态度指导学生撰写论文,尊重学生的劳动成果,鼓励学生发表自己的独立见解,通过讨论加以引导,不能把个人的意识强加于学生。对于学生的错误要及时指出来,不能打击学生的积极性,不管学生写得怎样,首先要对学生的劳动予以充分的肯定,鼓励和帮助学生改正不足。对于学生论文中观点有歧义,应和学生平等对话,深入讨论,通过讨论交流达成一致。在撰写论文的过程中,指导教师要注意培养学生良好的学风和文风,采用讨论法,是其最好的一种体现。

组织写作小组交流这种形式很好。教师在论文指导过程中可将自己所指导的学生分成写作小组进行交流。一种是将同一专业方向不同选题的学生编成一个小组,小组成员可以交互协作,取长补短;另一种是将不同方向不同选题的学生组成一个小组,小组学生在交流中发表自己的观点,相互启发,教师通过点评学生发言参与其中,发挥指导作用。

四、督促法

指导教师要及时督促学生撰写毕业论文的写作进度,帮助学生克服撰写过程中的困难及由此产生的心理障碍,确保学生如期完成选定的课题。要少用书面的邮件形式进行指导,当面指导效果好于书面的文字指导,因为当面指导,信息反馈较快,师生之间更容易沟通,并能更快更好地达成共识。而且,学生对于指导教师的意见和建议,也更容易消化,做到知其然,也能知其所以然。指导前,指导教师应对学生论文的初稿仔细阅读,打上记号;指导时,指导教师应着重指出为什么应该这样写、不应当那样写。具体的论文修改,应由学生自己完成。督促法,是学生论文得以顺利完成的重要保证。

附 录

从彩陶蛙纹看"帝"字的产生

安徽财经大学中文系 2009 届　汪平玲
指导教师　丁进

内容摘要：关于甲骨文的"帝"字构造，目前有七种代表性说法，这些见解不能与"帝"字的甲骨文字形一致。从彩陶纹饰角度考察"帝"字的起源，不失为一种有价值的途径。甲骨文"帝"字可分解为"▽"、"H"、"↑"三个主要部件。"▽"来自彩陶蛙纹的生殖器官符号，"↑"纹来自彩陶蛙肢体符号，"H"来自对女娲的崇拜，汉代画像砖中伏羲女娲手持的规矩就是这个符号的遗迹。传世文献中依然存在大量的与女娲有关的生殖崇拜痕迹，"帝"字最早的字义就是人祖女娲。

关键词：帝；字形；彩陶；蛙纹

一、"帝"字造字原理的主要观点

在中国的古文化中，"帝"字占有重要地位。但学术界对"帝"字的构造起源持有多种不同的见解，下面对其中七种看法做简要评述。

许慎的"审谛说"

"帝"在《说文》里的字形是帝，许慎对它作了如下分析："帝，谛也，王天下之号。从⊥朿声。古文作帝。"[1]许慎将"帝"视为"从上朿声"[2]的形声字，以

---

[1]　许慎.说文解字[M].北京：中华书局，1981，第 7 页。
[2]　在古文中，所有⊥部的字都属二部，二是"上"的古文字形。《说文》："古文诸⊥字皆从一，篆文皆从二，二古文上字。"

其本义为"谛"。"谛"的本义,许慎说是"审也"。许说没有解释审谛之"帝"与"王天下之号"的帝王之间的意义联系,也未能说明"帝"的本义审谛与其字形"从⊥朿声"的关系。段玉裁注也仅说"审谛如帝"。① 《尧典序正义》则解释说:"公平通远,举事审谛,故谓之帝也",② 这更像是对帝王所作的道德评价,而非从文字学角度对"帝"字进行阐释。近代学者对甲骨文和金文中的帝字进行研究,否定了许慎对帝字的分析。

郑樵等的"花蒂说"

宋代郑樵在《六书略》中提出:"帝象萼蒂之形,假为蒂。"吴大澂进一步发展了这个观点,以帝为象形字"象花蒂之形……蒂落而成果,即草木之所由生,枝叶之所由发,生物之始,与天合德,故帝足以配天。"③ 王国维、孙海波以及郭沫若均持此说。王国维说:"帝者蒂也。不者柎也。……但象花萼全角。"④ 将"帝"字视为花蒂的象形。继王国维之后,郭沫若也认为帝是现代写作"蒂"的假借字,"帝为蒂之初字,则帝之用为天帝义者,亦生殖崇拜之一例也……古人固不知有所谓雄雌蕊,然观花落蒂存,蒂熟而为果,果多硕大无朋,人畜多赖之以为生。果复含子,子之一粒复可化而为亿万无穷之子孙……此必至神者之所寄,故宇宙之真宰即以帝为尊号也"。⑤ 以"帝"本义为花蒂,引申为人主或天神之说对理解帝为万物之祖的角色很有帮助,但是开花与繁殖的关系,已是现代的科学知识,殷人是"逢事必卜",自然崇拜、祖先崇拜在当时占有压倒一切的地位,不大可能有这样的科学知识,因此这一解释是不符合实际的。

叶玉森等的"燎祭说"

叶玉森提出"帝"字应该分析为一束绑起来(或放在一框架上)用于燎祭的木柴。卜辞帝作 采、采 等形,从木为卜辞燎字所从,н 象架形,口 象束薪形,"禘必用燎,故帝从燎,帝为王者宜燎祭天。故帝从一象天,从二为讹变,非古文上",⑥ 以帝为会意字,本义为帝王,卜辞多"假作禘"。⑦ 朱芳圃先生以

---

① 段玉裁.说文解字注[M].上海古籍出版社,1983,第2页.
② 孔安国.尚书正义:卷二[M].中华数据影印本,1982,第118页.
③ 周法高主编.金文诂林[M].香港中文大学出版社,1975,第48页.
④ 王国维.《观堂集林》卷六《释天》.
⑤ 郭沫若.甲骨文字研究[M].北京:人民出版社,1952,第26页.
⑥ 见《殷墟书契前编集释》卷一.
⑦ 李孝定.甲骨文字集释[M].北京:中央研究院历史语言研究所,1970,第27页.

帝字象积柴于架上,燔烧薪柴是古代祭天之礼,故帝的本义是天神,"天神谓之帝,因之祭祀天神谓之禘",①赞同此说的学者也颇多,如徐中舒、王辉、平冈武夫、白川静、岛邦男等。这些学者的观点尽管在结论上不尽相同,但是他们对字形的分析相同,且都认为燎祭或燔烧薪柴是祭天之礼,然而陈梦家先生指出"先公高祖在祭祀上有一共同之处,即多用寮祭",②并没有提到对上帝或天神的燎祭。

康殷的"偶像说"

康殷认为帝之字形"即在草扎人形上又装有人头形的偶像","可能商人用这种模拟人形的偶像象征、代表帝","他们设想那世间万物的主宰,就凭附在这个草人上,因而崇拜、祭祀它"。③ 但是此说却缺乏论据对"草人"与"万物主宰"之间的意义联系进行合理解释。

刘复的"舶来说"

刘复在《帝与天》一文中认为"帝"字可能源自巴比伦的"天"字,其象形为"木",其音为 e-dim 或 e-din;又有一"米"字,音为 din-gir 或 dim-mer,其义为"天帝"或"人王"。郭沫若在《青铜时代》一书中,对"帝"字的来源也持这一观点。他支持国外学者波尔的主张,"帝"字由巴比伦的"米"而来,因这字与甲骨文帝字大体相似。巴比伦的"米"字发音为 din-gir,di-gir,dimmer,也与帝相近,又与帝字一样,兼有神和人王二义,并认为在殷商时代"帝"是"高祖夔"的专称。④ 此说亦难以令人信服,关键在于从未发现殷人与巴比伦人交往的资料。根据常理,殷人不可能只翻译一个文字,但是目前尚未发现其他殷文字源自巴比伦文,因而在没有其他佐证之前,这种推断是难以为凭的。

班大为的"星座说"

班大为提出新的假说:帝字代表一个星图或一种手段。如果把小熊座勺子上的三颗主星和大熊座勺把上的三颗主星连起来之后,这些线会在北极附近的位置交叉。他进而认为"帝"字中间的横线是用来联结距离最近的两颗

---

① 朱芳圃.殷周文字释丛[M].中华数据影印本,1962,第38~39页.
② 陈梦家.殷墟卜辞综述[M].北京:科学出版社,1956,第352页.
③ 康殷.古文字形发微[M].北京出版社,1990,第540页.
④ 郭沫若.青铜时代[M].北京:人民出版社,1954,第68页.

星的,"帝"字的H的两条短竖线是用来标示那两颗星的位置。① 这种解释看似很科学,但这些星星并不属于一个星座,而且也没有其他证据来证实标示北极的这种手段曾经存在过。

李福清的"祭坛说"

俄国研究中国神话的学者李福清先生认为"帝"字乃"向天献祭的祭坛形"。② 这一解释比从外国的字形中寻求帝字的来源有进步。但是甲骨文中"帝"字的形状与祭坛的形状相去甚远,而且仅从字形而不对"帝"字背后的深层文化内涵进行挖掘的论证亦显得十分单薄。

对于"帝"字产生及其原型的认识离不开对其字形和本义的分析,但由于距今年代久远,甲骨文"帝"的字形分析确实存在困难,学者们见仁见智,发表了种种不同的观点,以致学术界至今仍未达成一致见解。

二、甲骨文"帝"字产生于彩陶蛙纹

文字的起源是一个相当漫长的过程。考古发现的甲骨文已经是相当成熟的文字体系,因而原始汉字的起源应该更为久远。在青铜出现之前,彩陶是目前考古发现的和人们生活关系最密切的器物,很多古文字学者认为彩陶符号可能就是原始文字的源头,③也有学者从彩陶纹饰上寻找古文字的痕迹。④ 文字的创造是一门特殊的原始绘画艺术,"文字起源于图画,原始图画向两方面发展,一方面成为图画艺术,另一方面成为文字"。⑤ 因而从彩陶纹饰探求古文字"帝"字的产生是有一定的依据。

甲骨文中,一般释为"帝"字的有如下几种字形,根据它们在辞例中的用义可分为A、B两类:

---

① 班大为.北极简史:兼论帝字的起源[J].美国东方学会杂志.2004,第124期第2分册.转引自[美]艾兰(著),刘学顺(译)."帝"字的甲骨字形[J].湖南大学学报(社会科学版).第21卷.第5期.2007.9.
② 托卡列夫.世界各族人民神话(卷一)[M].苏联大百科全书出版社,1980.转引自鲁刚."帝"字解[J].辽宁师范大学学报(社会科学版).第26卷.第5期.2003.9.
③ 郭沫若.古代文字之辩证的发展[J].考古.1972.(3).
④ 谢端据,叶万松.简论我国中西部地区彩陶[J].考古与文物.1998.(1).
⑤ 胡乔木.中国大百科全书·语言文字[M].北京:中国大百科全书出版社,1988.

A：🝔 21174（师组） 🝔 34616（历组） 🝔 10124（宾组）①

🝔 24900（出组） 🝔 30391（何组）

B：🝔 405（宾组） 🝔 14370 丙（宾组）②

胡厚宣先生曾指出："卜辞通例，除极个别例外之外，一般上帝的帝作🝔，禘祭的帝作🝔。"③根据胡先生的看法，以上甲骨文 A 类字与 B 类字实际上记录的是"帝"与"禘"两个不同的词。因而要探讨"帝"字字形的含义，只需分析甲骨文 A 类字即可。分析上列 A 类字，可以看到甲骨文"帝"字都由符号▽、H 和 ↑ 组成。本文分别从这三个构字部件的演变考察帝。

（一）▽形源自彩陶蛙纹中的生殖崇拜

要证明甲骨文"帝"字产生于彩陶蛙纹，我们首先必须要弄清楚作为"帝"的一个独立部件的▽形与彩陶蛙纹的联系何在。

1	2	3	4	5	6	7	8	9	10

图 1　蛙人纹头部形象

从图 1 所示的蛙纹头部形象可以看到：在图 1－2——图 1－6④ 的蛙纹头像中有数量不等的黑点，图 1－7 的圆环内出现水波状纹饰，图 1－9 的黑色圆心点周围也出现了水波状纹饰，图 1－8 和图 1－10 的圆环则分别被单线和双线均分。

在原始纹饰的研究中，由于没有文字来帮助解释或证实，按照纹饰与自然物的相似性来理解纹饰是学术界惯用的方法，并且世界各地的原始艺术大都是摹仿自然物的现象。众所周知，蛙的生殖能力很强，通常在淡水中繁殖，卵数因种类的不同而不同，可从几百枚至数千枚，成团或成片地浮在水面。

---

① 本文引用甲骨文后编号均为《甲骨文合集》中的编号。
② 引自郑继娥.甲骨文中的"帝"——中国原始宗教的古文字考察之一[J].宗教学研究.2004.(1).
③ 胡厚宣.释殷代求年于四方和四方风的祭祀[J].复旦学报.1956.(1).
④ 图 1－2 指图 1 中的第 2 幅图，图 1－6 指图 1 中的第 6 幅图，下同。

而生殖是人类社会最为关注的问题之一,原始社会尤其如此。当时由于自然灾害给人类造成巨大的危害,加之氏族部落之间战乱频繁,人口的增殖就显得十分重要。因此,事关人的再生产的问题成为部族存在的头等大事,进而在原始人类中出现了生殖崇拜。

彩陶文化是母系社会文化的代表。我国东起河南省渑池县著名的仰韶村、河南陕县庙底沟,中经陕西省华阴县西关堡、临潼县姜寨,西至甘肃马家窑、青海省乐都县柳湾,都出土了大量的蛙纹彩陶。这些彩陶上的蛙纹,大多数专家解读后认为是女性生殖器官的象征。在初民看来,蛙的肚腹和孕妇的肚腹形状相似,而且其生殖力极强。因此,渴望生殖的先民便视蛙为生殖旺盛的象征,在它身上注入了生殖崇拜的强烈色彩,期冀对它的崇拜能有助于增强女性的生育能力。我们按照"摹仿论"的观点来理解彩陶蛙纹,可知先民出于对蛙的生殖能力的崇拜,在绘制彩陶蛙纹的过程中,有意在蛙的头部添加一些复杂的饰纹(如水波、竖线和黑点等),以寄托自己美好的理想。这些饰纹也必然与对蛙的崇拜有关,水波纹象征蛙赖以生存的水域,竖线是蛙的躯干部分的延伸,而黑点则是象征生殖力的卵子。

如果说彩陶蛙纹是先民对自然界蛙的艺术摹仿,那么甲骨文"帝"字的产生就是人们在绘制蛙纹基础上进行的再创造。我们对各组"帝"字的构形进行分析可知:师组帝字的倒三角部分▽内含一个小圆圈,在部分字形中小圆圈突出了倒三角的底边(甲骨文拓片 21080)。历组的 则在▽的中分竖线两边内各置一小点或两小点,构成新的图形 。 省去小点之后就是宾组的 、出组的 的倒三角部分▽,而将 、 倒三角部分的中竖省去,就是何组的 、 二字。显然,▽形内部的圆圈、竖线或数量不等的黑点等构件与图1蛙纹圆环内部的图案是完全对应的。

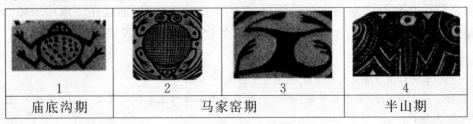

图 2　蛙纹与蛙人纹

在图 2-1 中,一只具象蛙的头部和我们上面所说的"帝"字的倒三角部分很相似,既有黑点也有竖线。上文提到的"帝"字▽形内部的构件与彩陶蛙纹头部的饰纹相对应的现象,很容易让人误解▽形就是蛙纹头部的象征。而实际上▽形的纹饰出现在新石器时代的彩陶上,往往代表的是对女性生殖器的崇拜。因而我们理解"帝"字上部的倒三角形时,要与先民的生殖崇拜信仰联系起来。我认为"帝"字的▽形部分的原型是蛙的生殖器。在图2-2中,除了上面表示蛙头的部分内有黑点以外,在最下面还有一个倒三角形象征着蛙的生殖器,内含黑点的圆也出现在这个倒三角中。蛙的外围是水波纹,而水波纹中同样漂浮着一些黑点,它们像是蛙的卵子,这更有力地说明了▽形并不是蛙纹的头部。

那么彩陶蛙纹的头部形象是如何在"帝"字的构形中体现的呢?▽形通常出现在"帝"字的顶部,而有些倒三角形上还会有一短横。甲骨文"帝"的标准字形写作 ![] (宾组),在其顶部添加一横就是其异体字 ![] (出组),这个异体字在晚期甲骨文中比较常见,而所加的一横会让人联想到二(古"上"字)。但是,这一横其实是 ![] 的一部分,并非表示这个异体字是"上帝"的合文,因为甲骨文有"上帝"这个词语,其中,二就刻在 ![] 的上面。何组的 ![] 与 ![] 是选自同一拓片(30391)的一组对贞卜辞,①▽形的上部一个有短横一个无,也证明了此短横当为饰笔,是"帝"字的一个独立部件,只是它并不总是出现。我认为"帝"字顶部不总出现的这一横正是彩陶蛙纹中可以任意省略的头部的象征。先民崇拜蛙的生殖力,但是对于蛙的外在形态却未必尊崇。因而在彩陶蛙纹中蛙的头部并不重要,甚至可以任意改变或省略。在目前所收集到的126例蛙人纹中,省略头部只保留四肢的纹饰样式有40例,只有头部和上肢的蛙人纹有9例,头、四肢俱在的纹饰样式有27例,只保留折肢的蛙人纹样式有50例。

(二)"↑"产生于融注蛙神信仰的彩陶符号

原始陶器上还发现了很多刻划符号。"在半坡、姜寨、北首领等仰韶文化遗址共出土270件刻有符号的彩陶钵,计50多种不同的符号;在大地湾一期文化的钵形器内壁发现10多种彩绘符号,在仰韶早期直口钵上口沿外部的

---

① 互为对称地镌刻在龟甲兽骨之上、分别以肯定语气和否定语气占问的卜辞称为"对贞卜辞"。

宽带纹上还发现有十多种刻划符号;甘肃永靖马家湾遗址出土的彩陶上有'✕'、'✳'、'—'等符号;甘肃庄浪县徐家碾寺洼文化墓葬发现'✳'、'◈'、'十'、'∧'等符号;甘肃永昌鸳鸯池新石器时代墓地 M69 发现的陶盅和陶盘的底部内外均有不同的刻划,有'十'、'＜'形等;甘肃永靖莲花台黑头咀辛店文化遗址的陶器上发现有'✕'、'二'、'Π'形等符号……青海柳湾墓地发现了大量彩陶刻划符号,据统计,有 679 件器物上记载了不同符号共计 139 种"。① 尽管还没有确切的文字记载证明早期的甲骨文字与这些彩陶符号有联系,但是二者惊人的相似确实为我们提供了一条研究古文字的新途径。如图:

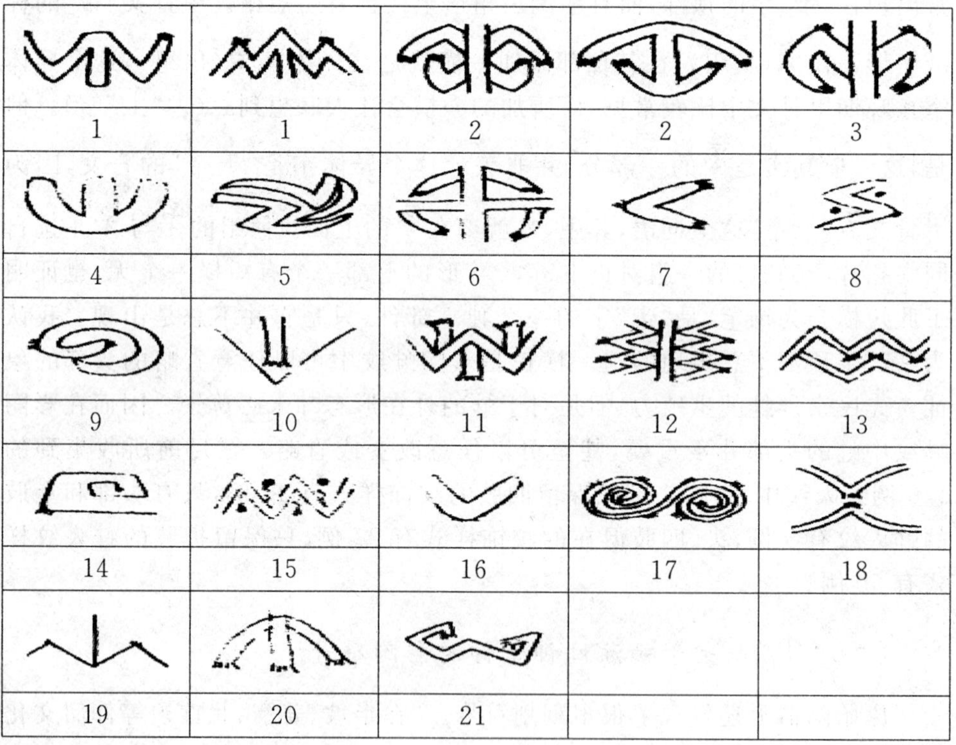

1	1	2	2	3
4	5	6	7	8
9	10	11	12	13
14	15	16	17	18
19	20	21		

图 3　只保留折肢的蛙人纹形

---

① 庄会秀.半山马厂彩陶蛙人纹艺术研究[D].汕头大学硕士学位论文.

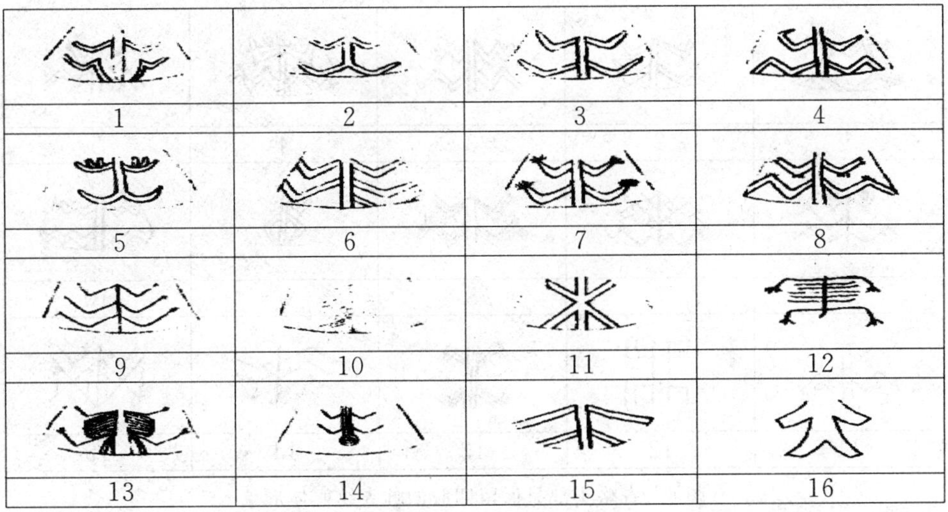

1	2	3	4
5	6	7	8
9	10	11	12
13	14	15	16

图 4　四肢俱在的蛙人纹躯体形象

"↑"形符号在大地湾一期发现的钵内彩绘符号和仰韶早期宽带纹彩陶钵上的刻划符号中都有发现。我认为"↑"代表的是原始的"生"字。"生"的甲骨文标准字形为 㞢，对照图 4 的多幅例图，我们发现 㞢 其实就是彩陶蛙纹的躯体。蛙的躯干被简化成为"丨"，而其四肢则被抽象成水波状的纹饰。在波峰与躯干相交的部分，纹路上折，呈"↑"形。如果将躯干与四肢相交的中间部分独立出来，就呈现出两个或多个"↑"形重叠的图案。水波纹继续向两端延伸，有时躯干会与波谷相交，这样就出现下折的"▼"形图案（如图3－4、图 3－10、图 3－19），因而从整体上看，蛙肢纹由"↑"和"▼"两种水波纹连接而成。这与彩陶图案的绘制方式有关，蛙纹绘制在彩陶器具上，为了保持美观，蛙的图形往往被有意夸张。要让彩陶器具的整个表面完全被蛙纹覆盖，有必要将蛙的形象艺术化，有些彩陶图案是由多个完整的蛙体相连而成，有的则是一只巨大的蛙的肢体被无限延伸，（如图 4－4、图 4－8、图 4－9所示下端蛙肢）。因而我们所看到的"▼"和"↑"形，其实都只是符号化的蛙肢。

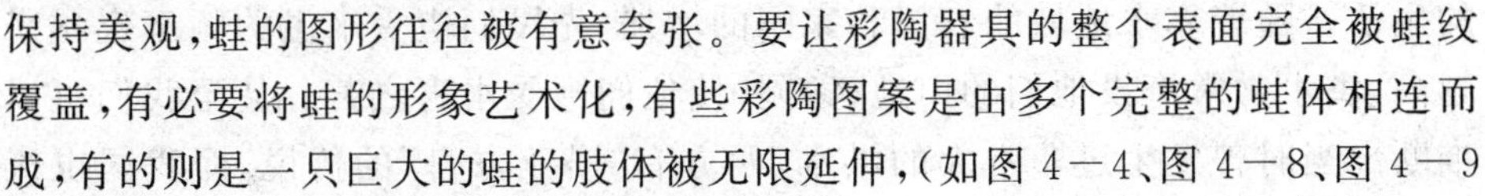

图 5　只有头部和上肢的蛙人纹躯体形象

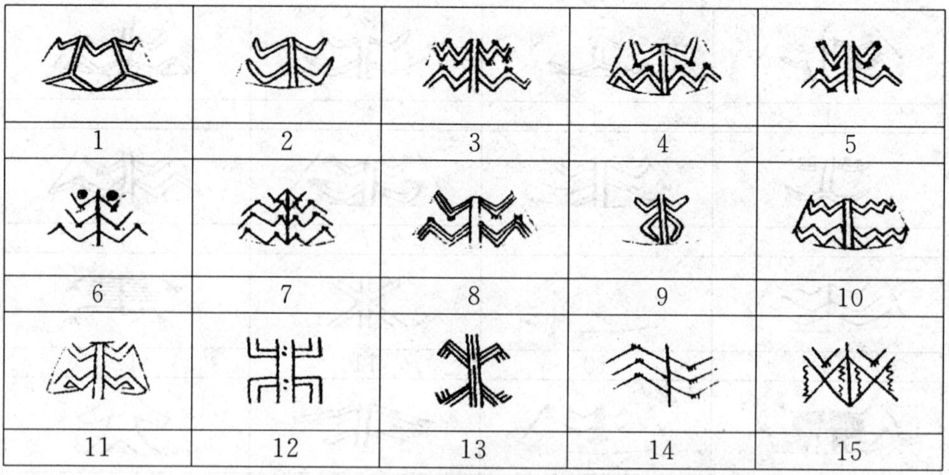

图 6　省略头部只保留四肢的蛙人纹躯体形象

对照图 5 的前四幅图与图 6—5 发现,"↑"形其实是前几幅图展示的蛙躯体的中心部分,甚至有的彩陶蛙纹是用这种独立的图案来绘制的(图 5—5)。

在图 6—4、图 6—12 和图 6—13 中,"↓"形和"↑"形同在与躯干相交的位置上出现,证明两者的区别只在于外在形态上,其实质内容是一致的,都是蛙纹的符号化。屮是两组"↓"形的叠加,也是彩陶蛙肢纹(如图 6—2)线条的抽象。这又进一步说明在远古时代,屮(↓)和↑都与先民对蛙肢的崇拜有关。

原始彩陶纹饰上反复出现蛙肢纹,这种现象是与先民的"蛙神崇拜"意识联系在一起的。原始人类居住在山坡上,以采集果实、打猎为生,维持着艰难的生活。随着靠水地域的农田和家园的增加,先民们遭受水患的频率也越来越高,洪水常常淹没他们的田地、家园,使他们饱受水害之苦。甚至我们可以推断出当时曾发生过非常大的洪水,西方有"诺亚方舟"的传说,而我国也流传着各类洪水神话。可见洪水是真实发生过的。这从马厂彩陶上大量绘制的"蛙纹"图案上也可以得到验证。在新石器时代晚期,农耕文明发展之后,面对洪水的危害,如何战胜它、如何制服它已经成为当时先民最大的现实问题和最迫切的社会问题。所以,马厂的彩陶上,就出现了大量的"蛙纹"。先民们发现蛙可以在水里自由出没,也能在陆地上生存,从而将自身对于水患的恐惧上升为对蛙的崇拜。人类对于水的崇敬心理,引起了先民对能够在水中自由生存的蛙的崇拜,尤其是对其强壮的大腿的崇拜,"摹仿是驻守在人类心理深层的一种技能和倾向,它通过主体的活动来实现,并体现在一定的外在的物质形式上"。① 世界各地的原始艺术,大多有摹仿自然的倾向,先民在绘制彩陶的过程中,又总是倾向于将自己崇拜的部分无限放大,因而在彩陶蛙纹中,蛙的头部有时会被省略,但是蛙的肢体部分却是始终保留着的。

由于"生"的甲骨文字形与彩陶蛙纹不仅在外形上相似,而且"蛙"对先民而言,就是女性生殖力的象征(这一意义还保留在现代汉语的"生"字中)。因而我认为"生"(㞢)产生于彩陶蛙纹,与㞢同源的ㄔ也就是原始意义的"生"。

(三)"H"与女娲崇拜

"帝"字中间的横向符号H,可以理解为木匠用来画方形的一种工具。②与H相关的甲骨文都被看作与方形有关,这种说法可从一系列甲骨字形中得到证实。例如,"方"和"矩"的甲骨字形分别是𠂉和𠂊,可以看作站立的人手中横举或竖举着H形的工具。而"方"和"矩"通常表示正方形和矩形,都与方形有关。此外,偏旁H还见于"央"的甲骨字形𠂌的上方,像人的脖颈上带着方形的枷锁,观念上也与"方"相关。

H形的工具是把两段短棒垂直固定在一条水平棒上制成的,利用这种工具可以画出两组平行线,进而作出方形。这种甲骨文字形H所描述的工具,其实就是汉代石画像中伏羲和女娲手中所持的画方形的工具矩的原始形状。③ 石画中伏羲执"矩",即用来画方形的T形丁字尺或L形曲尺;女娲执"规",即用来画圆形的圆规。古人认为,圆与方是测知天数的两法,而圆是出于方的,方又是出于矩的。故"规"与"矩"一样都是源自原始的H形工具。

而在汉代伏羲女娲石画像中还有这样的情形:伏羲举日轮,中刻金乌;女娲举月轮,中刻蟾蜍。正确理解女娲手中所持的月轮和蟾蜍,可以为我们分析H形提供有益的旁证。

---

① 邓福星.艺术前的艺术[J].济南:山东文艺出版社,1987.3.(2).

② 李孝定.甲骨文集释(卷五)[M].北京:中央研究院历史语言研究所,1970,第1539~1544页.

③ 参见[美]艾兰(著),刘学顺(译)."帝"字的甲骨字形[J].湖南大学学报(社会科学版).第21卷.第5期.2007.9.

"在我国古代传说中有许多鸟和蛙的故事,其中许多可能与图腾有关。后来鸟的形象逐渐演变为代表太阳的金乌,蛙的形象则逐渐演变为代表月亮的蟾蜍……","这一对彩陶纹饰的母题之所以能够延续如此长久,本身说明它不是偶然现象,而是与一个民族的信仰和传统观念相联系"。① 在汉民族传统中,月亮被训为"太阴之精"。② 从人而言,男为阳,女为阴。汉初《淮南子·精神篇》以月中有蟾蜍为是,云:"日中有踆乌,而月中有蟾蜍。"古人亦常以蟾蜍指代月亮。③ 因月亮周期性的盈亏变化与女性周期性的生理变化相类,且蟾蜍(蛙)常常在月夜交配繁殖,其体形酷似孕妇肚腹,故月亮总与女性、生殖联系在一起。可知,无论是原始彩陶蛙纹的绘制,还是"月中有蟾蜍"的传说,都与人类的生殖崇拜密切联系着。

女娲作为主阴之神,月亮是其身份的象征,所以先民往往将月、蛙与女娲造人的神力联系起来。《说文》云:"娲,古之神圣女,化万物者也,从女,咼声。""娲"在上古属见母歌部,与属影母支部的"蛙"可音转通借。所以,"娲"从"蛙"衍声,"娲"与"蛙"同。女娲神话是先民"蛙"图腾崇拜的产物。

在彩陶蛙纹母题的演变中,我们明显地看到这样一条线索:蛙—蟾蜍—月亮—女娲(代表女性),贯穿这一线索的关键在于人类对生命延续的渴望。正是这种对生命的创造和永生信仰的探寻使得彩陶蛙纹这一母题的价值经久不衰。

汉代石画像中女娲的形象既可能是手执圆规,也可能是手持月轮。月是女娲身份的象征,同时月(蟾蜍)又延续了彩陶蛙纹中生命创造的文化内涵,故而我们有理由相信汉代石画像中女娲手中所持的月轮,就是创世神的标志。与之相应,伏羲、女娲手中所执的曲尺、圆规,则是文化英雄的标志。女娲的伟大业绩至今仍存留在人们的记忆中,她抟土造人,补天安民,除妖治水,置神禖,制笙簧。应该说,女娲作为人类始祖母的起源意义和作为造物主与文化英雄的开拓牺牲精神是并行不悖的。在原始人关于祖先的信仰中,祖先既是氏族的首领,同时又是氏族的巫师,集王权与神权于一身。我们可以根据"巫"字的原始含义来证实上述判断。古文字 ✚ (通常隶定为"巫")是由两个H形垂直交叉构成的。《说文解字》解释说"巫"字的字形中包含了"有规

---

① 严文明.甘肃彩陶的源流[J].文物.1978.(10).
② 《说文·月部》:"月,太阴之精也。象上下弦阙形。"
③ 参见新华大字典(彩图版)[Z].北京:商务印书馆,1998.

矩"的含义。而"巨"的古文字写作 🖻、🖻，字形中同样包含着 H 形，意思是规天矩地的人。由此可知，"巫"也表示掌握天数的人，或者说是表示规天矩地的人。伏羲持曲尺(矩)，女娲持圆规，意味着他们正是规天矩地之人，代表了他们二人开天辟地、繁衍人类的创世神的身份。

综上所述，甲骨文"帝"字可以分解为：顶部的"一"代表的是彩陶蛙纹中可以被省略的头部；倒三角形是被先民的生殖崇拜意识夸大的生殖器，对应的三角中间的黑点或小圈则是生殖器官中的卵子；↑ 部分是蛙肢的简化，表达了先民对于蛙神强大的制水能力的崇拜。H 部分与方形有关，可以看作汉代石画中女娲所持之"矩"，它象征着至上神——女娲对生命的创造，亦与先民的生殖崇拜有关。

三、"帝"字产生于彩陶蛙纹的文献依据

根据甲骨文"帝"字的考察结果，我们倾向于"帝"字产生于彩陶蛙纹。这一观点，主要是来自于对其形符进行分析的结果，其实，一些古代的文献材料也可以进一步支持这一观点。

(一)"帝"(蛙)乃"生物之主"

在古文献中可以找到一些关于"帝"与"蛙"意义有联系的解释。如：

　　帝者，生物之主，兴益之宗。①
　　因其生育之功谓之帝。②

这些例子证明了"帝"有生育之功。"帝"乃"生物"之宗。"生物之主"者，化生万物也。另外，《左传·文公二年》引《诗·鲁颂》云："皇皇后帝。"③ 有学者认为，"后帝"并出，"说明帝与后之间有某种密切的关系"。④ 早在母系氏

---

① 曹魏王弼在注释《易·益卦》中"用享于帝"一句时说："帝者，生物之主，兴益之宗也。"
② 《礼记·郊特牲》(唐)孔颖达疏。
③ 《左传·文公二年》引《诗·鲁颂·闷宫》："皇皇后帝，皇祖后稷。"郑玄笺："皇皇后帝，谓天也。"《论语·尧曰》："敢用玄牡，敢昭告于皇皇后帝。"何晏集解："皇，大；后，君也。大大君帝，谓天帝也。"
④ 叶林生.古帝传说与华夏文明[M].哈尔滨：黑龙江教育出版社，1999.第 8 页.

族社会,"后"为人主,能够繁育子孙。"后"与"帝"所指不同,但二者同出,且都与生育相关。卜辞中"后"写作"毓",王国维在《戬寿堂所藏甲骨文字考释》中认为"后"字本像人形,其上部分是"人"字之讹变,下半部分为倒"子"之形之讹变,像人产子之形。所以《甲骨文字典》中说:

> 母系氏族之首长乃一族之始祖母,以其蕃育子孙之功,故以"毓"尊称之。后世承此尊号,亦称君长为"毓",典籍皆作"后"。①

由反映殷商情况的早期文献资料看,商代早中期诸王并不称帝。例如:《汤誓》首称"王曰",可知商汤只以"王"称;《盘庚》中说"我王来",追其先只云"先王"、"古我先王",其他如《高宗肜日》、《西伯戡黎》、《微子》②诸篇中,殷文献皆以"王"称其君(也称"后"),无一称帝之例。这与卜辞所见相符。殷墟卜辞是今天所知的最早的系统文字,卜辞亦无法证明殷末二王之先有人王称帝。所以,殷末二王之先,并无称帝之事实。

这种现象应该从原始宗教的意义上、从原始社会特定的习俗方面去理解。中国古代经历了一个由神本文化向人本文化过渡的阶段。从理论上看,生产力落后,人类自身的力量在强大的自然力面前显得微不足道,因而人们总是屈从于神。殷代后期之前的社会仍是神本文化时期。《礼记·表记》早有记载:"殷人尊神,率民以事神。""殷代,特别是其前期,王室和贵族几乎每日必卜,每事必卜,对神的膜拜是无以复加的。"③"神权大于王权,也大于族权,神的意志处于最高地位。"④"商人尊神重巫,体现出强烈的神本文化的特色。"⑤在神本文化时期,神不但压倒了人,而且代替了人。人的行动必须取决于神的意志,人们将一切先有的存在都归功于神,虔诚地向神献祭。人王的权力也是神的恩赐,因而不可能与神并尊。卜辞中的"帝"本指神,人王既不能与神比肩而立,就不能称"帝"。由此可推断"帝"的初意即为宇宙万物的始祖,是宇宙万物的生殖之神,与西方把 God(上帝)视为造物主是相同的意思。

前文在分析"帝"的构件时已经论述了先民的蛙神信仰,此处不赘述。对

---

① 徐中舒.甲骨文字典[M].成都:四川辞书出版社,1988.第 1581 页.
② 《商书》5 篇:《汤誓》、《盘庚》、《高宗肜日》、《西伯戡黎》、《微子》。
③ 李光霁.商朝政制中的神权、族权与王权[J].历史教学.1986.(2).第 2~6 页.
④ 晁福林.试论商代的王权与神权[J].社会科学战线.1984.(4).第 97 页.
⑤ 张岱年,方克立.中国文化概论[M].北京大学出版社,1994.

蛙的生殖能力的崇拜是先民的蛙神信仰的重要组成部分,因而蛙神在早期人类心中当之无愧地被奉作"生殖之神"。而"帝"本指生殖之神,亦是宇宙万物的始祖,故"帝"与蛙神因着"生物之主"的身份,才生发出千丝万缕的联系。

(二)"上帝"观念即蛙图腾进化的产物

一般来说,在没有发现更早的文字之前,只能认为甲骨文是商代晚期的文字,但并不能否定在这之前已经有文字产生。我们知道上帝的观念在商代之前已经存在,"帝"字很有可能在当时已经出现。

浙江省新石器时代良渚文化祭坛遗址的考古发现,证明当时人们极可能有了专门举行祭祀天神的场所,①这已经远在夏代以前了。根据对现存有限的文献资料进行的分析,可知夏代时应该已经有了上帝的观念。《尚书·洪范》记载周初箕子语已说夏鲧时"帝乃震怒",这明确说明夏时已有上帝。《天问》:"启棘(亟)宾商(帝),《九辩》《九歌》。"②类似的记载还有:"开(启)上三嫔于天,得《九辩》与《九歌》以下。"③这种神话的说法固然不可信,然而,《九辩》《九歌》很可能是夏启时祭祀上帝的乐歌。

上帝观念的产生,最初源自于先民对未知的自然神秘力量的敬畏和对动物生育能力的图腾崇拜。原始初民出于对生命孕育的崇敬和迷信,创造出了一个作为"生物之主"的上帝原型图腾。起初的上帝不过是一个孕育生命、专司生殖的自然神,操纵着孕育生命和毁灭生命的职权。随着社会生产力的进步和人类思维的发展,人类的文明程度已经摆脱了"母性神"的拘囿,先民难以再在传统的"蛙神"庇佑下生存在最佳状态。"蛙神"开始逐渐淡出历史的舞台,人类需要的是一个比"蛙神"拥有更强大神力的保护神的降临,这就是中华龙。如果说"蛙神崇拜"是单纯的稻作文化中对于生殖的崇拜,那么龙图腾的出现则是多民族的融合统一要求最佳生存状态的渴望。

瑞士心理学家让·皮亚杰在《发生认识论原理》中称原始人的心理为"自身中心化","它实际上是以'我'为核心的最初级的类比推理过程"。"我"是

---

① 浙江省文物考古研究所.余杭瑶山良渚文化祭坛遗址发掘演示文稿[J].文物.1988.(1)。

② 这是指夏后启屡次到上帝那里做客,并偷来了上帝的乐歌《九辩》与《九歌》。据朱骏声《说文通训定声》:"商当为帝之误字。《天问》'启棘宾商',按当作帝,天也。"

③ 《山海经·大荒西经》是说夏启用三个美女来贿赂上帝或释"嫔"为"宾",则还是多次到上帝那里做客的意思,从而得到了《九辩》与《九歌》。

认识事物的基准和出发点,通过事物与"我"的关系来认识事物。这种"我向性"的思维形式正是神话产生的源泉。"我向性"的思维方式决定了神话的内容。因为原始先民生存于凶险的环境之中,最受他们关注的乃是自身的生存和发展,所以神话的内容才反复地表现为各种各样的求生题材,凡是与"我"生存密切相关的就无不形诸神话。动物始祖神话也是因为它具有求生的意蕴才被原始人创造出来。

正因人类潜意识中"我向性"的存在,才使得人类文化呈现出多姿多彩的风貌,人类社会也在不断地进行着新的分裂与融合。到了商代,上帝从最初的专司生殖的自然神(蛙神)变成了无所不能的天神(龙)。这时,上帝的权能也起了很大的变化,"帝"拥有强大的自然权能,如"降我堇(馑)"(10171),即降下饥荒;"降摧"(14172)即降下灾害;"害年"(27456)即损坏年成;以及"冬(终)兹邑"(14209),即可能是指降下水旱之灾,破坏城邑存立条件等等。胡厚宣先生认为:"殷代从武丁时就有了至神上帝的宗教信仰。在殷人心目中,这个至神上帝,主宰着大自然的风云雷雨、水涝干旱,决定着禾苗的生长,农产的收成。他处在天上,能降入城邑,作为灾害,因而辟建城邑,必先祈求上帝的许可。邻族来侵,殷人以为是帝令所为。出师征伐,必先卜帝是否授佑。帝虽在天上,但能降人间以福祥灾疾,能直接护佑或作祟于殷王。帝甚至可以降下命令,指挥人间的一切。殷王举凡祀典政令,必须揣测着帝的意志而为之。"①

(三)求雨卜辞与蛙神御水神力崇拜

前面我们已经分析过,先民对于蛙神强大的御水能力的崇拜是蛙神崇拜的重要方面。华夏文明的历史就是一部人和水之间的关系史。我们常以"龙的传人"自称,龙与水就密不可分;我们又以"炎黄子孙"自喻,炎帝和黄帝是远古传说中的两位帝王,被视为中华民族的祖先与象征,而相传炎帝居姜水,黄帝居姬水,均出自水域之乡。从远古洪荒时期,我们的祖先就"逐水而居",在河川和湖泊附近,以氏族为单位,群集而居,过着渔猎采集的生活。长久以来,人们在利用水并与水患灾害作斗争的过程中,逐渐形成了与水密切相关并具有鲜明地域特征的水文化。水文化的实质就是人与水关系的文化,是人类活动与水发生关系所产生的以水为载体的各种文化现象的总和,反映着人

---

① 胡厚宣.殷卜辞中的上帝和王帝(下)[J].历史研究.1959.(10).

类社会不同时期一定人群对自然生态水环境的认识程度,以及其思想观念、思维模式、指导原则和行为方式。

在卜辞中我们可以看到,有关求雨求年的所占比例最大。而求雨的本源对象正是上帝:"贞:今一月帝令雨。"①"帝其于生一月令雷。"②

在远古时代,水与雨是紧密联系的,先民认为无论水或雨,都掌握在上帝手里。上帝既为人类带来福泽,也可能给人类以毁灭性的打击(水旱灾害)。上文已经提到,蛙图腾民族除了崇拜蛙的旺盛生命力之外,更加敬畏蛙神的御水能力。即便在由"蛙神"演变而来的"中华龙"身上,我们也可以发现其对雨水的强大控制力。龙性喜水,《说文》:"龙,鳞虫之长。"鳞虫之长,即水族之长。龙不但依赖水,而且能驾驭水。"应龙处南极,杀蚩尤与夸父,不得复止,故下数旱,旱而为应龙之状,乃得大雨"。③ 在商代,已经有了关于作"土龙"求雨的明确记载。甲骨卜辞中有"龙"字,又有相关记载:"其作龙于凡田,又雨。"④在自然强大的破坏力面前,人类的力量显得微不足道,先民只能把所有的希望寄托在幻想的神灵身上,无论是对"蛙神"的崇拜,还是"中华龙"的诞生,都只是人类将自身的软弱与恐惧积极转化的结果。尽管原始时代各部落民族崇拜物的外在形态迥异,但是它们身上却寄托着同样的文化内涵,即人类对生存的渴望。

结 语

尽管女娲的地位在人类社会进程中一度出现倾斜,但是她作为母神、创造神和文化英雄的形象却并没有因此而被人类遗忘。各类有关女娲的神话故事早已在反复讲述的过程中深入人心,成为民族精神文化史的重要组成部分。神话就是以简单的思维模式传达人类对于客观世界以及自身的认知与思考,其思维模式是人类社会早期思维活动的范式,并在先民所进行的一系列文化生产活动中得到反映。彩陶的绘制亦是人类早期的文化生产活动之一,因而彩陶纹饰不可避免地成为丰富多彩的女娲神话和先民女娲信仰的载体。

---

① 《甲骨文合集》14132 正面。
② 《甲骨文合集》14127 正面。
③ 《山海经·大荒西经》
④ 《甲骨文合集》

彩陶纹饰不仅仅是单纯的艺术创造，它是那个时代物质文化和精神文化的缩影，丰富多彩的彩陶图案，大多来自先民对自然界事物的观察、摹画。彩陶纹饰的形成阶段在时间序上正是处于甲骨文形成的前期阶段。甲骨文的字形，多属象形字，也是源于对客观事物的形体描述。因此，文字的形成与彩陶纹饰有着不可分割的联系，彩陶纹饰的创作为文字的诞生积累了最基本的要素，奠定了深厚牢固的基础，是文字产生的源头。

在王权社会中"帝"字因被赋予独特的政治意义而受到人们的崇拜，追根溯源，"帝"字产生于人类早期绘制的彩陶蛙纹。先民对"始母神"女娲（蛙神的人格化）的崇敬也在绘制的过程中融入了彩陶蛙纹之中，因而"帝"字的原型实际上正是在男权社会中被忽视被冷落的女神——女娲。因而对"帝"字的产生及其原型的重新发掘不仅具有文字学的价值，而且对于寻回人类失落的"女神文明"也有很重要的意义。

研究古汉字与彩陶纹饰之间的缘起关系是一项相当系统、复杂的工程，不但涉及古汉字形义的分析，而且涉及大量的汉字文化知识。本文只是对"帝"字与彩陶蛙纹的联系略加分析，相信随着研究汉字文化人数的不断增多，有关汉字与彩陶纹饰联系的研究会越来越多、越来越深入。

参考文献：

[1]许慎.说文解字[M].北京：中华书局，1981.

[2]段玉裁.说文解字注[M].上海古籍出版社，1983.

[3]孔安国.尚书正义（卷二）[M].中华数据影印本，1982.

[4]周法高主编.金文诂林[M].香港中文大学出版社，1975.

[5]郭沫若.甲骨文字研究[M].北京：人民出版社，1952.

[6]李孝定.甲骨文字集释[M].北京：中央研究院历史语言研究所，1970.

[7]朱芳圃.殷周文字释丛[M].中华数据影印本，1962.

[8]陈梦家.殷墟卜辞综述[M].北京：科学出版社，1956.

[9]康殷.古文字形发微[M].北京出版社，1990.

[10]顾颉刚.古史辨（卷二）[M].上海古籍出版社，1981.

[11]郭沫若.青铜时代[M].北京：人民出版社，1954.

[12][美]艾兰（著），刘学顺（译）."帝"字的甲骨字形[M].湖南大学学报

(社会科学版).第21卷.第5期.2007.9.

[13]鲁刚."帝"字解[J].辽宁师范大学学报(社会科学版).第26卷.第5期.2003.9.

[14]郭沫若.古代文字之辩证的发展[J].考古.1972.(3).

[15]谢端据,叶万松.简论我国中西部地区彩陶[J].考古与文物.1998.(1).

[16]胡乔木.中国大百科全书·语言文字[M].北京:中国大百科全书出版社,1988.

[17]郑继娥.甲骨文中的"帝"——中国原始宗教的古文字考察之一[J].宗教学研究.2004.(1).

[18]胡厚宣.释殷代求年于四方和四方风的祭祀[J].复旦学报.1956.(1).

[19]庄会秀.半山马厂彩陶蛙人纹艺术研究[D].汕头大学硕士学位论文.

[20]李泽厚.美的历程[M].合肥:安徽文艺出版社,1994.

[21]邓福星.艺术前的艺术[J].济南:山东文艺出版社,1987.3.(2).

[22]李孝定.甲骨文集释(卷五)[M].北京:中央研究院历史语言研究所,1970.

[23]严文明.甘肃彩陶的源流[J].文物.1978.(10).

[24]新华大字典(彩图版)[Z].北京:商务印书馆,1998.

[25]叶林生.古帝传说与华夏文明[M].哈尔滨:黑龙江教育出版社,1999.

[26]徐中舒.甲骨文字典[M].成都:四川辞书出版社,1988.

[27]李光霁.商朝政制中的神权、族权与王权[J].历史教学.1986.(2).

[28]晁福林.试论商代的王权与神权[J].社会科学战线.1984.(4).

[29]张岱年,方克立.中国文化概论[M].北京大学出版社,1994.

[30]浙江省文物考古研究所.余杭瑶山良渚文化祭坛遗址发掘演示文稿[J].文物.1988.(1).

[31]胡厚宣.殷卜辞中的上帝和王帝(下)[J].历史研究.1959.(10).

[32]郭沫若.郭沫若全集·历史编(第一卷)[M].北京:人民出版社,1982.

[33]张光直.中国青铜时代[M].北京:三联书店,1982.

[34]王国维.殷卜辞中所见先公先王考[A].观堂集林(卷九)[C].北京:中华书局,1999.

[35]唐兰.古文字学导论[M].济南:齐鲁书社,1981.

[36]陈梦家.殷墟卜辞综述[M].北京:科学出版社,1956.

【点评】

该文作者在选修《中国神话研究》课程时期获得灵感,然后经过两年多时间的准备,撰写成这篇毕业论文。该文选题有一定的意义。一是问题本身有价值:关于"帝"字的构造原理,学者已经争论一千多年,至今没有令人满意的解说,能在此基础上提出新的见解,为该问题的解决提供新的思路,已经难能可贵了。二是该选题涉及的虽然只有一个字的字形解说,却能将本科四年所学的大部分学科知识串联起来,是对四年本科学习水平的一次整体提升。该文的论证方法值得赞赏。讨论的是古文字字形学问题,却能结合艺术学、神话学、文献学和美学等学科的研究方法,多管齐下,对问题做比较充分的论证。三是该文探索比较深入,确实认真阅读了该领域的代表性原著,对问题进行了艰苦的思考,找到了解决问题的思路。不过论文仍然存在明显的缺点。主要是注释问题。例如第一部分中有些代表性观点中,郑樵、刘复、叶玉森的看法都没有给出材料出处,令人十分遗憾。网络资料可以参考,但只能起到提示线索的作用。应当根据线索,尽可能找到文献最原始出处,实在找不到,也应当写出转引情况。

(丁进)

城市化背景下的城市地名生态研究
——以六安市为例

皖西学院中文系汉语言文学专业 2010 届　潘祖龙

指导教师　黄克顺

内容摘要：地名是地理实体的名称，与人们的生活息息相关。随着当前我国城市化的快速推进，各地老城区的改造加快，新城区的扩张提速。在这种背景下城市地名的新陈代谢也随之加快，很多老地名渐渐消失，新地名不断产生，地名系统中不和谐现象增多，地名生态有失衡的倾向。面对复杂的城市地名现状，有关部门应在老地名的保护与利用、新地名的生成与规划等方面进行深入的论证和规划，以适应快速发展的城市的需求。作为正在为建设中等城市而努力的六安市也是如此。本课题在对六安城区新老地名做街头调查的基础上，探讨了六安城市地名的生存状态，力图寻找解决当前城市地名生态中存在的问题的良策。

关键词：城市化；地名生态；六安

地名是人们为地域约定的名称，属于词汇中的专名。地名是人类社会发展的产物，随着社会的前进而不断发展演变。汉语地名数量庞大，大多历史悠久，经过复杂的历史演变。地名作为一种特殊的语言现象和独特的社会文化现象，在人类社会中具有特殊的功能。这种功能首先表现在其指位作用。《说文解字》云："地名者，从地也，万物所陈列者。"[①]也就是说，地名作为人们经常使用的地理符号和信息载体，它最初的功能在于区别甲地和乙地。其次

---

① ［汉］许慎.说文解字.北京：中华书局，2004.

表现在文化传承作用。大凡地名都不是孤立的,都和当地特定的历史文化紧紧地融为一体。生产的发展、科技的进步、风俗的变迁、战争的成败、朝代的兴替,甚至人们的意志和愿望,都可能融进该地的地名之中。著名历史地理学家,现代地名学的开拓者之一谭其骧先生曾说:"地名是各个历史时代人类活动的产物,它记录了人类探索世界和自我的辉煌;记录了战争、疾病、浩劫与磨难;记录了民族的变迁与融合;记录了自然环境的变化,有着丰富的历史、地理、语言、经济、民族、社会等科学内涵,是一种特殊的文化现象,是人类历史的活化石。"①谭先生的话十分明确地指出了作为一类特殊语词的地名必然具有丰富的文化蕴涵。城市作为人类文明的集中体现,其地名更是在人类社会中发挥着十分重要的作用。而我国当前城市发展很快,城市地名变化剧烈,值得我们加以适当的关注。

一、城市化带动我国城市地名的剧变

地名作为一定地域的指称符号,一旦形成便会保持相对稳定,变化十分缓慢,通常不会随着社会的发展而轻易改变。汉语地名也是如此。但近三十年来,中国社会经济高速发展,社会变化日新月异,尤其城市的扩张十分猛烈,这使得我国各地的城市地名出现了历史少有的剧烈变化。老城区的改造和新城区的扩张必然引起城区老地名的代谢和新地名的涌现。中国现已成为当今世界城市化速度最快的国家。改革开放以来,我国的城市化步伐显著加快。20世纪80年代以来,我国的城镇人口平均每年增加1000万人以上,到90年代又增长到1500万人以上。进入21世纪,我国的城镇人口平均以每年接近2000万人的速度在增长。与城市人口同步增长的,是城区面积的快速扩张。据有关资料记载,90年代(1990~2000年),全国城市建成区面积平均每年扩大938平方公里;进入21世纪后(2000~2007年)则平均每年扩大1861平方公里,几乎加快了一倍。② 在我国当前复杂的财政体制和特有的政治生态中,各地城市扩张的冲动不可遏制,地处皖西的六安市也是如此。六安市政府在《六安市城市总体规划(2008—2030)》中将六安市的城市性质定为"大别山北麓中心城市,安徽省省会经济圈副中心城市,区域交通枢纽,

---

① 谭其骧.中国历史大辞典(历史地理卷)·前言.上海辞书出版社,1996.
② 闻哲.中国城市化进程加快.人民日报(海外版).2007.09.27.

安徽省加工制造业的重要基地之一,具有滨水园林特色的现代化城市"。城市的发展方向则是"向东主动推进,向北积极延伸,向西跨河拓展,向南逐步完善,……城市的规模至2030年城市人口规模达120万,中心城区面积达120平方公里"。① 作为三线城市的六安尚且如此,其他地方的城市扩张便可想而知。

伴随着城市人口的增长和城区规模的扩大的是各地加快了老城区的改造和新城区的建设。这些无疑对城市地名产生了深刻的影响。一方面是老地名无声无息地消失,另一方面新地名不断产生。如六安市区鼓楼街和黄大街一带老城区的改造,造成了以九拐十八巷为代表的六安城区老地名的消失,而六安经济技术开发区和政务新区的建设,又给我们带来了如"经一路"和"纬六路"等一大批全新的城市地名。

正在中华大地上普遍且高速推进的城市建设其实是一场城市化的"大跃进"。在这个规模巨大的"大跃进"面前,我们准备好了吗?它似乎有点突如其来,让很多人,包括某些城市的催生者和建设者对城市发展的很多方面措手不及,城市地名就是其中容易被人忽视、但又十分重要的一个方面。城市地名相对于乡村地名而言,有其独特的一面。它主要包括道路名、街巷名、建筑名、小区名等,对其进行适当的关注并加以深入的研究,探讨城市地名的生存发展规律,以便使其健康和谐地发展,便是摆在我们面前的一项重要课题。

二、当前我国城市地名的生态概况

地名作为一个独立的词汇类型系统,自有其本身的生存和发展状态,我们称之为地名生态。自古以来,地名就在缓慢地新陈代谢、吐故纳新。但近些年随着老城改造和新城扩张力度的加大,城市地名的这种新陈代谢十分剧烈,以致出现了部分地方地名代谢不良的情况,地名生态有失衡的倾向。这种失衡一方面表现为一地的地名系统内部代谢紊乱,另一方面则表现为地名与所在地区的政治、经济、历史、语言、文化等要素的关系不尽和谐。

如前所述,随着我国经济的快速发展,城市化进程也在加快,大小城市都掀起了改造老城区、建设新城区的浪潮。在城市主干道名较为稳定的前提下,不少老地名随着老城改造在不断消失,很多新地名则随着新城区的扩张

---

① 六安市人民政府.六安市城市总体规划(2008—2030).2008.

在不断产生。但作为一个没有多少经济意义的指称符号,在全国各大中小城市普遍发生的这种新老地名的变化,并没有引起很多人的注意,以至于不少老地名随着老城拆迁而消失得无声无息,新地名的产生甚至跟不上城市扩展的步伐,以至于不少城市道路名、桥梁名、社区名等显得先天不足。城市地名与所在地区的政治经济文化等诸要素的关系逐渐疏远,城市地名生态失衡的倾向较为明显。

六安的地名也是如此。六安建城历史悠久,新中国成立后的一段时期六安城市建设快速推进,特别是近十几年来,六安城市化速度加快,城区扩张势头强劲,城市建设日新月异,成就有目共睹。随着六安城市化的快速推进,城区的新地名也一批批出现。但当前,无论是老地名还是新地名都存在着一定的问题。笔者在调查了六安城区的主要地名后,发现了当下六安城区地名生态存在的主要问题有如下几个方面:老地名未得到充分的保护与利用;新地名的生长与城市的历史文化和发展未能做到应有的和谐统一;住宅小区名称杂乱无章等。总之,六安城区的一些地名与六安的历史、文化、城市发展定位不尽协调。

六安众多的老地名大多数已在老城改造过程中逐渐消失。作为一个有着两千多年历史的古老城市,城区内拥有众多的老地名,其中最有特色的就是有名的"九拐十八巷"。"九拐"即等驾拐、鱼市拐、茶叶拐、仓房拐、书院拐、潘家拐、上拐头、田家拐、大井拐。"十八巷"为头道巷、二道巷、三道巷、书版巷、塘子巷、扎笔巷、和平巷、棚场巷、龙须巷、观音寺巷、关帝庙巷、万寿寺巷、城隍庙巷、九拐巷、牛角巷、翠花巷、盐店巷、霍老婆巷。以九拐十八巷为代表的六安老地名承载着六安的历史,印证了六安的沧桑,但这些经过千百年历史洗礼和过滤而沉淀下来、独具六安特色的老地名已淡出了六安人的生活,留给我们的只有一个模糊的背影。

层出不穷的新地名也好不到哪里去。如六安开发区的道路以"经、纬＋数字"的方式来命名,南北向道路统一称为"经一路、经二路……经六路",东西向道路则统一称为"纬一路、纬二路……纬六路"。虽整齐划一,但没有文化意味,语言苍白。又如六安城区已建和在建的楼盘名称可以说是五花八门。当然,房产开发商为了营销的需要,必须要在楼盘名称上动足脑筋,在楼盘名称上加以创新合情合理。但这种创新应主要体现在专名部分,通名应有一定的统一性。笔者调查了六安城区已建和在建的楼盘,共得到96个楼盘名称,其中楼盘通名共有园、苑、城、庭、湾、府、院、郡、坊、广场、山庄、新村、洋房、小区等30多个。具体而言,"园"字系列有21个,如兴美花园、帝都豪园、清华家园、聚福园、盛世嘉园、香溪庭园等;"苑"字系列有15个,如梧桐嘉苑、民惠苑、永安花苑、嵩泉华苑、名仕苑等;"城"字系列有12个,如华安未来城、香榭花城、东方名城、和顺明都城、阳光欧洲城等;小区系列则有近10个,如裕安小区、恒泰小区等;另有近40个楼盘名称为府、院、郡、坊、湾、庭、广场、山庄、洋房等,如新都会环球时代广场、大唐美林湾、龙湖山庄、六州首府、鼎邦御庭等。

当然,这一状况已引起了有关部门一定的重视,相关部门也已出台了地名保护和规划的相关政策法规,这些将在以下论述中有所交代。但这个问题各地重视的程度差异很大,大多数并没有引起真正的重视,有的地方即使出台了有关措施和规定,也大多还只是体现在纸上,离真正的落实还有相当的距离。因此,当前我们对城市地名的了解和研究还远远跟不上地名变化的步伐。我们认为,当前的形势下,要想使城市地名和谐稳定地发展,必须在城市老地名的保护与利用、新地名的生成与规划上做文章。

三、城市老地名的价值及其保护利用

老地名是城市发展变迁的刻痕和印记,是了解社会风貌的重要窗口,也是非物质文化遗产的重要组成部分,具有极高的史料价值和凭证作用。著名作家、民俗专家冯骥才曾说过:"地名有着和生命一样丰富和深刻的含意。一个地方自有地名才算是真正的诞生。地名中潜在一种凝聚力、亲和力,还有复杂的情感。地名是一个地方文化的载体,一种特定文化的象征,一种牵动乡土情怀的称谓。遗憾的是,我们有少数地方政府的领导,对文化保护的认识并没有达到这个高度,古迹、文物被毁时有发生,一些内涵深厚的老地名也不断被取代。这是令人痛心的。"[①]事实确实如此,很多老地名的背后,都可能蕴藏着一个历史故事、一段佳话,可能有着深刻的文化内涵和价值。但近年来的城乡建设中,随意更改老地名的现象时有发生。在各地老城改造的大拆大建中,相当多的老地名已随着旧城改造的瓦砾烟消云散。人民生活水平要提高,城市建设就不能停滞,但这些不应以老地名的消失为前提,在当今的老城改造中,我们应给老地名以应有的尊重和地位。这既是对地方文化的尊

---

① 冯骥才.地名的意义.中华散文精粹.北京:作家出版社,2006.

重,也是对历史的尊重。而且在全球化浪潮席卷华夏的今天,各地城乡面貌趋同,人口流动性增强,人们四海为家,家乡的观念开始淡化,而旧地名植根于人们的心灵深处,可以帮助人们产生认同感甚至是安全感。老地名在当今社会有着许多易被人忽视而又极其有用的方面。

这个问题已引起了有关部门的注意。相关组织和部门从各自不同的角度提出了保护城市老地名的办法。联合国第五届地名标准化会议6号决议提出:"地名是民族文化遗产",① 呼吁世界各国保护城市老地名。并在联合国地名标准化会议的9号决议指出:"地名有重要的文化和历史意义,随意改变地名将造成继承文化和历史传统的损失。"全国地名标准化技术委员会也要求,在城乡建设中,应保护市、县、乡、村、街、人文建筑和自然地理实体名称的传统地名和有丰富文化内涵的现有地名。在对这些地名保护对象进行更名调整时,应组织有关专家和技术人员充分考察、论证,提出科学的建议方案。从2004年开始,民政部地名研究所就组织成立了地名文化遗产保护专家委员会,启动了"中国地名文化遗产保护工程",为了对老地名进行更加科学的保护,我国还编制了《中国地名文化遗产保护总体规划》。民政部副部长罗平飞在全国地名理论暨地名公共服务研讨会上发表的文章中指出,对历史悠久的老地名,应深入挖掘,加大保护力度,绝不能轻易更改。要保护历史地名,弘扬传统地名文化。② 省民政厅区划地名处曾指出,加强对传统地名和有文化内涵的地名的保护,是保持地名稳定、延续地名历史文脉的有效手段。

这些呼吁和规划已收到了一定的成效。一些城市陆续出台了部分保护和利用老地名的措施。2007年,南京市在国内首次"复活"了已经消失的1900多个老地名,主要是在老城区改造和新城区建设过程中,保留了一些老地名,并在新城区启用了一些多年不用的老地名。这让老地名继续发挥它的地理指称功能的同时,也丰富着城市地名的历史文化蕴涵。2009年苏州市立法保护吴文化地名,《苏州市地名管理条例》中特别制定了"吴文化地名保护"办法。2009年,扬州市将地名工程作为政府"十大民生工程"之一,恢复一批历史地名,建立老地名历史名录,未使用的地名将优先启用,未被启用的采取挂牌立碑等措施加以保护,其中的"紫气东来巷"虽已消失20多年,但仍

---

① 联合国第五届地名标准化会议6号决议.联合国第五届地名标准化会议,2007.
② 苏州市人大常委会.苏州市地名管理条例.江苏省十一届人大常委会第十一次会议,2009.

被重新起用。① 2009年,上海市首次对具有历史文化价值的市政区类地名进行保护,编制了《上海市地名文化遗产保护规划》,规定:对目前还在使用的地名不得随意撤销或更名;对已经消失、但文化价值高的历史地名,在今后城市建设中重新启用。南昌市地名办在《城市建设与地名文化保护的几点思考》一文中也明确提出:将加强保护城区传统道路街巷名和片区名,隘、漕、岸、边、堰等有地域特色的古地名,以及与南昌区域内行政区变更、城市沿革、城市发展相关的地名。② 所有这些,让我们看到了老地名的生机和重新焕发出来的活力。

但这些行动并没有全国的代表性。在全国范围内展开,很多地方至今仍没有对城市老地名给以应有的关注。下面以六安市为例加以说明。

六安历史悠久,是中华文明初曙的地方之一,自皋陶部落迁六即有建置,同时,六安由于长期受到楚风浸润,地域文化还带有强烈的楚地风格。到了近现代,在五四新文化运动播下革命的火种以后,红色文化迅速构成、积聚和发散,从六安走出了许继慎、蒋光慈、王明等一大批革命志士和历史名人。此外,六安植被茂密,森林密布,有以华东最后一片原始森林——天堂寨为核心构成的大别山国家地质公园。总之,六安这片古老的区域内有着浓郁的古色文化、红色文化、绿色文化。这些文化因素在六安的地名中也有一定的体现,如六安的皋城路、云路街、梅山路、解放路、大别山路和有名的"九拐十八巷",以及遍布城市周边的张郢、王郢等。

这些有着悠久历史的老地名有的至今仍在使用并且还将长期使用下去,但其中的"九拐十八巷"和郊区村落的张郢、王郢等具有六安特色的老地名则已消失或正在陆续消失。对这些老地名我们不应任其自生自灭,而应有一个处理的方略。处理方式可以根据老地名不同的属性加以不同的处置。

首先,做好老地名的普查工作,为老地名的保护与利用提供可靠依据。这方面工作的主要内容是对老地名进行科学统计和文化分析。这方面的工作目前基本还未起步,有大量细致的工作等待人们去完成。而且,这些工作还有一定的时间紧迫性,随着老城拆迁工作的陆续完成,其中的一些老地名已失去原始的地理影像,相关居民也已四散,调查工作有一定的难度。因此,

---

① 罗平飞.全国地名理论暨地名公共服务研讨会上的讲话.全国地名理论暨地名公共服务研讨会,2007.
② 南昌市地名办.城市建设与地名文化保护的几点思考,2008.

这项工作开展得越早越好。在普查工作中还要尽量弄清老地名的来龙去脉。毕竟，对于一个城市来说，老地名是历史的印痕，每一个老地名的背后，都可能蕴藏着一个历史片段，甚至一段佳话。老六安城昔日星罗棋布的"拐"和"巷"，大多烙印着六安特有的民生历史，如鱼市拐是卖鱼的地方；茶叶拐是卖茶叶的地方；扎笔巷则因扎毛笔作坊聚集而得名；大井拐则提醒此地曾经有口大井；书院拐则记录了这里曾经有个书声琅琅的书院，等等。这些老地名记录了六安的过去，是六安人过去生活的反映。

其次，合乎现代城市情状的老地名应予以保留利用。六安市在借鉴了相关城市地名规划与保护的经验后，也出台了相关的政策措施对地名加以保护和规划。2008年六安市有关部门统一为城区内现存的老街老巷树立地名标志牌，如康乐巷、惠寿巷、家园巷、万寿巷、淮王街、翰林路等，但对那些随老城改造而消失的老地名则没有给以足够的重视。如"十八巷"中的头道巷、二道巷、三道巷、扎笔巷、和平巷、棚场巷、龙须巷、观音寺巷、关帝庙巷、万寿寺巷、城隍庙巷等，这些地名可以在改造后的城区原地起用。另外随着城区向郊区的拓展，郊区众多以"郢"为名的村庄将陆续消失，而这些地名具有典型的楚文化特征，建议可在新城，如六安的滨河西区建设中加以适当利用。

再次，无法加以利用的老地名应原地立碑昭示后人。如六安的"拐字街"极具地方特色，但因缺少普遍性，外地人难以理解，重新起用的概率较小。但让其自然消亡毕竟令人遗憾，毕竟它们曾经在较长的历史时期内陪伴着六安人走过了风风雨雨，在六安的老地名中有较强的代表性，它们也是这座城市个性的写照和缩影，别具一格、独树一帜，放弃它们就等于割断了历史。因此如等驾拐、鱼市拐、茶叶拐、仓房拐、书院拐、潘家拐、上拐头、田家拐、大井拐等"拐字街"地名可原地立碑以志，解释其名称的来历和含义，以昭示后人。一座地名碑就是一个无声的"解说员"，向新六安人诉说这座城市历史，见证城市的沧桑变迁。

最后，有一定文化蕴涵的老地名应使其内涵显性化。当代人生活于钢筋混凝土的城市中，生活节奏紧张，很少有人去关注并思考地名的文化蕴涵。但我们可以在力所能及的范围内，做一些实实在在的事情，让地名的文化蕴涵显性化。如六安的北门和南门，分别有一座宝塔，北门的叫多宝庵塔，南门的叫做观音寺塔，六安人习惯称之为北门锥子、南门锥子。南北双塔是六安的一道著名风景，历史上一直有"双塔摩青"之喻。关于北门锥子、南门锥子还有一个传说。相传古代，两个徒弟随师学艺即将出师，师傅令他俩分别在六安的南、北门建塔,也算是满师献艺。在南门建塔的是大徒弟,他仗着技艺高超整日贪玩。北门的二徒弟却专心致志搭建宝塔,而且宝塔建筑结构巧妙,内有空间和台阶供人登塔远眺,宝塔建成以后,得到师傅和众人的夸奖。大徒弟这下急了,就连夜胡乱地堆砌起来,建成的只能是实心的圆锥塔了。现在,北门锥子、南门锥子已分别改名为北塔公园和南门塔公园。又如古六安西门、北门上的"上龙爪"和"下龙爪"。这些附着于地名上的动人传说故事反映了古人的智慧和精神,"上龙爪"和"下龙爪"的故事既是古代六安人民与自然灾害作不懈斗争的反映,也是楚文化的神巫性、浪漫性和不屈性特征在六安地名故事中的反映,对后人而言,具有一定的精神激励价值。但这些传说却长期沉睡在民间,而且随着人们生活节奏的加快,与大多数人有渐行渐远的趋势。若能结合老淠河的治理,再仿照淠河文化墙的做法把这些地名故事再现出来,应该很受居民的欢迎,这很可能成为六安的另一个景点。

总之,城市老地名的保护与利用,应该与当地的历史文化、城市建设等相结合。这对于城市的健康发展和市民精神陶冶都十分有益,因此上对得起历史,下有益于未来,用佛家话语来说可谓功德无量。

四、城市新地名的生成与规划

城市地名的新陈代谢、吐故纳新在当今的中国剧烈地进行着。一方面是老地名的逝去,另一方面是新地名的不断产生。随着城市化"大跃进"的铺开,城市出现了很多新建道路和居民小区,于是,新兴的道路名和住宅小区名一批批涌现。这些新地名在商务、宣传、通讯以及居民的日常生活中具有明确的指位功能。但由于管理工作没有跟上,命名随意性较大。全国范围内几乎都出现了城市新地名命名较为混乱的局面。这一点前文已有交代,这里再做一些补充说明。如地名的崇洋复古。崇洋即喜用西方的人名、地名为名;复古则表现为以与古代帝王贵族有关的词语为名,前者如"巴黎不夜城"、"凯撒康乐城"、"伯爵中心",后者如"皇朝山庄"、"帝都豪园"等。又如地名是名不副实,夸大其词。名为"广场",实无广场;名为"商城",实则空间狭小。此外还有一些地名格调低俗,意义不大健康,如花花公子商城、蒙地卡罗山庄("蒙地卡罗"为世界著名的大赌场的名称)等等。作为正在为建设中等城市而努力的六安市也是如此。新建道路名如六安经济技术开发区,南北向从"经一路"到"经六路",东西向从"纬一路"到"纬六路",整齐但十分机械。住宅小区如新加坡花园城、阳光威尼斯、大唐美林湾、水云涧、帝都豪园等通名杂乱无章。还有些住宅区的名称如金都、豪门、帝都、御庭等充满了与和谐社会建设并不协调的字眼。

为了纠正城市新地名命名过程中存在的不良文化倾向,杜绝随意命名的现象,政府相关部门和有关的专家学者都从不同的方面进行了研究论证。民政部就发表通知,要求各级民政部门充分认识加强建筑物名称管理的重要性;对于新建居民住宅区、道路、桥梁、大楼等命名,必须向民政部门办理名称登记审核手续,并要结合本地实际情况制定出具体的地名规划方案。张清华先生在《试论地名规划中"四极"的矛盾与和谐》一文中提出了历史文化、城市规划、地理要素以及语言、民俗等地名规划四极的概念,要求在地名规划过程中应该处理好"四极"之间的矛盾与和谐,立足城市规划,突出地域特色,处理好这些关系,实现规划内部要素之间,规划与外部环境之间的和谐。① 张先生所言极是。我们认为,地名作为城市的名片,应该理性规划,深入论证,不能随意而为,尤其是新地名的生成要未雨绸缪,及早规划。具体而言,有如下几点:

首先,城市新地名要尽量彰显城市特色。"屏障东南水陆通,六安不与别州同",清人这首诗道出了六安的秉性。自古以来,六安便"不与别州同"。大别山就是因为其独特,"大别"于其他山脉、山系而得名。作为大别山北麓的中心城市,六安同样拥有其独特性。六安城市地名的规划首先要体现这一点。我们建议,六安城区新建道路名可重点突出"山"的特色和楚文化风格,未来可尝试使用"霍山路、衡山路、天堂寨路、大山寨路、白马尖路"等一系列道路名;其次可考虑起用各县区特色乡镇或街村名为名,如叶集路、苏埠路或张郢路、王郢路等。总之,新地名应该与六安城市发展相辅相成,力求让六安城区的地名在反映六安的历史文化信息的同时,表现六安城市品格,让地名成为城市形象展示和文化展示的重要平台。

其次,结合城市发展的空间布局,编制地名规划,塑造区域特色。六安市城市规划布局方向为"向东主动推进,向北积极延伸,向西跨河拓展,向南逐步完善",构建未来六安中心城区的整体空间结构。地名规划也应与城市规划相适应,适当确定区域地名特色。从六安的城市规划可以看出,未来六安的城区在地理上可分为城中区、城东区、淠河西区、城北区,四区可因历史文

---

① 张清华. 试论地名规划中"四极"的矛盾与和谐. 中国地名. 2006.06.

化、地理空间或发展定位不同,形成各自的地名特色,使地名与文化、经济等协调统一。

第三,继承与创新并举。继承,即是对地名规划中的新生地名,做到尊重历史、照顾习惯,承袭前人合理的命名方法,正确选择含有本埠地理特征和历史内涵的词语作新地名,以体现地名的延续性。创新,则是在前人成功经验的基础上,冲破老框框,开拓新思路,使新生地名品位高雅,更加贴近现代生活,更加富有时代气息。

五、结语

在当前城市化大力推进的背景下,城市地名的继承与创新工作正意犹未尽,后期工作任重道远。但值得注意的是,我们不能一味地强调老地名的文化内涵和历史信息,过分地突出地名的文化功能,而忽视了地名的基本功能,即地名的指位功能。地名是人们经常使用的符号和信息载体,它最基本的功能在于区别甲地和乙地。所以在地名规划中首要考虑的应该是地名的指位准确和普通民众的日常使用方便。目前有的地方在规划地名的过程中,突出了地名的文化内涵,达到了审美的要求,但指位功能相对弱化。这是不值得提倡的。最好的做法是因地制宜,如可借城市的一些地标性建筑和著名景点的名称派生地名,这样可发挥著名地名的联想效应,起到一定的指位作用。这样可使地名成为区域景观的一部分,做到未到其地,先闻其名。总之,地名规划要处理好文化与实用的关系,做到既尊重历史、体现文化,又方便实用。

另外,新地名也可赋予其特定的时代色彩,促进新的地名文化的生成。毕竟地名要记录下城市的变化与发展,如六安市将北起合六叶高速公路接口南至312国道的开发区原"经三路"改名为"迎宾大道"、将原"前进路"更名为"许继慎路"的举措,既彰显了六安改革开放的广阔胸襟,又体现了对红色文化的重视,较好地做到了过去、现在和未来的协调统一。

城市地名作为城市的名片,值得我们对其做认真细致的研究,在遵循其实用性的同时,从文化和城市规划的角度充分整理、挖掘、揭示地名的演变规律及其文化内涵,让地名成为城市文化建设的一个重要组成部分,正是当今中国各大中小城市面临的一个现实课题。

参考文献：

[1] 谭其骧. 中国历史大辞典—历史地理卷. 上海辞书出版社, 1996.

[2] 李全茂. 浅谈地名的功能. 中国地名. 2006.10.

[3] 李如龙. 汉语地名学论稿. 上海教育出版社, 1998.

[4] 闻哲. 中国城市化进程加快. 人民日报海外版, 2007.09.27.

[5] 苏州市人大常委会. 苏州市地名管理条例. 江苏省十一届人大常委会第十一次会议, 2009.9.21.

[6] 南昌市地名办. 城市建设与地名文化保护的几点思考, 2008.

[7] 冯骥才. 地名的意义. 中华散文精粹. 北京：作家出版社, 2006.

[8] 张清华. 试论地名规划中"四极"的矛盾与和谐. 中国地名. 2006.06.

[9] 六安市人民政府. 六安市城市总体规划(2008—2030), 2008.

【点评】

进入20世纪90年代后，我国开始了城市化的"大跃进"，老城区改造加快，新城区不断产生。伴随着城市的发展，很多老地名不断消失，新地名大批产生，城市地名生态有失衡的倾向。本论文以当前时代实际存在而又易被忽视的问题为研究对象，选题具有很强的时代性和应用性；同时，在具体研究过程中，选定六安城区地名做具体的案例分析，方法上具有可行性，内容上具有明显的地方特色。潘祖龙同学在论文写作前期能在老师指导下，深入六安的街头巷尾进行调研，脚踏实地地搜集地名素材；后期写作阶段能结合时代发展和地方历史对六安城市新老地名展开语言学、文化学等多学科的考察和综合性分析，研究思路十分合理。论文先介绍当前我国的城市化的情况，并以此为背景对城市地名生态提出了自己的看法。随后结合六安市的地名现状，分别就新老地名进行了较细致的分析和研究，提出了一些建设性的建议和意见。文章观点明确，思路清晰合理，逻辑性和思辨性较强；论文语言流畅简练，表达较为准确，格式符合相关学术规范。

（黄克顺）

从人物审美到文学审美
——论《世说新语》人物品评的审美中介价值

阜阳师范学院文学院汉语言文学专业 2010 届　康飞
指导教师　郭世轩

内容摘要：《世说新语》中的人物品评摆脱了以往政治道德的束缚而具有了审美特性。它以自然喻人、形象的语言和比较的思维模式等审美特征描绘了一批魏晋士人的美,包括"一往深情"之美、适性率真之美、才情智慧之美和容貌神韵之美,全面展现了魏晋风度。其中人物审美催化和诱发了文学审美,而人物品评发挥了巨大的审美中介价值。

关键词：《世说新语》;人物审美;文学审美;审美中介价值

《世说新语》又称《世说》、《世说新书》。《四库全书总目》载:"《世说新语》三卷(内府藏本),宋临川王刘义庆撰,梁刘孝标注。义庆事迹具《宋书》,孝标名峻,以字行,事迹具《梁书》。"《世说新语》主要记录了魏晋名士的逸闻轶事和玄虚清谈,是一部魏晋风流的故事集。周祖谟先生的《世说新语笺疏·前言》称《世说新语》:"所涉及的重要人物不下五六百人,上自帝王卿相,下至士庶僧徒,都有所记载,从中我们可以观察到当时人物的风貌、思想、言行和社会的风俗、习尚,这确实是很好的历史资料。"[①]在《世说新语》三卷三十六门中,《识鉴》、《赏誉》、《品藻》、《容止》和《企羡》等篇皆为人物品评,另外《德行》、《言语》、《政事》、《文学》、《方正》、《雅量》、《贤媛》、《任诞》等二十一篇也有很多条目涉及人物品评。可见人物品评在其中占有重要的位置。鲁迅说:

---

① 张万起,刘尚慈.世说新语译注[M].北京:中华书局,1998,第 4 页。

"《世说新语》今本凡三十八篇,自《德行》至《仇隙》,以类相从,事起后汉,止于东晋,记言则玄远冷峻,记行则高简瑰奇,下至缪惑,亦资一笑。"①这段话精辟地概括了《世说新语》的主要特征。而审美性可以说是其中人物品评的最主要特征。

宗白华说:"汉末魏晋六朝是中国政治上最混乱、社会上最苦痛的时代,然而却是精神史上极自由、极解放,最富于智慧、最浓于热情的一个时代。"②的确如此,汉末至魏晋时期,是统一的中央集权国家走向崩溃的时期。农民起义、封建割据、军阀混战、外族入侵此起彼伏,人民百姓生活在水深火热之中。政治上的动荡不安也造成了汉末以来"罢黜百家,独尊儒术"意识形态思想统治的分崩离析,儒家思想动摇,玄学清谈遂成时尚。残酷的现实使士人们失去了政治热情和精神家园,他们试图去寻觅精神的依托和心灵的避难所。士人们对独立本真的人格和洒脱自然的风姿神韵的追求,开启了正始之后从审美角度品评人物的先河。于是,原来属于政治性的人物品评,逐渐演变成对人物的情感、人格、才情以及容貌的品评,从而具有了美学意义和审美特性。正如叶朗所说:"魏晋时期的人物品藻,已经从实用的道德的角度转到审美的角度。"③

一、人物审美:《世说新语》的人物美

魏晋南北朝时期是中国历史上一个独具特色的时期。战乱和分裂的时代特征造就了乱世文学。政治上最黑暗、社会上最动乱、人民最苦难的年代,反而孕育出灿烂辉煌的文学、艺术和哲学,造就了一个精神自由、思想活跃、尊重个性、丰富多彩的"人的自觉和文的自觉"的时代。在这样的历史语境里,文人们开始将目光更多地聚焦于自身,摆脱魏晋以前的那种对人物品评主要是以儒家的政治伦理为标准的桎梏,从而脱离了政治和伦理的评价,使人物品评成为独立的审美形态。《世说新语》一书正是将中国古代的人物审美推向了一个后世难以企及的美学高度。

徜徉于《世说新语》的人物画廊,我们会深深地感受到魏晋人的"风流"和

---

① 鲁迅.鲁迅全集·中国小说史略(第九册)[M].北京:人民文学出版社,1988,第61页。
② 宗白华.美学散步(插图本)[M].上海人民出版社,2005,第356页。
③ 叶朗.中国美学史大纲[M].北京:高等教育出版社,2005,第149页。

"风度",会被他们身上所折射出的美丽光环所深深吸引。

1."一往深情"之美

重情可谓是魏晋的一个时代特征。而在《世说新语》众多人物身上都打上了这个时代特征的烙印。因此,读《世说新语》你会不自觉地被其中人物的"一往深情"所打动。

《世说新语》中有很多关于魏晋人重情的感人画面。有对亲人的真切之爱,如"王戎丧儿万子,山简往省之,王悲不自胜。简曰:'孩抱中物,何至于此?'王曰:'圣人忘情,最下不及情。情之所钟,正在我辈。'简服其言,更为之恸"(《伤逝》四)。① 如此钟情之人让人动容。而兄弟情深,人琴俱亡的故事也让人感叹不已。"王子猷、子敬俱病笃,而子敬先亡。子猷问左右:'何以都不闻消息?此已丧矣!'语时了不悲。便索舆奔丧,都不哭。子敬素好琴,便径入坐灵床上,取子敬琴弹,弦既不调,掷地云:'子敬!子敬!人琴俱亡。'因恸绝良久。月余亦卒"(《伤逝》十六)。② 魏晋之人如此珍重亲情,对于友情也会倍加珍惜,甚至可以为友人牺牲生命。如《德行》九载:"荀巨伯远看友人疾,值胡贼攻郡,友人语巨伯曰:'吾今死矣,子可去。'巨伯曰:'远来相视,子令吾去;败义以求生,岂荀巨伯所行邪!'贼既至,谓荀巨伯曰:'大军至,一郡尽空,汝何男子,而敢独止?'巨伯曰:'友人有疾,不忍委之,宁以我身代友人命。'贼相谓曰:'我辈无义之人,而入有义之国。'遂班军而还,一郡并获全。"③荀巨伯对友人的忠贞、对道义坚定不移的形象让人动容。魏晋人还有一种对生命的悲情。汉末魏晋是历史上有名的乱世,自然灾害、战乱纷争、"党锢之祸"等都使魏晋人不断地感受着生命的脆弱、命运的悲凉。正因为如此,魏晋人对于生命更加眷恋。即使像桓温这样一生征战的武将,"经金城,见前为琅邪时种柳,皆已十围",也不禁"慨然曰:'木犹如此,人何以堪!'攀枝执条,泫然流泪"(《言语》五十五)。④

宗白华先生说汉末魏晋六朝是"最浓于热情的一个时代",正如谢安对桓子野的评价一样,魏晋之人可谓是"一往有深情"(《任诞》四十二)。⑤ 而这正是《世说新语》中人物品评的审美标准之一。

---

① 张万起,刘尚慈.世说新语译注[M].北京:中华书局,1998,第623页。
② 张万起,刘尚慈.世说新语译注[M].北京:中华书局,1998,第623页。
③ 张万起,刘尚慈.世说新语译注[M].北京:中华书局,1998,第9页。
④ 张万起,刘尚慈.世说新语译注[M].北京:中华书局,1998,第96页。
⑤ 张万起,刘尚慈.世说新语译注[M].北京:中华书局,1998,第750页。

2. 适性率真之美

魏晋时期社会动荡和玄学渗透这一历史背景给《世说新语》士人人格涂上了几抹亮色,使他们的人格超越了儒家的道德伦理而更加丰富和饱满。其中的玄学思潮可谓是魏晋士人人格形成的重要因素之一。阮籍、嵇康"非汤武而薄周孔",主张"越名教而任自然",把自然推到了绝对的高度,更加高扬了人的主体性。郭象提倡"独化"、"适性",主张生命应任其自然,随遇而安,纵意逍遥,从而超越世俗,达到精神形体的自由。根植于这样的社会和文化土壤,魏晋士人散发出适性率真的人格之美。

《世说新语》专设《任诞》一章,描绘了一大批适性放诞的奇人奇事,表达出他们蔑视礼教反抗潮流的抗争精神和适性自然不入世俗的个性风格。如"刘伶恒纵酒放达,或脱衣裸形在屋中,人见讥之。伶曰:'我以天地为栋宇,屋室为裈衣,诸君何为入我裈中!'"(《任诞》六)①又如"刘伶病酒,渴甚,从妇求酒。妇捐酒毁器,涕泣谏曰:'君饮太过,非摄生之道,必宜断之!'伶曰:'甚善。我不能自禁,唯当祝鬼神自誓断之耳。便可具酒肉。'妇曰:'敬闻命。'供酒肉于神前,请伶祝誓。伶跪而祝曰:'天生刘伶,以酒为名;一饮一斛,五斗解酲。妇人之言,慎不可听。'便引酒进肉,隗然已醉矣"(《任诞》三)。② 还有一则表现了阮籍敢于反抗礼法的魄力,"阮籍嫂尝还家,籍见与别,或讥之。籍曰:'礼岂为我辈设也?'"(《任诞》七)③魏晋名士们如此适性而为、放诞不羁,让人敬服,表现出一种适性之美。

适性和率真都是魏晋人格美的内涵,二者有相重叠的地方。其区别主要是,适性是任性而为,而率真着重表现其"认真"的人格美,表现为一种去虚饰、不矫情的处世态度和行为作风。如"桓公少与殷侯齐名,常有竞心。桓问殷:'卿何如我?'殷云:'我与我周旋久,宁作我。'"(《品藻》三十五)④殷侯如此率真的言行真诚淳朴,毫不畏惧地表露出自我心意。又如王蓝田是个出了名的真率之人,谢安说他"掇皮皆真"(《赏誉》七十八),⑤简文帝则评价他"才既不长,于荣利又不淡,直以真率少许,便足对人多多许"(《赏誉》九十一)。⑥

---

① 张万起,刘尚慈.世说新语译注[M].北京:中华书局,1998,第720页。
② 张万起,刘尚慈.世说新语译注[M].北京:中华书局,1998,第718页。
③ 张万起,刘尚慈.世说新语译注[M].北京:中华书局,1998,第720页。
④ 张万起,刘尚慈.世说新语译注[M].北京:中华书局,1998,第493页。
⑤ 张万起,刘尚慈.世说新语译注[M].北京:中华书局,1998,第429页。
⑥ 张万起,刘尚慈.世说新语译注[M].北京:中华书局,1998,第435页。

适性率真是《世说新语》人物审美的重要标准。它具有两层含义:"第一层含义是反对外在行为规范的束缚;第二层含义是反对内在的自我异化,两者都主张为心灵留出一片自由的空间,以一种自然的、游戏的态度对待生活、对待人生。"①宗白华说:"魏晋人以狂狷来反抗这乡原的社会,反抗这桎梏性灵的礼教和士大夫阶层的庸俗,向自己的真性情、真血性里掘发人生的真意义、真道德。"②这句话一语道破了魏晋人适性率真的人格美之真谛。

3. 才情智慧之美

汉魏之际,曹操当政。他提出了"唯才是举"的用人方针,否定了乡间清议以儒家名教为标准的道德评价。在以后的人物品评中,道德已不是最重要的人物评价标准,而才智的重要性却上升到了一个显著的位置。因而才情智慧之美也就成了《世说新语》人物审美内涵的重要内容。魏晋人的才情智慧主要体现在言语口才和艺术才能等方面。

例如卫玠是一个谈玄的好手,他"少有名理,善通庄老。琅邪王平子高气不群,迈世独傲。每闻玠之语议,至于会理之间、要妙之际,辄绝倒于坐,前后三闻,为之三倒。时人遂曰:'卫君谈道,平子三倒。'"(《赏誉》四十五刘孝标引《玠别传》)③又如"王太尉云:'郭子玄语议如悬河泄水,注而不竭。'"(《赏誉》三十二)④"胡毋彦国吐佳言如屑,后进领袖"(《赏誉》五十三)。⑤《世说新语》品评人物不仅注重其言语口才,还注重其艺术才能和才思敏捷。例如,阮咸善于欣赏音乐,他听出另一位音乐大师荀勖所制的乐器有问题。荀勖不服,后来周代的玉尺出土,果然证明荀勖所监制的乐器"皆觉短一黍,于是伏阮神识"(《术解》一)。⑥又如"文帝尝令东阿王七步作诗,不成者行大法。应声便为诗曰:'煮豆持作羹,漉菽以为汁。其在釜下然,豆在釜中泣;本是同根生,相煎何太急?'帝深有惭色"(《文学》六十六)。⑦ 如此的才思敏捷,实在令人折服。

---

① 张勇.世说新语人物品评的唯美倾向[J].阜阳师范学院学报,2000(4),第36页。
② 宗白华.美学散步(插图本)[M].上海人民出版社,2005,第380页。
③ 张万起,刘尚慈.世说新语译注[M].北京:中华书局,1998,第410页。
④ 张万起,刘尚慈.世说新语译注[M].北京:中华书局,1998,第402页。
⑤ 张万起,刘尚慈.世说新语译注[M].北京:中华书局,1998,第415页。
⑥ 张万起,刘尚慈.世说新语译注[M].北京:中华书局,1998,第688页。
⑦ 张万起,刘尚慈.世说新语译注[M].北京:中华书局,1998,第221页。

4. 容貌神韵之美

《世说新语》品评人物注重人物的容貌美,以《容止》一门的设立为标志,容貌美在中国古代美学中获得了独立,可谓是一次重要的进步和突破。此前,中国古代对于形体容貌美的认识多依附并束缚于伦理道德。《世说新语》对人物形体容貌的审美描绘可谓形式多样而具突破性。

首先,描写男子之美已经不再仅仅停留于记载男性的言行、功绩、道德,也开始涉及男性的形体仪容。例如"何平叔美姿仪,面至白。魏明帝疑其傅粉,正夏月,与热汤饼。既啖,大汗出,以朱衣自拭,色转皎然"(《容止》二)。① 形容王夷甫的皮肤之白写道"王夷甫容貌整丽,妙于谈玄,恒捉白玉柄麈尾,与手都无分别"(《容止》八)。② 这些都是品评男子皮肤白皙的。还有描绘身材高大挺拔的,如"嵇康身长七尺八寸,风姿特秀。见者叹曰:'萧萧肃肃,爽朗清举。'或云:'肃肃如松下风,高而徐引。'山公曰:'嵇叔夜之为人也。岩岩若孤松之独立;其醉也,傀俄若玉山之将崩。'"(《容止》五)③也有描绘男子眼目有神的,如"裴令公有俊容姿。一旦有疾,至困,惠帝使王夷甫往看。裴方向壁卧,闻王使至,强回视之。王出,语人曰:'双眸闪闪,若岩下电;精神挺动,体中故小恶。'"(《容止》十)④裴令公即使在生病的时候眼睛都如此有神采,实在是令人着迷。

其次,《世说新语》里写女性之美具有如下的特点:风韵高致、德才兼备、有胆有识。女性身上的基本品质得到了承认和评价,她们更多地脱离了"三纲五常"、"三从四德"的束缚。因此《世说新语》女性美的最大意义在于,它昭示了女性自我意识的觉醒。男子般超逸脱俗者,如"谢遏绝重其姊,张玄常称其妹,欲以敌之。有济尼者,并游张、谢二家,人问其优劣。答曰:'王夫人神情散朗,故有林下风气;顾家妇清心玉映,自是闺房之秀。'"(《贤媛》三十)⑤才华横溢者,如"谢太傅寒雪日内集,与儿女讲论文义。俄而雪骤,公欣然曰:'白雪纷纷何所似?'兄子胡儿曰:'撒盐空中差可拟。'兄女曰:'未若柳絮因风起。'公大笑乐。即公大兄无奕女,左将军王凝之妻也。"(《言语》七十一)⑥谢

---

① 张万起,刘尚慈.世说新语译注[M].北京:中华书局,1998,第586页。
② 张万起,刘尚慈.世说新语译注[M].北京:中华书局,1998,第590页。
③ 张万起,刘尚慈.世说新语译注[M].北京:中华书局,1998,第588页。
④ 张万起,刘尚慈.世说新语译注[M].北京:中华书局,1998,第591页。
⑤ 张万起,刘尚慈.世说新语译注[M].北京:中华书局,1998,第683页。
⑥ 张万起,刘尚慈.世说新语译注[M].北京:中华书局,1998,第109页。

道韫也因此而获得"咏絮才"的美誉。有胆有识者,如许允的妻子阮氏,"许允妇是阮卫尉女,德如妹,奇丑。交礼竟,允无复入理,家人深以为忧。会允有客至,妇令婢视之,还答曰:'是桓郎。'桓郎者,桓范也。妇云:'无忧,桓必劝入。'桓果语许云:'阮家既嫁丑女与卿,故当有意,卿宜察之。'许便回入内,既见妇,即欲出。妇料其此出无复入理;便捉裾停之。许因谓曰:'妇有四德,卿有其几?'妇曰:'新妇所乏唯容尔。然士有百行,君有几?'许云:'皆备。'妇曰:'夫百行以德为首,君好色不好德,何谓皆备!'允有惭色,遂相敬重。"(《贤媛》六)①

《世说新语》品评人物除了注重人物的形体容貌美之外,更加注重人物的神韵美。神韵美"专指一个人的个性气质、精神风貌,是魏晋人所追求的自由适性的人生境界,因而是一种具有审美意义的精神。《世说新语》往往从人物在日常生活中所表现出来的'神'来品评人物的优劣"。② 宗白华也说:"晋人之美,美在神韵(人称王羲之的字韵高千古)。神韵可说是:'外有远致',不沾滞于物的自由精神(目送归鸿,手挥五弦)。这是一种心灵的美,或哲学的美,这种事外有远致的力量,扩而大之可以使人超然于死生祸福之外,发挥出一种镇定的大无畏的精神来。"③《世说新语》有很多例子可以看出对人物神韵的重视,例如:"太尉神姿高彻,如瑶林琼树,自然是风尘外物。"(《赏誉》十六)④又如"庾公目中郎:'神气融散,差如得上。'"(《赏誉》四十二)⑤等等。《世说新语》人物品评"重神"与当时流行的"形神之辩"、"言意之辩"有很大关系,致使"神"这一概念在日后完全成为一个审美范畴。

二、《世说新语》人物品评的审美特征

以上我们主要讨论了《世说新语》人物品评中的人物之美,这种对人的情感、个性、才智和容貌的品评极少政治色彩,而更多地带有审美性质。我们可以从人物品评中形象直观地感受到魏晋人的美,从而产生情感共鸣。《世说新语》这种人物品评的审美特征主要有哪些表现呢?

第一,将自然美和人物美关联起来,用某种自然景物或者意象来形象地

---

① 张万起,刘尚慈.世说新语译注[M].北京:中华书局,1998,第658页。
② 张勇.世说新语人物品评的唯美倾向[J].阜阳师范学院学报,2000(4),第35页。
③ 宗白华.美学散步(插图本)[M].上海人民出版社,2005,第372页。
④ 张万起,刘尚慈.世说新语译注[M].北京:中华书局,1998,第388页。
⑤ 张万起,刘尚慈.世说新语译注[M].北京:中华书局,1998,第409页。

比拟、比喻人物之美。这是《世说新语》中人物审美最主要的审美特征,也是其重要的美学成就之一。

宗白华曾一语中的地说:"晋人向外发现了自然,向内发现了自己的深情。"①《言语》六十一则,"简文入华林园,顾谓左右曰:'会心处不必在远,翳然林水,便自有濠、濮间想也,觉鸟兽禽鱼,自来亲人。'"②八十八则,"顾长康从会稽还,人问山川之美,顾云:'千岩竞秀,万壑争流,草木蒙笼其上,若云兴霞蔚。'"③九十一则,"王子敬云:'从山阴道上行,山川自相映发,使人应接不暇。若秋冬之际,尤难为怀。'"④这些都反映了魏晋人对自然美的发现,而魏晋人还将自然美和人物美关联起来,用这种方法来品评人物。我们要明确的是向外的"自然之美"和向内的"深情之美"二者之间有着共同性和类似性,人与自然可以融为一体,人物的情感、个性、才智和容貌可以更加自然形象地呈现在我们的眼前。张法指出,这是一种人物品评的"类似性感受"。他说:"所谓类似性感受,就是某人的形象、神态、风韵给人的感受与某种自然物、自然景色、某种事物或场景给人的感受类似,就以物、景评人。对风、神、气、韵的感受是难以言传的,通过类似性感受的描绘,就不落言筌地把对风、神、气、韵的感受真切而深刻地传达了出来。"⑤《世说新语》的人物审美显然就是利用这种"类似性感受",从而将自然美和人物美关联起来。这样的例子在《世说新语》中俯拾即是。例如,有以松下清风来比喻人才优秀的,"刘尹云:'人想王荆产佳,此想长松下当有清风耳。'"(《言语》六十七)⑥有将人物比作春月柳的,"有人叹王恭形茂者,云:'濯濯如春月柳。'"(《容止》三十九)⑦有将人物比作高山的,"王公目太尉:'岩岩清峙,壁立于仞。'"(《赏誉》三十七)⑧"世目周侯:'嶷如断山。'"(《赏誉》五十六)⑨还有将人物比作玉石的,"裴令公有俊容仪,脱冠冕,粗服乱头皆好,时人以为玉人。见者曰:'见裴叔则,如玉山

---

① 宗白华.美学散步(插图本)[M].上海人民出版社,2005,第368页。
② 张万起,刘尚慈.世说新语译注[M].北京:中华书局,1998,第101页。
③ 张万起,刘尚慈.世说新语译注[M].北京:中华书局,1998,第122页。
④ 张万起,刘尚慈.世说新语译注[M].北京:中华书局,1998,第124页。
⑤ 张法.中国美学史[M].上海人民出版社,2000,第128页。
⑥ 张万起,刘尚慈.世说新语译注[M].北京:中华书局,1998,第106页。
⑦ 张万起,刘尚慈.世说新语译注[M].北京:中华书局,1998,第609页。
⑧ 张万起,刘尚慈.世说新语译注[M].北京:中华书局,1998,第406页。
⑨ 张万起,刘尚慈.世说新语译注[M].北京:中华书局,1998,第417页。

上行,光映照人。'"(《容止》十二)①等等。这些都是以自然界的景物或形态来比喻、象征人物之美从而品评人物的。这种用形象比喻的审美方式,使内在不可言传的人格美通过具体可感的自然景物形象地显现出来,带有感性直观的特点,是审美上的一大进步。"以自然之物喻人,拉近了人与自然的关系,还原了人的本质和本性中更为内在的倾向于自然的追求和愿望,也提升了美在人与自然关系的不断发展中的品位和层次"。②

由于这种和自然之美相关联的品评人物的方法的运用,《世说新语》中会出现一些使用频率很高的审美意象。这些意象主要有松、日月、山水、玉、鹤、云、龙等。它们的运用使《世说新语》中的人物审美越来越具有了文学审美的意味,以它们来比喻和象征人物美,从而使人物审美和文学审美之间具备了沟通的条件和可能。

第二,形象生动,简练优美、含蓄隽永的语言是《世说新语》品评人物的又一重要审美特征。明胡应麟《少室山房笔丛》卷十三说:"读其语言,晋人面目气韵,恍惚生动,而简约玄澹,真致不穷。"

《世说新语》人物品评的语言无论是作者叙述的语言还是人物自身的语言都非常形象生动、简练优美而又含蓄隽永,可以很好地表达作者的行文意图和作品人物的思想情感。例如《言语》八十八则,"顾长康从会稽还,人问山川之美,顾云:'千岩竞秀,万壑争流,草木蒙笼其上,若云兴霞蔚。'"③顾长康用短短的十几个字便为我们勾勒出一幅壮美的山川图。《世说新语》人物品评的语言还富有机智幽默的情趣,使人物形象更加丰满,也更具可读性。例如,"王文度、范荣期俱为简文所要。范年大而位小,王年小而位大。将前,更相推在前;既移久,王遂在范后。王因谓曰:'簸之扬之,糠秕在前。'范曰:'洮之汰之,沙砾在后。'"(《排调》四十六)④叙述语言和人物语言都可谓幽默而富有情趣。日本学者井波津子说:"在《世说新语》的世界里,从皇帝开始直到婢女,充满了洗练的幽默感,随处可见不经意的玩笑。运用机智表现潇洒的

---

① 张万起,刘尚慈.世说新语译注[M].北京:中华书局,1998,第592页。
② 张利群.世说新语中魏晋人物品藻的审美价值取向研究[J].惠州学院学报,2009(2),第44页。
③ 张万起,刘尚慈.世说新语译注[M].北京:中华书局,1998,第122页。
④ 张万起,刘尚慈.世说新语译注[M].北京:中华书局,1998,第813页。

场面。"①《世说新语》语言的生动优美还表现在品评人物的用语词汇广泛而富于美感,比如"风骨"、"气韵"、"神致"、"清远"、"清真"、"雅"、"深"、"秀"、"朗"等。这些词汇都具有丰富的美学意蕴,它们所特有的玄远、清逸的词汇色彩给人物品评披上了一层独具美感的外衣,使行文显得更加生动明净、舒缓畅达。

由于《世说新语》人物品评在语言上的这些特点,人物审美便富于丰厚的文学韵味和情趣,从而使人物审美开始向文学审美过渡。

第三,《世说新语》人物品评的最后一个审美特征是采取比较的思维模式来品评人物,以表现魏晋名士各自不同的独特风采,使人物本色更加鲜明,形象更加丰满。

书中比较的方法多种多样,但主要有以下三种。首先是两相映衬,见出高低。如《德行》十三则,"华歆、王朗俱乘船避难,有一人欲依附,歆辄难之。朗曰:'幸尚宽,何为不可?'后贼追至,王欲舍所携人。歆曰:'本所以疑,正为此耳。既已纳其自托,宁可以急相弃邪?'遂携拯如初。世以此定华、王之优劣"。②通过华歆和王朗在救人前后言行的对比,使二人的人格特点截然分明,他们的品行高低也不言而喻。其次,两两并立,各有千秋。如"时人道阮思旷:'骨气不及右军,简秀不如真长,韶润不如仲祖,思致不如渊源,而兼有诸人之美。'"(《品藻》三十)③通过这种比较,人物的长短都清楚地显露出来,既使人物瑕瑜互见,又突出了各自的主要特点。再次,美丑共存,形象立体。值得一提的是在《世说新语》的人物审美中,并不仅仅褒扬美好人性和美丽容貌,对丑的揭示也颇费笔墨。正是在这美与丑的共存比较中,人物的形象才更加完满和丰富。美丑对比如"魏明帝使后弟毛曾与夏侯玄共坐,时人谓蒹葭倚玉树"(《容止》三)。④又如"潘岳妙有姿容,好神情。少时挟弹出洛阳道,妇人遇者,莫不连手共萦之。左太冲绝丑,亦复效岳游遨,于是群妪齐共乱唾之,委顿而返"(《容止》七)。⑤另外,《世说新语》中的《轻诋》、《假谲》、《黜免》、《俭啬》、《汰侈》、《忿狷》、《谗险》等篇都是表现人物丑的,和前面表现人物美的《德行》、《政事》、《方正》、《雅量》、《言语》等篇章也构成了美丑比较。

---

① 转引自王立新.试论世说新语的艺术成就[J].重庆交通大学学报,2007(10),第75页。
② 张万起,刘尚慈.世说新语译注[M].北京:中华书局,1998,第12页。
③ 张万起,刘尚慈.世说新语译注[M].北京:中华书局,1998,第489页。
④ 张万起,刘尚慈.世说新语译注[M].北京:中华书局,1998,第587页。
⑤ 张万起,刘尚慈.世说新语译注[M].北京:中华书局,1998,第589页。

这种比较使全书显得更加真实可信,人物形象也更接近现实。还有一种值得我们重视的美丑比较是发生在众多的单个人物身上。这些人物的前后行为经常会出现很大反差,或由好变坏,或由坏转好。比如,王蓝田在《忿狷》二则和五则中的表现就截然相反。《忿狷》二则,"王蓝田性急。尝食鸡子,以箸刺之,不得,便大怒,举以掷地。鸡子于地圆转未止,仍下地以履齿蹍之,又不得。瞋甚,复于地取内口中,啮破,即吐之。王右军闻而大笑,曰:'使安期有此性,犹当无一豪可论,况蓝田邪!'"①可见王蓝田性情的粗暴急躁。而到了后面的《忿狷》五则里,他却可以做到豁达容忍,"谢无奕性粗强。以事不相得,自往数王蓝田,肆言极骂。王正色面壁不敢动。半日,谢去良久,转头问左右小吏曰:'去未?'答云:'已去。'然后复坐。时人叹其性急而能有所容"。② 这种对同一人物在不同时期表现出的不同行为(美的或丑的)的比较,使《世说新语》中的人物品评更加客观、立体。它将一个人美丑、善恶等人性所固有的各种品质充分地展现出来,从而栩栩如生地刻画出该人物形象来。《世说新语》采取这种比较的思维模式来品评人物,为后世小说如何塑造人物形象提供了一种可资借鉴的方法。这种人物审美的方法也就打上了文学审美的烙印。

三、走向文学审美:《世说新语》人物品评的审美中介价值

《世说新语》中的人物审美充分展现了魏晋士人的美以及由此而表达出的"魏晋风度",生发出无限的审美感受和美学效应。究其原因,主要是这些人物审美有着独特的审美特征。从中我们可以明显地发现它们与文学艺术审美活动的规律和特征有着很多一致或者相似的地方。从本质上说,《世说新语》中的人物审美正是一种文学审美,文学审美则来自于对人物审美的诱导和催化。从哲学的角度看,可以将人物审美和文学审美看成是两个对立项,两者构成一对矛盾。那么,它们是如何走向统一的?是什么让人物审美过渡到文学审美的?显然,在人物审美和文学审美这两个矛盾项之间还存在着一个中介系统。下面,我们将引入审美中介理论来探寻它们之间转换的奥秘,进而为《世说新语》人物品评进行一个新的定位。

---

① 张万起,刘尚慈.世说新语译注[M].北京:中华书局,1998,第900页。
② 张万起,刘尚慈.世说新语译注[M].北京:中华书局,1998,第902页。

1. 审美中介理论浅释

"中介"是辩证思维的一个哲学概念，是表征不同事物或同一事物内部要素之间间接联系的哲学范畴。恩格斯曾指出："绝对分明的和固定不变的界限是和进化论不相容的……'非此即彼'是愈来愈不够了……一切差异都在中间阶段融合，一切对立的东西都经过中间环节而互相过渡。"[①]劳承万先生正是认识到了中介思维如此重要的作用，而将其引入审美认识，写出了《审美中介论》这一具有开拓性意义的美学著作。他在康德的启发下发现了研究审美中介的重要意义，而在马克思主义那里找到了研究审美中介的最为科学的方法，从而将审美中介的研究从宏观和微观的双重角度推向深入。下面我就根据劳承万的论述对审美中介理论进行一个大致的阐释。

审美中介论可以纳入审美认识论的范畴。而对于审美认识论应该从两个维度考察，即哲学维度和心理学维度。劳承万用公式总结了恩格斯关于一般认识论的论述，即"个别性→特殊性→普遍性（一般）"，[②]就审美认识论来说，它是最切近、最直接的理论框架，给审美认识论思维模式提供了哲学依据。而卢卡奇等人又抓住了哲学三范畴中的特殊性（审美认识论和哲学认识论的交叉点），再从特殊性过渡到典型性。因而，"特殊性→典型性"结构就是从哲学认识论过渡到审美认识论的桥梁。劳承万的总结和论述给了我们这样的启示：哲学认识论和审美认识论之间的交叉点就是它们各自的中间环节，表现在文学艺术中则体现为"典型性"（感性的艺术形象）。从心理学维度考察审美认识论，劳承万给我们总结了一个简明扼要的公式：[③]

	1	2	3
科学思维及表现形式	感知1（逻辑的格）	→表象1（思想形式）	→抽象思维（概念系统）
艺术思维及表现形式	感知2（审美态度）	→表象2（感觉形式）	→形象思维（美感系统）

---

① 马克思，恩格斯.马克思恩格斯选集（第三卷）[M].北京：人民出版社，1972，第535页。
② 劳承万.审美中介论[M].上海文艺出版社，1987，第85页。
③ 劳承万.审美中介论[M].上海文艺出版社，1987，第102页。

作者最后又为二维度的审美认识论作了一个总结:①

```
┌ 哲学维度        个别———→特殊———→普遍(一般)
│ (三范畴)
│ 美   学        个别———→典型———→普遍
│               (现实美)  (艺术美)  (哲学美)
│               (美的来源)(美的塑造)(美的本质)
┤
│ 心理维度        感知———→表象———→思维
│ (三环节)
│ 科学维度        感知———→表象———→抽象思维
│               (逻辑的格)(思想形式) (抽象概念)
│ 艺术思维        感知———→表象———→形象思维
└               (审美态度)(感觉形式) (美感系统)
```

将二维度联系起来考察,对审美认识论的开拓和审美中介论的认识都有极其重要的意义。

值得一提的是,劳承万在对审美中介进行一般考察时从生理心理学中为自己汲取论证的材料。作者审视了生物学家拉马克从原生动物的感应性中引出的"S—R"(刺激—反应)公式,到以人为对象的心理学的"S—O—R"(刺激—有机体—反应),再到瑞士心理学家皮亚杰的"发生认识论"公式"S⇌AT⇌R"(其中"A"为个体同化,"T"为认知结构中的同化图式)。作者认为,从单向静态的反应中介"O"(中间变量)的揭示到双向动态的反应中介项"AT"的确立,高度概括地反映了对人类思维模式的认识过程。正是"AT"这个主体反应中介和动态结构系统,为审美中介范畴提供了生理心理学的实证依据。因此作者进一步用审美中介去置换反应中介,得到"S⇌审美中介⇌R"的公式。其中"S"为形式结构,"R"是主体的浑然整体的反应,是现实内容与历史深层结构的融合反应。从这个公式中,我们可以看出从形式结构(S)到美感系统(R)的生成,是要经过若干中间环节的。这些中间环节就是审美感觉、审美知觉、审美表象,这是一个中介系统。作者在这一节的最后说:"从审美刺激(S)到审美中介(审美感知、审美表象),到美感渐成系统(R)则成为我们论述审美中介的基本框架。其中,审美感觉、审美感知、审美表象,则是一个中介系列,故曰:审美中介系统。这个审美中介则是造成美感差

---

① 劳承万.审美中介论[M].上海文艺出版社,1987,第104页。

异的根本原因,因而研究审美中介,就是揭开'美感之谜'的基本途径。"①

2.《世说新语》人物品评表征出的审美中介特点

如何定位《世说新语》人物品评在人物审美走向文学审美的过程中所表现出来的价值?从人物审美到文学审美实现过渡和转换的奥秘何在?我以为引入审美中介理论,将会为上述问题的解决打开一个新的天地。

(1)《世说新语》人物品评的审美感知特点。

审美感知包括审美感觉和审美知觉,是审美中介系统的第一个环节。"它一方面具有认识论的意义(反应对象的属性),另一方面,又具有本体论意义(表现主体本质及其社会水平)。"② 从审美感知开始,各个中介环节都出现不同程度的美感印象(成分、因素),各个环节自身都用其特殊规定性,为美感生成注入血液和生命。在审美感知环节中发生的美感印象(成分、因素)带有主体个性的客观方面(联系于对象特点的表现)的特色,富有审美主体的外在(外同型)的规定性。审美感知,是主观形式与客观对象在高度选择性、严格规定性中的特定联系方式。《世说新语》人物品评在很多方面正暗合了审美感知的特点。下面我们将结合具体例子论述之。

首先,从认识论的角度看,审美感知表现为对对象属性的反映。这一点集中表现在魏晋名士在评价人物、感悟自然山水时独特的体验方式上。比如,"嵇康身长七尺八寸,风姿特秀。见者叹曰:'萧萧肃肃,爽朗清举。'或云:'肃肃如松下风,高而徐引。'"而嵇康的好友山涛的评价可谓更加精彩。他说:"嵇叔夜之为人也。岩岩若孤松之独立;其醉也,傀俄若玉山之将崩。"(《容止》五)③又如,同为"竹林七贤"的王戎在品评山涛时说:"如璞玉浑金,人皆钦其宝,莫知名其器。"(《赏誉》十)④王戎将山涛才能大小这种抽象的东西用形象贴切的比喻描述出来,给人直观而感性的印象。可见,魏晋士人在评价人物时已经不再从道德功利的角度,而以审美的方式认识人物。在感悟自然山水方面,《言语》八十八则载:"顾长康从会稽还,人问山川之美,顾云:'千岩竞秀,万壑争流,草木蒙笼其上,若云兴霞蔚。'"⑤这种审美特点完全发自于内心,根植于魏晋士人的独特心理图式。魏晋士人审美感知的认识论意

---

① 劳承万.审美中介论[M].上海文艺出版社,1987,第116页.
② 劳承万.审美中介论[M].上海文艺出版社,1987,第158页.
③ 张万起,刘尚慈.世说新语译注[M].北京:中华书局,1998,第588页.
④ 张万起,刘尚慈.世说新语译注[M].北京:中华书局,1998,第385页.
⑤ 张万起,刘尚慈.世说新语译注[M].北京:中华书局,1998,第122页.

义还表现在他们对政治、人生的态度上。从表面上来看,以"竹林七贤"为代表的魏晋士人独特的审美感知方式、放诞率真的行为一反传统的伦理道德,但实质上是政治态度的曲折反映,是对黑暗现实激烈的反抗,是对思想解放与人的觉醒的呼唤。在这方面,嵇康是一个典型。嵇康积极归隐,试图在自然山水中躲避腥风血雨的现实。但嵇康依然对现实政治进行不遗余力的批判,总是站在现实政权的对立面,以独立的气概傲视王侯的权势。《简傲》第三则载:"钟士季精有才理,先不识嵇康,钟要于时贤俊之士,俱往寻康。康方大树下锻,向子期为佐鼓排。康扬槌不辍,傍若无人,移时不交一言。钟起去,康曰:'何所闻而来?何所见而去?'钟曰:'闻所闻而来,见所见而去。'"[①]嵇康的这种傲视权贵的态度正是其认识世界的一种独特方式,从而颠覆传统的感知心理,转向审美感知的方式。

其次,从本体论方面看,审美感知的作用在于表现主体的本质及其社会水平。马克思在《1844年经济学哲学手稿》中提出了一个著名论点,即"五官感觉的形成是以往全部世界史的产物"。[②]

马克思的这句话说明了感觉的历史性,也就是说审美感知是历史生成的。劳承万在《审美中介论》中引用了法国哲学家、美学家列斐伏尔的话来说明这个观点,"审美需要、艺术活动,正是植根于这个从人的历史发展的本质中产生出来的深刻过程","审美感(或审美力)是在历史进程中从自然感中成长起来"。"当感觉器官丰富了起来的时候,就好像成了一定阶段上所达到的文化的自然支柱、表现和器官;当感觉器官渐渐成为'文化器官'(由于整个社会生活和实践,而不只是通常所理解的文化)的时候,这时就产生了艺术"。[③]从这个角度入手,我们则很容易理解魏晋士人独特的审美心理图式及其对"自由的形式"(或者称作"美",不是实用的、功利的,而是情感的愉悦)把握的历史生成性。魏晋士人淡化入世意识,摆脱外在标准、规范的束缚,回归真正的自我,而此时的才性之辨、人物品评也与现实政治中的选举、用人逐步脱节,转向哲学性质的对社会理想和人生意义的本体性的探讨和审美性质的对人物才情风貌的品赞。摆脱政治性的感知方式而完成审美性的审美感知的积淀,有着深刻的社会历史原因。首先,在政治上,魏晋时期是一个大动荡、

---

① 张万起,刘尚慈.世说新语译注[M].北京:中华书局,1998,第762页。
② 劳承万.审美中介论[M].上海:上海文艺出版社,1987,第137页。
③ 劳承万.审美中介论[M].上海:上海文艺出版社,1987,第158页。

大分化、大变革时期,从而引发魏晋士人对人存在困境的深刻思索,引起人的觉醒。其次,在经济上,东汉时期逐渐发展起来的豪强宗族及其雄厚的庄园经济为魏晋士人审美感知心理结构的形成提供了物质基础。最后,在思想文化上,魏晋时期儒学全面衰落和玄学不断兴起迎合了当时士人的心理需要,促进了人的觉醒。

马克思说:"只是由于人的本质的客观地展开的丰富性,主体的人的感性的丰富性,如有音乐感的耳朵、能感受形式美的眼睛,总之,那些能成为人的享受的感觉,即确证自己是人的本质力量的感觉,才一部分发展起来,一部分产生出来。"① 魏晋士人体现本体论意义的审美感知正是各种历史效力的产物,它的"展开的丰富性"则昭示着"人的觉醒"。

(2)《世说新语》人物品评的审美表象特点。

表象是直观范畴,是在知觉的基础上形成的感性形象。它作为一个认识环节,是由感觉、知觉过渡到思维的中介环节。具有两方面的功能:一是表象为记忆再现,和感觉、知觉保持直接的同型关系(联系于外在事物),形成"外同型";一是为主体的理想、目的所引导,表现为充满个性色彩的想象,并与之构成"内同型"。因此,表象的特征,一方面是内同型和外同型的联合,另一方面是它的二重性,即直观性与概括性。因此,表象作为中介,一方面联系于客观世界,另一方面又联系于主观世界。最主观的东西,就表现为"最具体的和最丰富的"东西。劳承万说:"正因为这样,这个特殊环节就蕴含了科学的抽象思维和艺术的形象思维的胚胎。但由于艺术的本质是塑造典型形象,是面对人的直观,因而这个环节就具有审美的特殊意义。"② 审美表象是审美感知环节之后的又一个审美中介系统环节,它以审美感知为直接基础,是审美感知必然的、自由的飞跃。审美表象环节中发生的美感印象(成分、因素),带有更多的主体个性主观特色,更加富有审美主体内在(内同型)的规定性,因而它是主观形式方面的新世界。《世说新语》人物品评充分展现出魏晋士人在面对客观世界时所表现出的审美表象特点。下面主要以"竹林七贤"中的部分人物为例,具体阐述之。

《世说新语·任诞》篇第一则记载:"陈留阮籍、谯国嵇康、河内山涛,三人年皆相比,康年少亚之。预此契者:沛国刘伶、陈留阮咸、河内向秀。琅邪王

---

① 马克思.1844年经济学哲学手稿[M].北京:人民出版社,1985,第83页。
② 劳承万.审美中介论[M].上海文艺出版社,1987,第184页。

戎。七人常集于竹林之下,肆意酣畅,故世谓'竹林七贤'。"(《任诞》一)①《世说新语》中有很多篇幅是对竹林七贤进行品评的,而"竹林七贤"表现出的精神风貌和心理图式可以说是众多魏晋士人的缩影。因而我们以"竹林七贤"部分人物为例,探讨魏晋士人的审美表象特点,具有以小见大、提纲挈领的意义。

  首先,是"高情远致"的审美观。晋人不仅"向外发现了自然",而且"向内发现了自己的深情",这是魏晋人在审美观上的重要突破和巨大进步。他们将自然美和心灵美合而为一,一方面情感外化为自然之美,另一方面,自然之美又内蕴着丰富的情感。《世说新语·品藻》五十四则载:"支道林问孙兴公:'君何如许掾?'孙曰:'高情远致,弟子蚤已服膺;一吟一咏,许将北面。'"②我以为,用"高情远致"一词来概括魏晋士人的审美观是恰当的,它说明了自然美和心灵美在魏晋士人审美表象中的碰撞和交融。"简文入华林园,顾谓左右曰:'会心处不必在远,翳然林水,便自有濠、濮间想也,觉鸟兽禽鱼自来亲人。'"(《言语》六十一)③这种"会心"自然、与自然亲近和自然融和的审美态度,开拓了一种审美表象的新世界。阮籍的代表作《咏怀诗》八十二首可以说是阮籍一生思想情感的总汇,其一写道:"夜中不能寐,起坐弹鸣琴。薄帷鉴明月,清风吹我衿。孤鸿号外野,翔鸟鸣北林。徘徊将何见,忧思独伤心。"全诗以明月、清风、孤鸿、翔鸟,渲染出一幅凄清的夜景;而在此背景之下,诗人的行为和情绪是不寐、弹琴、徘徊和忧思。阮籍以景衬情,而情又外化为其行为。情与景在此形成了一种"异质同构"的关系。因而由这种审美观所生发的审美表象则具有独特的魅力。

  其次,是"越名教而任自然"的人生价值观。七贤之中给人印象最深的就是嵇康,他崇尚自然,具有清高脱俗、慷慨任气的人格美,因而成为"竹林七贤"领袖之一。嵇康提出的"越名教而任自然"是魏晋时期最富代表性的口号,所谓"任自然"就是让人的本性得到自由伸展,而将伦理纲常放在一个从属的位置上。崇尚自然,向往自由生活,是嵇康在老庄思想影响下形成的人生哲学的体现。文学作品中的自然美、古琴音乐中的自然美,均为嵇康人生哲学在文学领域和音乐领域中的反映。嵇康等文人从传统的修身、齐家、治

---

① 张万起,刘尚慈.世说新语译注[M].北京:中华书局,1998,第716页。
② 张万起,刘尚慈.世说新语译注[M].北京:中华书局,1998,第506页。
③ 张万起,刘尚慈.世说新语译注[M].北京:中华书局,1998,第101页。

国、平天下的成长道路中获得了独立,追求更为自由的生活方式,这便是在饮酒、服食、养生与诗歌、山水中实现自己的人生价值。由此可见,嵇康对山水的理解与领悟已经超越了一般的陶冶情性价值观,而与更深远的审美人生意义相联系,以自然来抗拒世俗。嵇康"越名教而任自然"的人生观,对大自然的热爱,寄情山水的行为,对同时代及后世许多文人影响深广。比如,贺铸的《六州歌头》就较明显地受到了嵇康的影响:"筝鼓动,渔阳弄,思悲翁,不请长缨,击取天骄种。剑吼西风。恨登山临水,手寄七弦桐,目送归鸿。"从某种意义上说,嵇康"越名教而任自然"的人生观,崇尚自然的人生追求,寄情山水的行为,清新自然的艺术创作,积淀了一种独特的审美表象成分,从而对魏晋描写山水的诗歌的形成起了促进作用,为谢灵运开创山水诗题材奠定了基础。

3. "人物审美——→人物品评——→文学审美"的发生过程

劳承万在《审美中介论》一书的最后以一个简洁明了的图表①将审美的全过程展示了出来(见下图):

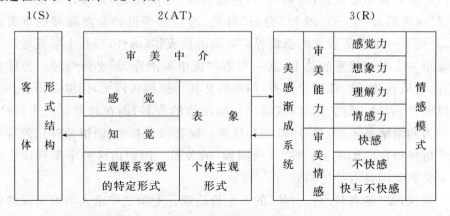

这个图表对于我们揭示从人物审美向文学审美过渡的奥秘具有重要的启示意义。在对这个过程的阐释中,我们可以发现《世说新语》人物品评在其间的重要地位和价值。我们将上面的公式内容进行置换,可以得到下面的图表:

---

① 劳承万.审美中介论[M].上海文艺出版社,1987,第275页.

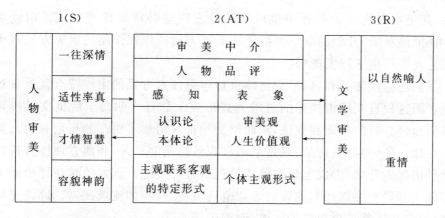

由上图可以看出,从人物审美走向文学审美是一个动态的系统过程。其中人物品评表现出了巨大的审美中介价值。它一方面表征出魏晋士人审美感知、审美表象的独特心理图式,进而外化为魏晋士人的人物美(客体形式结构)。另一方面它又将这种人物审美逐渐发展定型为文学审美。这个动态过程中的前两个系统前面已有详细论述,下面我们再来着重讨论一下文学审美(美感渐成系统)这一环节。

在《世说新语》人物品评的审美中介作用下,从人物审美衍生的文学审美主要表现出如下的特征:

(1)以自然之物来形象地比喻人物之美的人物品评方式对中国美学和文学艺术产生了重要的影响。它跨出了人物审美的狭小天地,逐渐地被广泛运用于评论作家作品。

作家的人格特点或作品的好坏优劣是很难用抽象的语言去表述的,因此在评论作家作品的过程中常常会出现"言不尽意"的情况。而借鉴《世说新语》用自然景物来形象地比喻人物的审美方式,可以很好地解决这个问题。它使文学审美区别于自然科学的逻辑判断,比理性的逻辑评判更加感性、直观,更加注重情感性和想象力的参与,也更加符合文学艺术审美活动的规律。后代的文艺批评家们很多都接受了这种方法。比如唐代的司空图在《二十四诗品》中概括总结了二十四种意境和风格,然后用许多形象的比喻对每一种风格加以解释说明。例如"绮丽——神存富贵,始轻黄金。浓尽必枯,淡者屡深。雾余水畔,红杏在林。月明华屋,画桥碧阴。金尊酒满,伴客弹琴。取之自足,良殚美襟"。"飘逸——落落欲往,矫矫不群。缑山之鹤,华顶之云。高人画中,令色氤氲。御风蓬叶,泛彼无垠。如不可执,如将有闻。识者已领,期之愈分"。又如近代王国维在《人间词话》里也用形象的比喻解释说明"境界"。甚至在当代文学批评中也可以随处发现这种审美评判方式。由此可见,由《世说新语》开创的以形象的比喻品评人物或作家作品的审美方式对中国文艺发展产生了巨大影响。

我们还应该注意到,以形象比喻进行审美评判方式的主要特点就是直观感悟。而这种直观感悟描述的思维方式形成了魏晋六朝乃至后世文学批评重感悟而轻分析的原则和方法,从而给文学批评增加了更多的亮色和耐人寻味的意蕴。如钟嵘的《诗品》就是采用直观感悟式的批评,和西方理性分析的批评严格区别开来,形成了具有民族特色的批评传统。例如钟嵘在评价梁卫将军范云和梁中书郎邱迟的诗时说:"范诗清便宛转,如流风回雪。邱诗点缀映媚,似落花依草。故当浅于江淹,而秀于任昉。"

(2)《世说新语》中的人物大多具有"一往深情"之美。他们重情的特殊心理图式可谓是颠覆传统的新风潮,由此影响到文学审美便表现在对魏晋美学、文学批评甚至是后世文学艺术重情传统的塑型。两汉的美学及文学思想是以政治教化为旨归的,虽不废情,但要"止乎礼义"。魏晋美学则试图摆脱儒家伦理道德的束缚,奋力争取情感的酣畅抒发。陆机在《文赋》中提出了"诗缘情而绮靡",[①]强调了诗的抒情性,对中国诗歌传统的发展具有重要的意义。刘勰《文心雕龙·情采》则曰:"故情者文之经,辞者理之纬。经正而后纬成,理定而后辞畅。此立文之本源也。昔诗人什篇,为情而造文,辞人赋颂,为文而造情。"[②]可见刘勰对情的重视,将"情"置于"立文"的第一位。这些都是文学审美重情的表现,它们由《世说新语》人物品评生发出来,凸现出人物品评的审美中介价值。

此时,人物审美是如何走向文学审美的奥秘在我们眼前已经显露无遗。在这个动态过程中,《世说新语》人物品评发挥了重要的审美中介作用。正因为有了这个中介系统的存在,才使作为美感渐成系统的文学审美逐渐生成和定型,从而在后世美学和文学艺术领域荡起了层层涟漪。

四、结语

《世说新语》中的人物品评具有鲜明的唯美倾向,原来的政治功利性逐渐

---

① 张少康.文赋集释[M].上海古籍出版社,1984,第71页。
② 周振甫.文心雕龙注释[M].北京:人民文学出版社,1981,第347页。

消退而具有审美性质。它向我们展示出了魏晋之人的"一往深情"之美、适性率真之美、才情智慧之美和容貌神韵之美,而这种人物审美又具有独特的审美特征,其最终的归宿则是走向文学审美。人物审美向文学审美的转换过程就像一个神秘的"黑箱",审美中介理论的引入如一把钥匙,对于我们解开这个"黑箱"之谜具有重要的启发意义。劳承万在其专著《审美中介论》里将审美感知、审美表象纳入到审美中介系统里,从而找出一个从审美刺激(S)到审美中介(AT)再到美感渐成系统(R)这样一个审美过程的基本框架。通过对《世说新语》人物品评的审美中介性质的分析,即从认识论和本体论角度表征出的审美感知特点以及从审美观和人生价值观角度表征出的审美表象特点,我们可以发现魏晋士人在当时的时代语境中所积淀的独特心理图式。它外化为人物品评以后,又催化和诱导了文学审美。文学审美作为美感渐成系统主要有两个方面的特点,其一是以自然之物喻人,其二是重情的文学传统。文学审美这两个方面的定型影响了具有中国民族特色的文学传统。综合以上分析,我们可以在"人物审美——→人物品评——→文学审美"的发生过程中,发现《世说新语》人物品评所发挥出的巨大的审美中介价值;正是在这种审美中介价值的阐释中,我们看到了人物品评和中国美学、中国文学艺术甚至中国传统文化的深厚渊源关系。

参考文献:

[1]张万起,刘尚慈.世说新语译注[M].北京:中华书局,1998.

[2]宗白华.美学散步(插图本)[M].上海人民出版社,2005.

[3]劳承万.审美中介论[M].上海文艺出版社,1987.

[4]陈洪.诗化人生:魏晋风度的魅力[M].保定:河北大学出版社,2001.

[5]袁济喜.六朝美学[M].北京大学出版社,1999.

[6]袁行霈主编.中国文学史(第二卷)[M].北京:高等教育出版社,2005.

[7](晋)陈寿撰,(宋)裴松之注.三国志[M].北京:中华书局,2006.

[8]宁稼雨.魏晋士人人格精神——《世说新语》的士人精神史研究[M].天津:南开大学出版社,2003.

[9]郭丽.世说新语的人物美[J].北京:中国社会科学院研究生院,2005,(5).

[10]邓心强.论人物品评与魏晋六朝文学批评[J].涪陵师范学院学报,2006,(6).

[11]熊国华.世说新语品评人物的审美特征及影响[J].广东教育学院学报,1996,(1).

【点评】

本文以《世说新语》中的人物品评为切入点,从自然喻人、语言形象和比较思维等审美特征描绘了魏晋士人的总体精神风貌——"一往深情"之美、适性率真之美、才情智慧之美和容貌神韵之美,全面展现了魏晋风度的艺术魅力,重点揭示出人物审美催化并诱发了文学审美的重要作用,从而证明了人物品评在其中所发挥出的巨大审美中介价值。作者系统运用审美中介理论,将文本细读与理论阐释有机地结合起来,显示出宏阔的理论视野和扎实的学术功底。文章观点新颖,材料丰富,论证充分,图文结合,情采并茂,是一篇非常优秀的学士学位毕业论文。

(郭世轩)

刘勰论公文写作

阜阳师范学院信息工程学院中文系 2009 届　常玉华
指导老师　王锡渭

内容摘要：刘勰的《文心雕龙》一书中有着相对完整的公文理论体系,但这部分理论至今却很少有人注意,文章试从其思想底色、理论构架及其现代意义三个方面对这部分公文写作论进行归纳、梳理和探讨。

关键词：刘勰；公文写作；理论框架；现代意义

在我国古代一般的文学理论著作中较少有谁会去专门论述公文体裁,即使偶然在文体论中有所论及也多是从美学文学的角度给以阐述,或是"语焉不详",更谈不上公文理论体系,唯有刘勰的《文心雕龙》在这些方面论及得最全面最系统。本文将以集刘勰一生心血之大成的文论名著《文心雕龙》为依托从其思想底色、理论构架及其现代意义三个方面对他的公文理论作一番梳理和探讨。

一、思想底色

在我国自古就有知人论事的传统,这里要梳理和探讨刘勰的公文理论就势必要了解刘勰的思想底色。因此,就必须先探究当时的社会大环境及刘勰所处的个人小环境的风尚喜好。刘勰生活在魏晋南北朝时的齐梁之际,当时是一个"文尚华艳"的时代。从家世根系看刘勰的"根"在北方,是南渡北人之后,祖籍在今天的山东莒县属齐鲁旧邦,晋太康十年划入东莞郡。永嘉之乱时北人大量举族南迁以避战乱,这些北人全族南迁的直接结果就是易地而不改名、不变俗;虽然身居南土而不改北音,仍然保留着许多北方的社会习俗,这样一来北方的思想文化便也同时被完整地移植到了南方。"正如《通典·州郡》所云:'永嘉之后,帝室东迁,衣冠避难,多所萃止,艺文儒术,斯之为盛。'"①据此杨明照先生曾在《梁代刘勰传笺注》中分析说:"南朝之际,莒人多才,而刘氏犹重,其本支与舍人同者,都二十余人……是舍人家世渊源有自,其与学术,必有启厉者。"②

中华文明的重心原本就在北方,而齐鲁之地文风尤盛,刘勰作为一个有着齐鲁文化背景的北人后裔,骨子里以北方文化为正宗的意识是非常浓厚的,如在《文心雕龙·序志》中我们可以看到这样的文字表述:"予生七龄,乃梦彩云若锦,则攀而采之。齿在愈立,则尝夜梦执丹漆之礼器,随仲尼而南行。"这段话非常明显地流露出刘勰身为孔子老乡的骄傲。同时在《序志》中又说:"旦而寤,乃怡然而喜,大哉圣人之难见也,乃小子之垂梦欤!自生人以来,未有如夫子者。"连做梦都流露出与至圣先贤为同乡的欣喜之情,因而在心态感觉上对崇尚娱乐消遣的南方主流社会始终流露出一种文化心理上的优越感和距离感,尤其当他处于想进入又难以进入主流文化圈的边缘状态之时,这种距离感尤为强烈。《序志》云:"而去圣久远,文体解散,辞人爱奇,言贵浮诡,饰羽尚画,文绣鞶帨,离本弥甚,将遂讹滥。"正是这种距离感使刘勰几乎是本能地到北方圣贤著述中去寻找思想武器:"唯文章之用,实经典枝条;五礼资之以成,六典因之致用,君臣所以炳焕,军国所以昭明,详其本源,莫非经典。"因此当刘勰看到文学自觉时代文坛一片求新求变的繁华背后儒学日益式微,圣人之道难昌时便产生了一种强烈的文化优越感和责任感。这种责任感驱使他以弘扬圣贤经典之学为己任,即其所谓的"敷赞圣旨,莫若注经",然而"马、郑诸儒,弘之已精,就有深解,未足立家……于是搦笔和墨,乃始论文"(《序志》),这是刘勰欲弘扬先贤遗则而发自内心的一种自觉。

接下来看一下刘勰个人的小环境,据《梁书》本传记载:"(刘勰)家贫,不婚娶,依沙门僧佑,与之居处。"③在门阀制度森严的齐梁时期,如此低下的社会地位对于坚守儒家入世进取思想欲大有作为的刘勰来说无疑是一道很大

---

① 刘畅.《文心雕龙》:尚北宗南与唯务折衷[J].扬州大学学报(人文社会科学版),2000.(1).40.

② 刘畅.《文心雕龙》:尚北宗南与唯务折衷[J].扬州大学学报(人文社会科学版),2000.(1).40.

③ 梁书·列传四十四·文学下·刘勰[M].北京:中华书局,2000.

的障碍。他如果想达成自己代圣人立言的宏愿就必须通过自己的努力改变自己低下的社会地位以进入主流社会群。因此,刘勰在针对当时流行的尚柔靡、重文采而轻质本文风,提倡重"风骨"的同时又采用骈体文形式将《文心雕龙》一书写得文采四溢,不乏齐梁习气。若从刘勰一直与主流社会处在若即若离的生存状态这一角度来看,将这一现象视为作者的策略性让步也未尝不可。据《梁书》本传记载:"昭明太子好文学,深爱接之。"① 又云:"(《文心雕龙》)即成,未为时流所称。(沈)约时贵盛,无由自达,乃负其书,候约出,干之于车前,状若货鬻者。"又云:"(沈)约便命取读,大重之,谓深得文理,常陈诸几案。"② 据此可以看出当时刘勰曾主动与主流社会的代表深入接触过,此一点正可以佐证张少康先生关于刘勰"依沙门僧佑之目的"的"结交名流说"。③ 然而,再查萧统和沈约所留下的有关文字竟无一语无一事言及刘勰,可见刘勰虽然努力向主流社会靠拢,将《文心雕龙》一书写得文采四溢,但毕竟未变本心、未趋流俗,他始终坚持着将儒家的审美规范当作自己的人生最底线,宁可不为流俗所接受也绝不变心以从俗,即所谓的"贫贱不能移"。故而,刘勰在当时虽然努力去靠近主流社会却终难为时流所接纳。

结合前文所述加之《文心雕龙》原道、征圣、宗经、正纬四章在全书中所处的总领地位,以及"位理以定名,彰乎大衍之数"的篇章理念,我们不难看出刘勰的文体(含公文文体)思想具有儒家审美规范和文体自然观的底色。

二、理论构架

《文心雕龙》从"祝盟第十"到"书记第二十五"重在论述应用文体,尤其是祝盟、铭箴、诔碑、哀吊、诏策、檄移、封禅、章表、奏启、议对、书记等,是对古代公文文体的专门论述。这一部分发前人之未发且言辞恳切明了,形成了一个相对完整的理论体系。这里着重立足于其儒家审美规范与文体自然观的思想底色对其公文理论的构架做一些分析。

前文已述刘勰是一个有着浓厚儒家审美思想底色的人,在他眼里任何文体都是奔着"原道"、"宗经"、"征圣"、"正纬"的精神而来的,是道德和情感的

---

① 梁书·列传四十四·文学下·刘勰[M].北京:中华书局,2000.
② 梁书·列传四十四·文学下·刘勰[M].北京:中华书局,2000.
③ 张少康.刘勰为什么依沙门僧佑[A].中国文心雕龙学会.文心雕龙研究论文集[C].济南:齐鲁书社,1981,第379页.

复合和表现形式,体现着天道和人伦:"文之为德也大矣,与天地并生者何哉?夫玄黄色杂,方圆体分;日月叠璧,以垂丽天之象;山川焕绮,以辅理地之形:此盖道之文也。"①开宗明义表明立场。在刘勰眼里情感和思想均是写成文章的基础,不论何种文体都应体现为文之"德",从这一点来说任何文体都是平等的。当然刘勰同样也论及了各种文体之间的相互差异性:"故论、说、辞、序,则《易》统其首;诏、策、章、表、奏,则《书》发其源;赋、颂、歌、赞,则《春秋》为根……"能看到各种文体之间相互平等又承认文体之间客观差异,足见儒家"合而不同"的审美趋向,刘勰也正是在这一思想趋向下论述公文文体的。

刘勰所论及的公文文体约略有:祝、盟、铭、箴、诔、碑、哀、吊、论、说、诏、策、檄、移、封禅、章、表、奏、启、议、对等,当然这其中的祝、盟、铭、箴、诔、碑、哀、吊几种以今天文体的使用范围来考量似乎不能算是公文,因其多应用于私人生活当中。然而在古代这些却全部都是政府行为,汉代的蔡邕曾将公文分为由上至下、由下达上两类,这样古代帝王的言辞也便可称为公文。若从这个意义出发似乎可以将刘勰《文心雕龙》里的所有不属于韵文且不属于史传、杂文、谐隐之类的文体都称为公文。

在古代自汉朝大一统之后,由"罢黜百家,独尊儒术"始,主流价值观讲求长幼有序,似乎社会生活当中只有上下关系而极少有平等关系。古代讲求国家一体、家国同构、侍君如父,地方干部都叫父母官,人民大众叫子民,即使是同辈亲友之间也要讲求长兄如父、老嫂比母,哪里有真正意义上的平等关系,在政治生活领域就更是如此。所以遍索《文心雕龙》全书都难以找到现代意义上的平行文。这里仅就当下公文分类之法将之分为上行文和下行文两类并撮其要者试论之。

在《文心雕龙》里上行文又可以分为对鬼神的上行文和对帝王的上行文。首先,看对鬼神的上行文,如:祝、盟、铭、箴等,此以祝、盟两类为例试论之。

祝,即是祝文,是向天地神灵祈求祷告性质的文字。古人很相信有神存在,相信人世间所发生的一切都是由神的旨意所导致的,儒家自孔子始就一直很注重宗庙里的事。祝辞的内容多为求福、咒敌,故祝辞常常同祷告、诅咒联系起来。刘勰说:"昔伊耆始蜡,以祭八神。其辞曰:'土返其宅,水归其壑,昆虫毋作,草木归其泽。'则上皇祝文,爰在兹矣。"②既然能够祈福又能够诅

---

① 范文澜.文心雕龙注·卷一·原道第一[M].北京:人民文学出版社,1958.
② 范文澜.文心雕龙注·卷二·祝盟第十[M].北京:人民文学出版社,1958,第176页.

咒敌人,当然是极其神圣的事,接着刘勰又举例:"舜之辞田云:'荷此长耜,耕彼南亩,四海俱有'。"①这是舜在为天下祈福;又说:"至于商履,圣敬日跻,玄牡告天,以万方罪己,即郊禋之词也;素车祷旱,以六事责躬……"②这样神圣之事在语体方面自是很讲究的,按刘勰的标准祝者应该做到"修辞立诚,在于无愧",也就是"祈祷之式,必诚以敬;祭奠之楷,宜恭且哀"。

盟,就是结盟、联盟的意思,古代在结盟之时为了表示各方的诚意要立下誓言以祷告神灵并以动物的鲜血(一般为牛的血)来祭祀,在天地鬼神面前发誓永不背弃盟约。"驲牲白马,珠盘玉敦,陈词乎方明之下,祝告于神明之前"。③ 本来结盟的誓词不大可能成为一种文体形式,然而因为古代结盟的频繁便渐渐形成了一种类似于巫祝的专业人群专干这些事,可能是为了方便起见盟辞在他们的笔下具备了固定的格式。两国结盟关系到国家和人民的前程命运,自然要"感激以立成,切至以敷辞",更要求"宜在所鉴,忠言可矣,无恃神焉"。

祝和盟都是带有神异意味的文体,在今天虽然看起来似乎可笑,但是在古代却是非常重要非常神圣的事,因而必须做到"立诚在肃,修辞必甘"。

其次,再看一下面向君主的上行文,此就章表一类做一番论述。章和表为封建时代臣子写给君主的奏章,如诸葛亮的《出师表》、李密的《陈情表》等,就是蔡邕所说的"下言达上"时的上书,具有很强的程式化和格式化特征。当然这其中又有一个渐变的过程:上古时期因为语言不够丰富以及书写材料的不便,外加军国之事的相对简单和当时人们档案保管意识的淡薄只限于口头表达,是所谓的"并陈辞帝庭,匪假书翰"。④ 到了秦初始才有"秦初定制,改书曰奏。汉定礼仪,则又四品:一曰章、二曰奏、三曰表、四曰议。章以谢恩,奏以按劾,表以趁情,议以执议"。在这里刘勰已道出了后世公文最核心的部分,并要求章表类公文应做到"体赡而律调,辞清而志显"。在构思、语调选用、遣词用句及思想情感的表达上要"不卑不亢,徐急适度",这些都深得儒家所大力倡导的中和之美,他坚持的依然是儒家的审美准则和文体自然观。

关于章表这类"下言达上"的公文为何要"不卑不亢,徐急适度",刘勰也

---

① 范文澜.文心雕龙注·卷二·祝盟第十[M].北京:人民文学出版社,1958,第176页。
② 范文澜.文心雕龙注·卷二·祝盟第十[M].北京:人民文学出版社,1958,第177页。
③ 范文澜.文心雕龙注·卷二·祝盟第十[M].北京:人民文学出版社,1958,第177页。
④ 范文澜.文心雕龙注·卷五·章表第二十二[M].北京:人民文学出版社,1958,第406页。

有论述。那是因为写章表的目的就在于要达到下情显于言的目的,若情急、志躁难免会犯上,难达目的甚而获罪;若辞华、意隐又有欺上惑君之嫌,故而刘勰给出了"辞清而志显"的判断标准,以此他又得出如下结论:

  所以魏初表章,指事造实,求其靡丽,则未足美矣。至如文举之《荐祢衡》气扬采飞;孔明之辞后主,志尽文畅;虽华实异旨,并表之英也。……陈思之表,独冠群才;观其体赡而律调,辞清而志显,应物制巧,随变生趣,执辔有余,故能缓急应节。①

之后又说:

  原夫章表之为用也,所以对扬王庭,昭明心曲……必雅义以扇其风,清文以驰其丽。然恳恻者辞为心使,浮侈者情为文屈,必使繁约得正,华实相胜,唇吻不滞,则中律矣。②

说到底还是要求"言"与"意"要做到好处,文辞与文意要做到"繁约得正,华实相胜"。总之要写"道之文也"。

再次看下行文。下行文在《文心雕龙》一书中论及较多的有诏、策、檄、移、封禅等。

诏策,是君主布告天下臣民的话语,是天子的金口玉言:"皇帝御宇,其言也神……而响盈四表,唯诏策呼。"依刘勰的看法诏策既然是君主之言,其语言必然体现着上天的灵光,故而要"义炳重离之辉","气含风雨之润","笔吐星汉之华","文有春雷之滋","辞有秋霜之烈",在这里刘勰仍坚持儒家"教义",但似有阿谀之嫌。

檄,即是檄文,如:骆宾王的《代徐敬业讨武曌檄》,陈琳为袁绍写的《讨曹操檄》都是起兵之时声讨敌人罪状鼓动己方士气的战斗性文字。刘勰认为既然是揭发敌人的罪状其目的在于震慑别人,所以他说:"震雷始于曜电,出师先乎威声。"要"声如冲风所击,气似欃枪所归","使百尺之冲,摧折于咫尺,万雉之城,颠坠一檄",在这里刘勰不免有孔子治国的理想主义色彩,一篇文章当然会因其在社会上流布而产生相应的宣传舆论作用,但战争时要说能退百

---

① 范文澜.文心雕龙注·卷五·章表第二十二[M].北京:人民文学出版社,1958,第407页。

② 范文澜.文心雕龙注·卷五·章表第二十二[M].北京:人民文学出版社,1958,第408页。

万大军则只可当做笑话听。刘勰这样要求檄文无非是强调其要有正义性、要有感染力,"(言)务在刚健"而已,即:

> 凡檄之大体,或述此休明,或叙彼苛虐,指天时,审人事,算强弱,角权势,标蓍龟于前验,悬鞶鉴于已然,虽本国信,实参兵诈。谲诡以驰旨,炜晔以腾说,凡此众条,莫之或违者也。①

又说"必事昭而理辨,气盛而辞断",综而言之,要尽力做到言简意赅、便于流布、斥敌之罪、长己之志。

移,是针对民俗而言的所谓"移风易俗"是也。刘勰说:"移者,易也。移风易俗,令民随者也。"并举例认为司马相如的《难蜀老》"文晓而喻博,有移檄之骨";刘歆的《移太常》为"辞刚而义辨,文移之首也";陆机的《移百官》"言约而事显,武移之要者也",并认为移"所以洗濯民心,坚同符契,意用小异,而体义不同,与檄参伍,故不重论"。

封禅,因其是帝王行为而常常带有很强的宗教性质和神异性质。古代西方讲君权神授,古代中国为了强调君主的特权地位也有"真龙天子"之说,这些"真龙天子"如秦皇汉武等为了强调其统治的合法性都曾有过著名的刻石记功之举,如李斯就曾为秦始皇写有著名的《封泰山文》和别的一些封禅文字;西汉大文学家司马相如在临死之际还为汉武帝写了一篇著名的《封禅文》来歌颂其文治武功,全篇文章因写得祥瑞连连而使得龙颜大悦。北宋的范仲淹词中也有"燕然未勒归无计"的感叹,可见在古代刻石记功并以此答谢天地鬼神是多么重要且常见的事。由此可见,封禅文字既然是记功和祭祀神灵的就肯定会有神异色彩和浮夸之处,刘勰在《封禅》中认为一篇好的封禅文应"构位之始,宜明大体,树骨于训典之区,选言于宏富之路,使意古而不晦于深,文今而不坠于浅"。

由以上的论述我们又可更清晰地看出来,刘勰在阐释公文理论时是立足于儒家思想的审美规范与文体自然观基础之上的。在论及公文文体时讲求要写"道之文也",要"盖自然尔",这些都可以看成刘勰公文理论体系的纲领性原则。在《文心雕龙》中贯穿始终的一个概念叫"风骨",这是刘勰文论思想的一个核心理念,同时这个核心概念也正好驳斥了南朝以降"楚艳汉侈,流弊不还"的主流风尚。刘勰针对此文风提出了"结言端直,则文骨成焉;意气骏

---

① 范文澜.文心雕龙注·卷四·檄移第二十一[M].北京:人民文学出版社,1958,第378页。

爽,则文风清焉",此类思想可以看作刘勰欲为世人立法以救时弊之论。他在论及公文写作时说神思是:"驭文之首术,谋篇之大端",又说"积学以储宝,酌理以富才",强调要深思熟虑,厚积薄发;具体操作时又要"设情以位体""酌情以取类""撮辞以举要",强调炼字、炼词、炼意。考镜古今之后刘勰又指出古人许多败笔和失误之处以立论:要求"先务大体",要做到"字不得减","情周而不繁,辞远而不滥",①同时又要求写作者要"贵器用而兼文才",要做"梓材之士",又说"功以学成","因性以练才",②概括起来就是要做到"盖自然尔",这些对于今天的公文写作仍有很大的借鉴意义。

三、现代意义

现代社会与刘勰所处的齐梁之际有着实质上的不同,但就一门学问而言前后古今总有着继承的关系,今天的体系再完善再健全也是在前人的基础上累积而成的,这就要求我们要秉持客观的眼光来看待古代的理论。刘勰的公文理论有些是具有很高水平的,这一部分理论无论是对于指导我们今天的公文写作还是对于现代公文理论的建设都具有积极意义。

首先,《文心雕龙》一书体系宏大、材料丰实,保存了许多的文献材料,如:

> 从《明诗》到《书记》20篇中,每一篇的"原始以表末""选文以定篇"部分串起来本身就带有文学史性质,而其中超过一半的部分是论述各种公文的代表作家和作品的,从中可以寻觅出公文发展演变的大致脉络③。

这部分资料在客观上对今人的公文发展史研究是很有价值的,李昌远先生在《中国公文发展简史》一书中曾分析说:"《文心雕龙》论述了二十类五十一种文体,其中属于应用文体的有十二类四十三种。"④不仅如此,《文心雕龙》在《通变》篇中说:"文律运周,日新其业,变则可久,通则不乏。"要求写文

---

① 范文澜.文心雕龙注·卷七·熔裁第三十二[M].北京:人民文学出版社,1958,第544页.
② 范文澜.文心雕龙注·卷六·体性第二十七[M].北京:人民文学出版社,1958,第506页.
③ 李昌远.中国公文发展简史[M].上海:复旦大学出版社,2007,第72页.
④ 李昌远.中国公文发展简史[M].上海:复旦大学出版社,2007,第72页.

章要"时运交移","于世推移"即是今天所提倡的"与时俱进"思想,也包含着在继承中进行大胆的革新与创造的意思,其思想高度与哲学意义也足为今人所追师。

其次,在《神思》篇中刘勰强调要写好文章关键在于平时要做好准备:"积学以储宝,酌理以富才,研阅以穷照,驯致以绎辞",①谈的是材料收集和能力培养的问题,可谓是言简意赅、字字珠玑。在谈到拟稿之时刘勰主张要精心"镕裁"并解释说:"规范本体谓之镕,剪裁浮词谓之裁",要详略适宜、文质相称;在《章句》中刘勰又说:"篇之彪炳,一章无疵也;章之明靡,句无玷也;句之清英,自不妄也。"强调字、句、章、篇之间的有机融合、浑然一体、相得益彰,要用简练的语言写出真情实感,即"要约而写真","字有可削,足见其疏;字不得减,乃知其密",②而今我们依然提倡公文写作要遵守这些规范:"公文用词、用字要准确、规范"③,"公文语言要准确、明晰、简朴、庄重",④由此可见刘勰的公文理论至今依然有其实用价值。

总之,刘勰在《文心雕龙》一书中谈及很多公文理论,概括起来约略可分三类:一、敬天地祭鬼神类;二、上奏君主,使"下意达上"类;三、君主或天子颁布的诏令,使"上意下达"类。统而言之,这些公文背后的指导思想都来自于儒家的审美规范,至于文章的语言及行文方面的理论背后则有刘勰文体自然观的底色。《文心雕龙》成书到今天虽遥隔千年,但书中的很多理论对今人而言仍有非常大的借鉴意义,尽管因受时代所限书中有些微不足但终归是瑕不掩瑜。我们应该抱着继承发展古人、不苛责古人,取其精华、去其糟粕,不盲目排斥又不盲从的精神客观对待它。

参考文献:

[1]王锡渭,李华珍主编.新编大学写作学教程[M].北京大学出版社,2008.

---

① 范文澜.文心雕龙注·卷四·神思第二十六[M].北京:人民文学出版社,1958,第493页.
② 范文澜.文心雕龙注·卷七·镕裁第三十二[M].北京:人民文学出版社,1958,第543页.
③ 古岭新编著.公文习作新规范[M].广州:中山大学出版社,2007,第83页.
④ 古岭新编著.公文习作新规范[M].广州:中山大学出版社,2007,第89页.

[2]范文澜.文心雕龙译注[M].北京:人民文学出版社,2008.

[3]古岭新编著.公文写作新规范[M].广州:中山大学出版社,2007.

[4]李昌远.中国公文发展简史[M].上海:复旦大学出版社,2007.

[5]朱志荣主编.中国美学简史[M].北京大学出版社,2007.

[6]黄霖.文心雕龙汇评[M].上海古籍出版社,2006.

[7]周振甫.周振甫讲文心雕龙[M].江苏:凤凰出版传媒集团,2005.

[8]孔祥丽.李金秋等译注.文心雕龙[M].北京:中国社会科学出版社,2005.

[9]黄侃.文心雕龙札记[M].北京:中国人民大学出版社,2004.

[10]周姬昌主编.写作学高级教程[M].武汉大学出版社,2004.

[11]梁书·列传四十四·文学下·刘勰[M].北京:中华书局,2000.

[12]陆侃如,牟世金译注.文心雕龙译注[M].济南:齐鲁书社,1996.

【点评】

刘勰的《文心雕龙》是一部体大思精的学术著作。不少学者从不同的角度进行过研究,著作论文颇多。从公文写作的角度对刘勰的理论进行研究,在理论界和学术界是鲜见的。这篇论文的写作在选题上是新颖的。

文章写作自觉不自觉地要受到一定的理论和世界观的影响。这篇论文本论的第一部分从社会大环境及刘勰所处的个人小环境方面进行考察,认为刘勰公文写作论的理论指导思想是儒家审美规范和文体自然观,这个论断是经过分析得出来的新颖可信的观点。

文章本论的第二部分运用当代公文理论历史地考察了刘勰的公文论述,把他的学说涉及的公文划分为上行文和下行文,并认为他的理论形成了一个相对完整的公文理论体系。这种梳理是有一定意义的。

文章本论的第三部分分别论述了刘勰公文理论的现代意义,其观点亦称周正。

(王锡渭)

论姜夔词的骚雅与清空

安徽大学中文系汉语言文学专业 2009 届　董进
指导教师　李睿

内容摘要：姜夔,我国南宋著名词人和音乐家,工于诗文艺事,是一个全才型的纯粹文人,尤其是词有不凡造诣。"骚雅"和"清空"是姜夔词的主要艺术特点。"骚雅"指词的语言中传达出的一种曲折幽隐的情意,读者从中可以感受到词人对合肥恋人的相思,对时代变迁和命运不济的感慨以及一腔爱国热情;"清空"则是指词人以诗法入词,以重神甚于重形来求形神统一的独特意境。二者分别从丰富的情感内涵和独特的艺术表现手法两个层面展示出姜夔词的独特魅力。

关键词：姜夔;风格;骚雅;清空

引言

姜夔(1155～1221),字尧章,号白石道人,世称姜白石,饶州鄱阳(今江西鄱阳)人,中国南宋著名词人和音乐家。姜夔终身布衣,游走江湖,工于诗文艺事,可以说是一个全才型的纯粹文人,诗、词都有不凡造诣。童年失去父母,在汉阳的姐姐家度过了青少年时期。成年后屡试不第,奔走四方,过着幕僚清客的生活。在他所处的时代,南宋王朝和金朝南北对峙,民族矛盾和阶级矛盾都十分尖锐复杂。战争的灾难和人民的痛苦使姜夔感到痛心,他有忧国忧民之心,对当时的政治表示不满,支持辛弃疾抗击金朝统治者的事业。由于幕僚清客生涯的局限,虽然为此也发出或流露过激昂的呼声,但是凄凉的心情主要表现在一生的大部分文学和音乐创作里。庆元中,曾上书乞正太常雅乐,一生布衣,靠卖字和朋友接济为生。他多才多艺,精通音律,能自度曲,其词格律严密。其作品素以空灵含蓄著称。著有《白石道人歌曲》。

作为南宋承前启后的著名词人,姜夔的词创作一直是历来学者探讨的焦点。对于姜夔词的风格,历来有很多评价。宋末词人张炎在《词源》中说姜夔词"既清空,又骚雅"。"骚雅"、"清空"非常好地概括了白石词的艺术特点。但是历来对它的阐述不够深入系统,下面我将从丰富的情感内涵和独特的艺术表现手法两个方面来理解骚雅和清空的内涵。

一、丰富的情感内涵——骚雅

何为"骚雅"？陈衍在《石遗室诗话》中论述得非常精辟:"词者意内而言外也。意内者骚,言外者雅。苟无悱恻幽隐不能自道之情,感物而发,是谓不骚;发而不有动荡闳约之词,是谓不雅。"①陈衍认为"意内者"就是"骚","言外者"就是"雅"。在古代,"骚"是悲伤的意思,词里面想表达内心深处最幽深最含蓄的一种哀怨的感情,却"幽约怨悱"无法表达。所以,"骚雅"应该包含两种含义:第一,"可以意会,不可言传"。好比屈原"信而见疑,忠而被谤,故忧愁幽思而作《离骚》",此间痛苦只有作者自己知道;第二,这是词人心中最幽深最含蓄的一种情感,是长期的一种情感的升华,而不是片刻的感兴。王国维在《人间词话》中曾经批评过龚自珍的一首诗:"偶赋凌云偶倦飞,偶然闲慕遂初衣。偶逢锦瑟佳人问,便道寻春为汝归。"②王国维认为龚在这首诗中的态度就是做什么都是偶然,这只是偶然的感物而发,不管你感的是什么物,是"雨来细细复疏疏"的小雨,还是游春时偶然遇到的女孩子,都没有一种很深沉的感情在里面,都是随便写写,这就是"不骚"。

为什么说姜夔的词"骚雅"？陈衍认为所谓"骚雅"就是用语言传达出一种曲折幽隐的情意,而姜夔的情感本身就是幽深的,是长期埋在心头,挥之不去的。姜夔的情感主要表现在三方面:

---

① 叶嘉莹.《南宋名家词讲录》[M].天津古籍出版社,2005,第108页。
② 王国维.《人间词话》,转引自叶嘉莹.《南宋名家词讲录》[M].天津古籍出版社,2005,第108页。

（一）对合肥女子的恋情

让我们先来品析他的代表作之一《暗香》：

> 旧时月色，算几番照我，梅边吹笛。唤起玉人，不管清寒与攀摘。何逊而今渐老，都忘却、春风词笔。但怪得、竹外疏花，香冷入瑶席。
>
> 江国，正寂寂。叹寄与路遥，夜雪初积。翠尊易泣，红萼无言耿相忆。长记曾携手处，千树压、西湖寒碧。又片片、吹尽也，几时见得？

姜夔二十多岁时曾热恋过合肥一位擅弹琵琶的歌妓，两人虽未能结合，却在他心灵上刻下了难以忘怀的印痕。本词就是通过咏梅怀念昔日情人，一往情深；从今昔对比中，又寄托了郁郁寡欢的身世感慨。上片本是由眼前的梅花引起对往日的回忆，却先从回忆写起，由昔而今。开头五句回忆与她一起摘梅的情景，月色、笛声、玉人，景美、人美、兴致美。六七两句转到现实，以何逊自比，感叹自己年老、心绪懒散。上片末二句才写到眼前的梅花，用竹的节操衬托梅的高洁；用筵席酒香衬托梅的冷香。只写"疏枝"不写金株，梅的绰约身姿、清幽气质就都写出来了。下片则是由现实的处境引起往日的回忆，又推想未来的零落。前六句写相思难寄的寂寞处境，眼前的酒和梅都助人相思。"长记"转入回忆往日西湖携手赏梅。最后两句感叹花开易谢，伤心零落后难以相见。

《鹧鸪天·元夕有所梦》写的也是这种情感。全文如下：

> 肥水东流无尽期。当初不合种相思。梦中未比丹青见，暗里忽惊山鸟啼。
>
> 春未绿，鬓先丝。人间别久不成悲。谁叫岁岁红莲夜，两处沉吟各自知。

这是庆元三年元夕之夜，词人梦见二十年前合肥恋人，醒后有感而作。"肥水东流无尽期"，实即词人相思之情永无绝期的比拟。这是巨大的精神折磨，故有"不合种相思"之悔恨。悔恨，又意味着心甘情愿，"未比丹青见"，不正说明有强烈重晤的要求么？因这要求未得满足，山鸟的啼声将词人从梦中唤醒，就实在令人遗憾了。"忽惊"，正表现了这种情绪。换头，将春天和青春比并着写。春天来了，还未见春意，而自己的鬓发却如丝般变白了，此种相思有道是"人间别久不成悲"。写这首词时,姜夔已经40余岁,距邂逅合肥恋人,已20年左右,其恋情不减当年。据夏承焘《姜白石词编年笺校》里统计,与合肥女恋情有关作品竟达22首(包括存疑3首)之多,占现存白石词四分之一。这是一个很大的数量,艺术质量也多为白石词中之上品。

(二)感叹时代变迁,自伤身世和怀才不遇

《扬州慢》是其中的代表作。

> 淳熙丙申至日,余过维扬。夜雪初霁,荠麦弥望。入其城则四顾萧条,寒水自碧,暮色渐起,戍角悲吟。予怀怆然,感慨今昔,因自度此曲。千岩老人以为有《黍离》之悲也。
>
> 淮左名都,竹西佳处,解鞍少驻初程。过春风十里,尽荠麦青青。自胡马窥江去后,废池乔木,犹厌言兵。渐黄昏,清角吹寒,都在空城。杜郎俊赏,算而今、重到须惊。纵豆蔻词工,青楼梦好,难赋深情。二十四桥仍在,波心荡、冷月无声。念桥边红药,年年知为谁生!

这首词写于宋孝宗淳熙三年冬至,姜当时还不满22岁,正翩翩少年,然而忧国忧民的情怀已使词人对现实失望。这是现存白石编年词中最早的作品,从处女作开始,冷峻的时代感与忧思伤感的情调几乎贯穿他的一生。一个刚刚跨过20门槛的青年之所以有如此众多的愁情与伤感,完全是时代造成的。扬州的残破给词人上了一次很好的时事政治课。陈延焯在评价这首词时说:"'犹厌言兵'四字,包括无限伤乱语,他人累千百言,亦无此韵味。"[①]

(三)歌咏爱国抗金

这部分主题的作品虽然不多,但不乏传世佳作,如《永遇乐》。

> 云隔迷楼,苔封很石,人向何处?数骑秋烟,一篙寒汐,千古空来去。使君心在,苍崖绿嶂,苦被北门留住。有尊中酒差可饮,大旗尽绣熊虎。
>
> 前身诸葛,来游此地,数语便酬三顾。楼外冥冥,江皋隐隐,认得征西路。中原生聚,神州耆老,南望长淮金鼓。问当时依依种柳,

---

① 唐圭璋.《词话丛编》第4册[M].北京:中华书局,1986,第3798。

至今在否?

　　为什么词题为"次稼轩北固楼词韵"?因为这首词是按照辛词的韵脚唱和的,主题也是通过对辛的赞扬来表现他渴望收复失地抗击金朝的爱国之情。作者写这首词的背景必须交代一下,辛弃疾为了完成毕生收复失地的抱负,在宁宗开禧元年,他63岁高龄时重新出山任镇江知府。该词开篇三句写江山依旧而往日英雄不见,接着在历史和现实环境中引出英雄辛弃疾,末两句写出了辛的威严和治军有方。下阕先以辛弃疾比诸葛亮和桓温,再写出了北方沦陷区父老盼望南宋出师北伐,收复失地,统一祖国的热切之情。最后两句,运用典故,在突出辛弃疾爱国怀乡之情的同时,也寄托了词人自己盼望国家早日统一的愿望。

　　在对姜夔的历史地位这一问题上,各家各派观点不一,有的认为他是词坛的一代宗师,有的认为他仅仅是一位优秀的词匠,在这个问题上,我偏向于后者,原因可以从姜夔词"骚雅"这个角度去分析。我们首先必须承认姜夔的词确实是他内心深层情感的抒发,但我们必须注意到姜词中情感表现的单薄。这种单薄不是体现在表现主题的面上,而是体现在表现主题的厚度上。由于生活和思想的相对贫乏,白石词在题材的组织上显出杂凑不纯的痕迹。我们可以用比较研究的方法来简单地阐述这个观点。陶渊明、杜甫和辛弃疾,这三人在诗词方面的大家地位是毋庸置疑的,为什么呢?最重要的是他们的诗词中饱含着一种基本的深层的情感——陶渊明是"采菊东篱下,悠然见南山"的隐士归隐情怀,杜甫是"国破山河在,恨别鸟惊心"的家国破碎的沉郁之痛,而辛弃疾是"醉里挑灯看剑,梦回吹角连营"的豪放气质。他们的诗词虽然也有很多变化,但都是从一个中心延伸出去的,这个中心就是他们的人格、信念、理想,从而合成他们诗词中基本的情感或者说是理念。姜夔的词就不能给人这种感觉,人们觉得他确实写了一些好词,但很散很杂,从数字上也能清楚地看到这一点。现可查的姜夔的存词只有80余首,感慨时事、抒写身世的有10数首,交游酬赠的有10数首,眷恋恋人的有近20首,其余多为咏物纪游之作。姜词谈不上什么理念,他的词主要有两种感情:爱情占多数,从这个数据统计上来看,姜夔写得最多的就是眷恋恋人的词,事实上,他写得最好的也就是这个主题。其次,他的某些词中有一点家国的感慨,因为那时中国北部的半壁江山已经沦陷在敌人之手了,所以,很自然地他会有这种情感,只是这种词创作居于次要的地位。虽然姜夔没能成为一代词坛宗师,但作为一名优秀的词匠,他的词中仍不乏人生感悟的强烈烙印。

二、独特的艺术表现手法——清空

姜夔在《诗说》中指出:"语贵含蓄。东坡言'言有尽而意无穷'者,天下之至言也。……句中有余味,篇中有余意,善之善者也。"他认为"诗有四种高妙,一曰理高妙,二曰意高妙,三曰想高妙,四曰自然高妙。碍而实通,曰理高妙;出自意外,曰意高妙;写出幽微,如清潭见底,曰想高妙;非奇非怪,剥落文采,知其妙而不知其所以妙,曰自然高妙。"①姜夔追求的是要创作出不同流俗、出人意料、清幽微妙而又自然的意境,所以他的创作思想是不事摹绘,不尚工细,善于抓事物特征,以重神甚于重形来求形神统一,形成姜词"清空"的独特魅力。具体而言,表现在以下几个方面:

（一）虚处传神,乃从空灵中摄其神理

《疏影》是姜夔的代表作之一,也是引起很大争论的作品之一,我们以这首词为例,从王国维和姜夔对词创作的不同价值观入手,进一步解析白石词的这个特点。

> 苔枝缀玉,有翠禽小小,枝上同宿。客里相逢,篱角黄昏,无言自倚修竹。昭君不惯胡沙远,但暗忆、江南江北。想佩环、月夜归来,化作此花幽独。
>
> 犹记深宫旧事,那人正睡里,飞近蛾绿。莫似春风,不管盈盈,早与安排金屋。还教一片随波去,又却怨、玉龙哀曲。等恁时、重觅幽香,已入小窗横幅。

这是《暗香》的姊妹篇。全词通过刻画梅的形象来表现作者的思想感情,但乍看上去,全词没有一处直接写梅,没有一句话真正能够把梅花切实地写出来,这正是王国维的看法。他认为写梅花,如"江边一树垂垂发",写得多么逼真,而《疏影》虽然写的是梅花,格调虽高,然而"无一语道着"。王国维说,读这样的词"如雾里看花,终隔一层"。这是因为王国维论词主张"真",他说:"能写真景物、真情感者谓之有境界,否则谓之无境界。"②而白石的词就是让你"雾里看花",让你去细细品味。我们看到该词上片描写梅的形象。前三句

---

① 邓乔彬.《词学廿论》[M].上海古籍出版社,2005,第170页。
② 转引自叶嘉莹《南宋名家词讲录》[M].天津古籍出版社,2005,第110页。

刻画梅枝,抓住了特点,绿枝、白花、翠色小鸟,如一幅工笔画。"客里相逢,篱角黄昏,无言自倚修竹"三句刻画梅株,用拟人手法把梅树写成芳洁幽独的美人。生长于篱角,又日暮黄昏,就带有了凄凉的色彩;与竹为伴,又衬托出坚贞的节操。最后四句刻画梅魂,说她是眷念故国、从匈奴月夜归来的昭君所化。这样写,梅的内涵就比《暗香》里的梅深厚多了,远远超出了恋情的范围。

下片写梅的飘落。前三句用寿阳公主梅花妆的典故,写梅花的凋零,用自己的殒身为人间增添美,就更显凄艳动人。"莫似春风,不管盈盈,早与安排金屋"三句转而议论,抒发惜梅之情。这里又以美人喻梅花,人们应当金屋藏娇。最后四句紧承上一层,是说如果不爱梅、护梅,再教飘落,怨《梅花落》笛曲也无济于事,那时再想见梅,她已画入梅花图画里了。这是惜梅之情的进一步表述,同时也说明,梅的丽质仙姿、高洁品格,使她不会消逝,人们会把她长留人间。总体说来,相比其他写梅的词而言,《疏影》写得却更为曲折深细,使梅的形象神形兼备。所以在当时转播吟口,为千古绝唱。整首词咏梅,不从正面叙写梅花的姿态、形貌、特点,而是用了几个与梅花相关的典故,拉开了与现实的距离,从虚处着笔,传达了作者内心某种复杂的意绪,是一种高度虚括的情感,因而显得清空。

(二)以诗法入词,提高了词的意格

五代北宋人多以中晚唐诗的词汇入词,到后来周邦彦多演化六朝小赋和盛唐诗,渐有变化,但还是因少创多,到了白石,用词多是自创自铸,一家之风味很浓。白石一方面用中晚唐诗来修正江西派,另一方面又用江西诗修正五代北宋词。以修辞这一端来说,他从用唐诗成语辞汇走向用宋词的造句铸辞,也是他的词风之一,[①]所以,我们在姜词中可以见到不少"说景微妙"之语,如"数峰清苦,商略黄昏雨"(《点绛唇》)、"波心荡、冷月无声"(《扬州慢》)、"千树压、西湖寒碧"(《暗香》)等,适当纠正了北宋以来婉约派词人软媚的词风,给读者一种清新挺拔的感觉。白石词还有以虚词贯串的特点。如:"阅人多矣,谁得似、长亭树。树若有情时,不会得、青青如此。"(《长亭怨慢》)"韦郎去也,怎得玉环吩咐……算空有并刀,难剪离愁万缕"(《长亭怨慢》)等等。

---

① 叶嘉莹.《姜白石词编年笺校》[M].上海古籍出版社,1981,第6页。

(三)意象与意境的清峭

刘熙载在《艺概》卷四中指出:"姜白石词幽韵冷香,令人挹之不尽,拟诸形容,在乐则琴,在花则梅也。"①姜夔词中,"冷香"出现次数不多,但"冷香"最能代表白石词整体的风格与独创的情韵。"冷"字在白石词中共出现十一次,除"冷香"外,还有"冷云"、"冷红"、"冷月"等。"香"的次数出现十六次,与"冷香"相关或最为接近的有"寒香"、"幽香"、"暗香"等。②

白石词中,有很多幽冷的意象,如《暗香》中的月色、梅、清寒、江国、夜雪、翠尊、寒碧等。在这幽冷的底色上又有一丝亮色与温暖:春风、红萼。

让我们来看看姜夔的另一首代表作《踏莎行》(自沔东来,丁未元日至金陵,江上感梦而作)。

燕燕轻盈,莺莺娇软,分明又向华胥见。夜长争得薄情知?春初早被相思染。

别后书辞,别时针线,离魂暗逐郎行远。淮南皓月冷千山,冥冥归去无人管。

这首词,用记梦的方式诉述内心深情,无论在艺术构思还是描写手段方面都有独到之处。淳熙十四年元旦,姜夔从故乡汉阳东去湖州途中,在船上梦见了远别的恋人,写下了这首词。上片写梦中相见迷离恍惚。下片写梦后相思,情深入骨。词的前几句写"玉人"、写相思等都是为全词酝酿一种清冷的境界,为词的最后两句"淮南皓月冷千山,冥冥归去无人管"蓄势。最后两句写恋人离魂远从淮南而来,飞越皓月千山,梦醒后则离魂又归返幽深昏暗的远方。这里着一"冷"字,点染离魂冒着寒夜冷月追寻情郎的热情,使自然界的静态物景与词人缠绵悱恻的情意相合,尤见词境凄冷奇绝。在此,词人给我们展开了一幅清奇至绝的图画:在皓洁而清冷的月光下,在淮南千山峭冷的阴影中,一个单薄如剪影、晶莹如冰雪的离魂情女,正寒瑟瑟、孤零零地,跋涉于犹如冥界的长夜。

---

① 刘熙载.《艺概》,转引自缪钺《灵谿词说》[M].上海古籍出版社,1987,第458页。
② 陶尔夫,刘敬圻.《南宋词史》[M].哈尔滨:黑龙江人民出版社,2005,第276页。

三、形成姜白石词"骚雅清空"的原因

（一）人格的清奇与情感的冷隽

姜夔生当宋金和议时期，南宋王朝偏安江南，苟且偷安，不思恢复，只想凭借江淮水城阻挡金人南下。朝廷之上，文恬武嬉，置广大沦陷区百姓死活于不顾。面对这一现状，姜夔内心愤恨不平。但一生未仕的他因不能直接为国家民族尽其才而愁苦难言，只能通过诗词创作书写心中悲痛与隐忧，如写于淳熙十三年冬的《翠楼吟》，作于光宗绍熙二年春初的《满江红》。姜夔一生漂泊，自幼随父居沔鄂。14岁父殁，遂寄居湖北汉川姊家约十七八年之久。之后的生活来源除了卖字之外，主要靠友人周济。南宋有股江湖游士的风气，以他们的诗文得到一些达官显贵的欣赏，在这些达官显贵家中成为一种曳裾的门客。姜白石早年曾得到一位诗人的欣赏，这个诗人叫做萧德藻，因为很欣赏姜白石，就把自己的侄女嫁给了他，而且为其安排了一个可以定居的场所。后来萧德藻介绍他认识了另外一个有名的诗人杨万里，由杨万里又认识了范成大，然后他又跟张镃、张鉴两位词人来往，而当这些词人相继死去后，姜夔贫困得无以为生，据说他死后，还是许多朋友为他筹集的资金，才把他安葬的。然而，就是这样一个漂泊穷困的词人，一直保持着出淤泥而不染的品质，据说他飘飘若晋宋间人，范成大去世后，姜夔到杭州倚张鉴先后达十年之久，可以说张对他恩重情厚，但姜并不因此就在贺寿词中表现俗气媚态，只有词觅清幽、共览明月、咏诗赏字的清雅友情的表述，与那些仰人鼻息、阿谀奉承的食客颇为不同，足可见姜内心的清高并始终不渝地保持着这个品质，而这种品质和一生坎坷的经历也自然地流露在了作品中。白石词表现的情感是冷隽的。白石词中大多表现的是经过岁月沉淀过滤了的情感。它省略掉缠绵温馨的爱恋经过，只表现离别后的苦恋相思，用一种独特的冷隽来处理炽热的柔情，从而将恋情雅化，赋予柔情艳思以高雅的情趣和超尘脱俗的韵味。如上所述，白石比拟事物独借梅与荷，这是因为荷花出淤泥而不染，其品最清；梅花凌冰雪而独开，其格最劲，与自己的性情相合。而白石之词格清劲，也可以说是他人格的体现。所以，姜词不论是感慨身世、时事、交友酬答，还是念物、怀人、纪游，无不使人感到一股"清气"幽忧而来。

(二)"精思"的作词态度

姜夔在《白石诗说》中指出:"诗之不工,只是不精思耳。不思而作,虽多亦奚为?"① 姜白石论诗主张"精思",作词也是"精思"而成,用心虽苦,而以此为乐。他的《庆宫春》小序中说:"朴翁以袭自缠,尤相与行吟,因赋此阕,盖过旬涂稿乃定。朴翁咎予无益,然意所耽不能自已也。"作《广宫庆》词如此,作其他词大约也有类似情况。所以白石平生作词仅存 80 余首,几乎每首都可读,很少有率意的败笔。② 所以,有人称白石为"宗工"。白石的"精思"使得词用字精微深细,几乎字字敲打得响;造句圆美淳雅,时时迭出新意,不仅言有尽而意无穷,且能达到"自然高妙"之化境。此外,"精思"还表现在白石词笔法的曲折上。夏承焘先生在《姜白石词编年笺校》的《行实考》中对此有独到见解:"白石此类情词有其本事,而题序时时乱以他辞此见其孤往之怀有不见谅于人而宛转不能自己者。""孤往之怀"是指专爱一个人,完全把自己的感情投注到他身上。夏先生说,白石这一份"孤往之怀"可能得不到别人的谅解,但是作为一个生性敏感的词人,他又控制不住自己,一定要写。而这本身就是一份"宛转不能自己"的感情,词人内心千回百转不能断绝。所以,姜夔选择在写爱情词的序中加点其他的东西,或是选择曲折的笔法使词幽隐曲折,如雾里看花。我们看《浣溪沙》这首词的序:"予女须家沔之山阳,左白湖,右云梦,春水方生,浸数千里,冬寒沙露,衰草人云。丙午之秋,予与安甥或荡舟采菱,或举火罝兔,或观鱼下;山行野吟,自适其适;凭虚怅望,因赋是阕。"他前面写的是山阳的景物,写他与安甥如何游猎,与他要写的内容没有一点关系,只有"凭虚怅望"才隐隐透露一点信息:无论游猎还是行吟,我的内心总是有种惆怅,这是任何快乐都没法替代的。在欣赏这首词时,如果我们不知道他合肥情事的背景,很难知道他到底说了些什么,只会觉得这篇序和词没什么关系。这种写法也使得欣赏者有时不能轻易地感觉到词的好,所以觉得词是"香"的,但是"幽",是不能立刻显现的。

(三)清的音乐审美情趣与南宋崇雅之风

作为南宋"格律派"词人的代表人物,姜夔精通音律,是自创新曲的天才。

---

① 王安石.《六一诗话·白石诗说·溪南诗话》[M].北京:人民文学出版社,1962,第 32 页。

② 叶嘉莹,缪钺.《灵谿词说》[M].上海古籍出版社,1987,第 458 页。

他所以谨守音律,是要藉音律的谐美以衬托词中的情辞,而并不要拘守音律以妨害情辞。① 杲如的《从音乐的角度谈姜白石词风对传统的继承》就是从音乐的角度对姜词进行探讨的专门之作。文章认为,姜夔词风之"清"是与其所倚音乐风格之"清"相一致的。从音乐的角度讲,王昌龄创作期之玄宗朝盛时,其所交游的士大夫圈中,其音乐背景乃以华夏正声——法曲为主,法曲的审美特点就是清、雅、淡。在这种审美标准下,王昌龄诗风之"清、雅、淡"便很自然了,而姜白石词所配音乐因其有意复古而具封建前期音乐特色,其所进《圣宋饶歌鼓吹曲》及所擅长之琴乐,皆可见白石音乐审美风格雅清淡。由此,从音乐上白石之"清"与王昌龄之"清"便遥相呼应,而白石词风之"清"与王昌龄所代表的那个时代的"清"之间的继承联系是必然的。

另外,在研究宋词时,我们必须注意到南宋的崇雅之风。南宋王朝偏安江南,江南山清水秀,四季风景宜人,因而,统治者们在此纵情声色、挥霍享乐,文人的湖山游赏之风也大为盛行。南宋文人士大夫的性格具有多重性,往往既是贵胄子弟,又是文人雅士,另一方面,南宋小朝廷不思恢复,贪图安逸,苟安一隅,排斥压制主战派,迫使很多人厌倦政治、逃避现实而心生归隐之念,将生活兴趣转向"山林之趣"。这些情况也自然使当时的词学批评中出现了崇雅倾向。其次,词的创作本身就是为了应歌,它的传播和消费主要靠歌妓舞女在歌楼舞榭、筵前酒边、花前月下以歌唱表演的形式来实现,这也就决定了词的创作在内容和题材的表现上,不可能像传统诗文那样去"言志"、"载道"、"为时"、"为事"而作,而必然选择和趋向于表现与这种消费特征相契合的"情事",从而增强了词的抒情性。姜夔彻底的反俗为雅,下字运意,都力求雅而又雅。这正迎合南宋后期贵族雅士们弃俗尚雅的审美情趣,因而受到张炎等人的大力推崇和张扬,姜词被视为雅词的典范。②

在欣赏白石词时,我们不难发现词中蕴含的情感,多属于文人士大夫那种高洁清雅的意趣,与宋人总体上内敛的情感表现是一致的,既很少有世俗的香艳繁杂,也很少有豪壮激烈的情怀,给读者一种清新挺拔的感觉。当然,这点也造成了南宋诗坛过重词句的风气,这种风气的流弊使得作品晦涩、匠气,使读者常有"雾里看花"之感。这种情况到吴文英等人的时候,更为严重。

除此之外,我们知道姜白石是从江西诗派作诗的方法入门来写诗的。江

---

① 缪钺.《灵谿词说——论姜夔词》[J].原载于《四川大学学报》1984年第4期。
② 王兆鹏.《宋词流变史论纲》[M].原载于《湖北大学学报》1997年第5期.

西诗派写诗讲究"脱胎换骨",即诗的本意可以从古人那里借鉴,但你在外表上要变换一个形式来写或者是外表上和别人写得差不多,但是你变换了里面实质性的东西,简而言之就是尽量在模仿古人之中又要与古人不同。姜夔曾"三熏三沐,师黄太史氏",但"居数年,一语噤不敢吐,始大悟学即病",转向"故向也求与古人合,今也求与古人异"。① 之后,一方面用中晚唐诗修正江西诗派,另一方面又用江西诗派修正五代北宋词,所以,姜夔的词既有唐人绝句的风格,又融入了江西诗派的神韵,含蓄清俊,经得起体会寻味。这是白石词给人一种与生俱来的"清空"之感的原因。

结束语

总之,白石词以清逸幽艳之笔调,写一己身世之情,在豪放和婉约外,另树清刚一帜。词至白石遂不能总括为婉约和豪放两派。词发展到姜夔,婉约词已不能再走原来的老路,姜夔把婉约和豪放两种词风成功地加以融合,创作清空骚雅的词作,在词史上掀开新的一页,对后代的影响至为深远。

【点评】

这篇论文从丰富的情感内涵和独特的艺术表现手法两个方面来理解姜夔词的骚雅和清空。对姜夔词骚雅与清空的内涵,向来有各种说法,但缺少深入系统的研究。这篇论文综合前人看法,在此基础上提出了自己的见解。文章先分别论述骚雅与清空的内涵,认为骚雅是姜夔词丰富的情感内涵,清空是独特的艺术表现手法。对骚雅与清空内涵的总结概括,言之有据,令人信服。然后探讨形成姜夔骚雅清空词风的原因。联系南宋的文坛背景与姜夔自身经历与创作态度,也较为全面。本文最大的特色是逻辑严密,论证周密。在论证之时,往往引用一到两首姜夔代表作,加以恰到好处、精练简洁的分析,使得文章文气贯通,结构完好。如以线串珠,一气呵成。

(李睿)

---

① 夏承焘校.《姜白石词校注》代序《论姜白石的词风》[M].广州:广东人民出版社,1983,第5页。

王夫之《古诗评选》选诗评诗简析

安徽大学中文系汉语言文学专业2010届　马玉
指导教师　吴怀东

内容摘要：《古诗评选》是王夫之重要的诗学著作，选诗评诗，极具特色。在选诗方面，不仅诗人数量和诗歌数量众多，而且呈现出极不平衡的状态，同时还收录了八位女诗人的诗作。在评诗方面，《古诗评选》的语言简练、形象、生动，富有智慧。在评点技巧上，主要运用了比喻和对比两种手法。其评点用字有的多达百字，有的仅用一字。《古诗评选》所选诗歌主要来自汉代及魏晋南北朝，这些诗歌承载了王夫之独特的诗学理想，其审美立场主要是中国古典诗歌的抒情传统和艺术特性同儒家诗教观的结合。

关键词：《古诗评选》；选诗；评诗；诗学理想；审美立场

引　言

　　王夫之，字而农，号姜斋，又号夕堂。湖南衡阳人，晚年隐居湘西石船山，后人称其"船山先生"。他是明末清初杰出的学者、思想家、诗学家，与顾炎武、黄宗羲合称为"明末清初三大家"。
　　王夫之的学术思想博大精深，为中国传统文化作出了巨大贡献。在结庐船山的数十年间，王夫之矢志不渝用力不懈，遗稿山积。由于时代原因，他的著述在清代被列为禁书，直到1856年曾国藩等人刊刻《船山遗书》，沉湮两个世纪的船山学说才自此"大倡于湖湘而遍于天下"。王夫之的诗学著作均写于晚年,"一个诗人,其晚年的宗尚当是经过长期的思考和酝酿而得",①所以王夫之的诗学著作体现出的是一种成熟的诗学思想形态。他的诗学思想是中国古代诗学中极富东方智慧与民族个性的理论。"是对于源远流长而辉煌灿烂的中国传统诗歌文化的美学总结,而且是站在传统本身的立场上所做的总结,是由一位具有最深刻的古代哲学思想和高度艺术鉴赏力的天才学者所做的总结,是在一个十分短暂,思想活跃的历史瞬间完成的"。②

一方面由于王夫之的诗学思想具有极高的理论价值,另一方面由于其诗学著作甚至整个学术著作都被发现得很晚,经过一个多世纪的探索研究,虽然取得了一些成果,但在广度和深度上却显得不够。因此研究王夫之的诗学具有重要的意义。它"有助于认清中国诗学的基本精神、总体特征和审美理想,有助于当代诗学的建设及其与古代诗学的贯通,更有助于弘扬富于美学价值、民族个性和生命活力的诗学精神"。③

《古诗评选》是王夫之重要的诗学著作,自上世纪八十年代开始进入学术界研究范围。学者们围绕王夫之的《古诗评选》进行了较为深入的研究,可是检索中国学术期刊网,自1987年至2009年底,虽然探讨王夫之诗歌创作与诗歌评论的论文甚多,但与《古诗评选》有关的论文却只有二十篇左右。这些研究在探讨视角上,侧重对王夫之诗歌评选的某一方面进行探讨。在探讨态度上,褒贬兼有而且对同一问题褒贬不一。"在探讨内容和对象上,近人研究涉及的内容有王夫之关于魏晋南北朝诗歌在中国诗歌发展史的地位、评选源流探讨的方法建构、南北朝诗评的辩证思维、乐府诗评观、对民间歌谣的轻蔑、对谢灵运的无限推崇以及对'三曹'(曹操、曹丕、曹植)和曹魏'三祖'(曹操、曹丕、曹睿)诗歌的批评、对陶渊明的评价等,并着重分析其中的原因。但无论是从数量,还是从论述的重点看,学界仍重在探讨王夫之关于个别诗人诗作的评论"。④ 另外,在对所选诗歌体裁进行探讨时,将重点放在乐府歌行和五言诗上,对四言和小诗却很少涉及。因此,王夫之的《古诗评选》还有待于更全面、更深入的研究与发现。

《古诗评选》蕴含着王夫之独特的诗学观念和审美理想,对于中国诗学来

---

① 刘诚:《中国诗学史》,厦门:鹭江出版社,2002年,第48页。
② 肖驰:《中国诗歌美学》,北京大学出版社,1986年,第102~103页。
③ 崔海峰:《王夫之诗学范畴论》,北京:中国社会科学出版社,2006年,第25~26页。
④ 杨琪:《近人对王夫之魏晋南北朝诗歌评选研究之探讨》,《2008年湖南省船山学研讨会船山研究论文集》,第164页。

说,具有极高的理论价值。本文以张国星校点的《古诗评选》为对象,试图对《古诗评选》所选诗歌、诗人进行量化统计,并对《古诗评选》的评诗特色作出总结,以此来探讨《古诗评选》所体现出的诗学理想和审美立场。

一、《古诗评选》的选诗特色

(一)《古诗评选》入选诗歌的体裁和诗人的朝代分布

《古诗评选》所选诗歌是自西汉至隋朝千余年间的作品。古诗,也叫古风或古体诗,它是相对于近体诗而言的。以唐为界,唐代以前的诗都是古诗,比如《诗经》和《汉乐府》中的诗。唐代及唐代以后,诗人们借乐府旧题所写的诗歌也是古体诗,如李白的《梦游天姥吟留别》和白居易的《长恨歌》等。近体诗也称"今体诗",是唐代形成的律诗和绝句的通称,如杜甫的《秋兴八首》、《登高》,李商隐的无题诗等。古体诗在发展过程中与近体诗有交互关系,南北朝后期出现了讲求声律、对偶,但尚未形成完整的格律、介乎古体、近体之间的新体诗。《古诗评选》收录了这一时期的新体诗,王夫之称这些新体诗为五言近体,但依然将其当作古诗进行评选。

《古诗评选》共六卷,收录诗歌832首。按照王夫之的分类,卷一所选诗歌的体裁是古乐府歌行,共162首;卷二是四言,共120首;卷三是小诗,共78首;卷四和卷五所选诗歌的体裁都是五言古诗,共381首,其中卷四收录174首,卷五收录207首;卷六所选诗歌的体裁是五言近体,共91首。

首先来说古乐府歌行,它是乐府诗与歌行体的合称。两汉所谓乐府是指音乐机关,它既收集贵族文人创作的歌辞,又收集采集来的民间的歌辞入乐。魏晋六朝时,把乐府所唱的诗歌也叫"乐府",于是乐府机构的名称变为一种带有音乐性的诗体的名称。汉乐府诗以汉乐府民歌为主,语言朴实自然,押韵灵活,在韵律上回环往复、音韵和谐。在形式上汉乐府诗以五言和杂言为主,对后世五言诗和歌行体的形成与盛行同样具有很大的影响。

歌行为南朝宋鲍照所创,鲍照模仿和学习乐府,经过充分的消化吸收和熔铸创造,不仅得其风神气骨,自创格调,而且发展了七言诗,创造了以七言体为主的歌行体。初唐时刘希夷《代悲白头翁》与张若虚《春江花月夜》的出现,可以说是这种体裁正式形成的标志。歌行体诗歌在格律、音韵方面冲破了格律诗的束缚,声律、韵脚比较自由,平仄不拘且句式灵活。

由于古乐府诗与歌行体具有形式上的传承关系,所以王夫之将它们合并

在一起进行评选。以张国星校点的《古诗评选》为对象进行统计,得出下表:

表1:《古诗评选》卷一(古乐府歌行)所选诗歌数量及诗人朝代分布

朝代		诗人数量(位)	诗歌数量(首)
汉		10	35(其中乐府诗15首)
魏		4	22(其中曹丕16首、曹操8首、曹植2首)
晋	西晋	3	10
	东晋	2	5(其中晋乐府辞3首)
南朝	宋	8	36(其中鲍照18首)
	齐	5	9
	梁	13	30
	陈	4	5
北朝		4	4
隋		3	6

由表1可见,古乐府诗中王夫之推崇的是汉乐府诗,歌行体中王夫之推崇的是曹丕和鲍照。而对于以诗名著称的陈思王曹植,王夫之只选了2首诗歌进行评选。

四言诗是古代产生最早的一种诗体,指通首都是或基本是四字句写成的诗歌。《诗经》中的诗歌以四言为基本体裁,先秦两汉的其他典籍所记载的诗歌,如《史记》所载《麦秀歌》、《左传》所载《子产诵》、《宋城子讴》等,也都以四言为主。在西周与春秋时期,无论是社会上层还是下层,是娱乐场所还是祭祀场合,最流行的诗体是四言诗。春秋以后,四言诗逐渐衰落,但仍有不少诗人写作四言诗,如三国时期的曹操父子,魏末的嵇康,西晋的陆机、陆云,东晋的陶渊明等。以张国星校点的《古诗评选》为对象进行统计,得出下表:

表2:《古诗评选》卷二(四言)所选诗歌数量及诗人朝代分布

朝代		诗人数量(位)	诗歌数量(首)
汉		6	6
魏		3	4
晋	西晋	7	67(其中嵇康24首、陆云29首、张华10首)
	东晋	7	32(其中刘琨8首、陶潜12首)
南朝	宋	2	2
	齐	4	5
	梁	3	3
	陈		
北朝			
隋		1	1

由表2可见，王夫之所选的四言诗以汉、魏、晋以及南朝为主。这与四言诗在东晋后的基本灭绝有关。四言诗中，王夫之推崇的是晋代的诗歌，尤以嵇康、陆云、陶潜、张华和刘琨为代表。

《古诗评选》中有小诗存在，"这较之其他的古诗选本是罕见的。王夫之独列此类的目的，就是要标出绝句的源头，以作为后来的典范，也是作为他评诗的标准"。① 王夫之在《古诗评选》中也写到："小诗之制，盛于唐人，非唐人之独造也。汉晋以来，所可传者，迄于陈、隋亦云富矣。世或谓之'绝句'。"② 由此可知，小诗即后代所谓的绝句。以张国星校点的《古诗评选》为对象进行统计，得出下表：

表3：《古诗评选》卷三（小诗）诗歌数量及诗人朝代分布

朝代		诗人数量（位）	诗歌数量（首）
汉			3（三首均为古辞）
魏		1	1
晋	西晋	2	2
	东晋	2	2
南朝	宋	5	11
	齐	6	11
	梁	13	32
	陈	2	6
北朝		3	4
隋		4	6

由上表可知，王夫之最为推崇南朝的绝句，共选了南朝诗歌60首。另外从汉代的古辞至隋炀帝朝，小诗历朝皆有，的确是"非唐人之独造也"。

五言古诗是汉、魏时期形成的一种新诗体。它没有一定的格律，不限长短，不讲平仄，用韵也相当自由，但每句五个字的句式却是固定不变的。因为它既不同于汉代乐府歌辞，也不同于唐代的近体律诗和绝句，故称五言古诗。在《古诗评选》中五言古诗所占的数量最多，约占选诗数量的46%，这与汉魏六朝五言诗的兴盛有关。在《古诗评选》中，王夫之将五言古诗以晋为界分为两部分，卷五是汉至晋，卷六是宋至隋。以张国星校点的《古诗评选》为对象进行统计，得出下表：

---

① 张健：《清代诗学研究》，北京大学出版社，1999年，第296页。
② 张国星：《古诗评选校点》，北京：文化艺术出版社，1997年，第113页。

表4:《古诗评选》卷四、五(五言古诗)诗歌数量及诗人朝代分布

朝代		诗人数量(位)	诗歌数量(首)
汉		11	52(其中古诗27首,包括古诗十九首)
魏		4	15(其中曹丕9首)
晋	西晋	15	67(其中阮籍20首)
	东晋	14	40(其中郭璞10首、陶潜17首)
南朝	宋	19	70(其中谢灵运45首、鲍照13首)
	齐	8	52(其中谢朓19首、江淹23首)
	梁	28	61(其中何逊11首)
	陈	4	5
北朝		7	10
隋		4	9

由表4可见,五言古诗中王夫之推崇的诗人尤以曹丕、阮籍、郭璞、陶潜、谢灵运、鲍照、江淹、谢朓、何逊为代表。另外,还可看出《古诗十九首》被王夫之列于很高的地位,张健在《清代诗学研究》中说:"船山诗学的古诗传统是以古诗十九首为核心的价值系统","五言古诗,以古诗十九首为基准,否定齐梁"。① 可知,五言古诗在《古诗评选》中占有重要地位,而《古诗十九首》以及晋宋的诗歌在五言古诗中又占有很重要的地位。

五言近体,如上文所述是指唐代及唐代以后正式形成的在句式和韵律上具有严格规定的诗体,而《古诗评选》中所列的"五言近体"并非如此。以张国星校点的《古诗评选》为对象进行统计,得出下表:

表5:《古诗评选》卷六(五言近体)诗歌数量及诗人朝代分布

朝代		诗人数量(位)	诗歌数量(首)
汉			
魏			
晋	西晋	1	1(张华1首)
	东晋	1	1
南朝	宋	1	1
	齐	2	3
	梁	17	62
	陈	12	21
北朝		1	1
隋		8	9

---

① 张健:《清代诗学研究》,北京大学出版社,1999年,第283~284页。

由表 5 可见,《古诗评选》中"五言近体"所收录的是西晋张华以来至陈、隋的具有近体特征的作品,即"新体诗"。王夫之之所以做这样的评选,"一方面是强调近体诗的源头是在六朝,另一方面也是要突出这个源头所具有的典范意义"。① 另外,王夫之在《古诗评选》中也写到"余既谂其不然,因溯自西晋,迄乎陈、隋,采诗若干,著近体之所自出"。② 《古诗评选》所选诗歌的体裁共有 6 种,分别是乐府诗、歌行体、四言诗、小诗、五言古诗和五言近体,它们之间具有复杂的传承演变关系。如古乐府与歌行,五言古诗与五言近体等。在这些体裁中,王夫之最为推崇的是五言古诗,这一方面与五言诗在魏晋六朝的盛行有关,另一方面也与王夫之的审美原则有关。《古诗评选》所选诗人自汉代直到隋朝,时间跨度近千余年,这些诗人的朝代分布,以魏晋南朝居多。船山用精妙的文字对这些诗人诗作大加评点,在这些评点中,王夫之明显表现出了他独特的个人好尚。

(二)《古诗评选》中收录的女诗人

中国古代女子地位低下,在诗坛上享有盛名的女诗人更是屈指可数。然自《诗经》开始,历朝历代均有女子写诗,只是囿于伦理纲常,流传的诗作并不是很多,但其中也不乏名作,有些诗作与一流的才子佳品相比也未必逊色。《古诗评选》共收录了 8 位女诗人的 10 首诗作。其中有唐山夫人的《安世房中歌》,卓文君的《白头吟》,班婕妤的《怨歌行》,谢道韫的《拟嵇中散诗》,鲍令晖的《寄行人》和《题书寄行人》,刘令娴的《美人》和《咏百舌》,沈满愿《咏灯》以及拓跋后胡氏的《杨白华》。这些女诗人中,卓文君、班婕妤以及谢道韫为后人所熟悉,剩下的五位在文学史中均未被提到,而且后人对她们的了解也不多。

唐山夫人,是汉高祖刘邦的宫人,是古代较有才华的后妃。大约高祖在位初年前后在世。生平事迹不详,由于她没有政治地位,因此,她和她写的《安世房中歌》,在《史记》、《汉书》等书中都没有记载。

鲍令晖,是"元嘉三大家"之一鲍照的妹妹,她善作情诗,钟嵘的《诗品》以及徐陵的《玉台新咏》都选了她的诗作。由于家境清贫,鲍照与鲍令晖相依为命,所以兄妹感情特别浓厚。鲍照在别人面前,尤以有这样一个才华横溢的

---

① 张健:《清代诗学研究》,北京大学出版社,1999 年,第 283~284 页。
② 张国星:《古诗评选校点》,北京:文化艺术出版社,1997 年,第 298 页。

妹妹而自豪。

刘令娴,是南朝梁代文学家刘孝绰的第三妹,世称刘三娘。她的丈夫是徐悱,由于丈夫长年宦游在外,夫妇二人寄诗赠答,感情真挚。其诗收于徐陵的《玉台新咏》。

沈满愿,是南朝文学家沈约的孙女,她深具祖风,善于作诗。

拓跋后胡氏,是北魏宣武帝元恪的妃子,孝明帝元诩的生母。她既有文才,又贪武艺;既爱天下,又喜金钱;既信佛教,又善权术。当上太后之后,杀死亲生儿子,立刚出世的小孙女为帝,转而又推翻重立。后来少数民族首领攻破洛阳,她与小皇帝一起被放进笼子里淹死。

上述五位女诗人,或是嫔妃或是王后或来自清贫庶族或是名门之后,但都深具才华。只是由于历史原因,她们横溢的才华后人往往难以知之。王夫之慧眼独照,拥有通达的审美精神,他对这些才女的诗作进行评点,使得《古诗评选》具有独特的卓尔不群的艺术风神。

二、《古诗评选》的评诗特色

(一)评点中涉及六朝以后的诗人

王夫之的古近体诗评选有三种,除《古诗评选》外,还有《唐诗评选》和《明诗评选》,三本诗学著作均于晚年完成,所以它们是融会贯通具有紧密联系的。《古诗评选》所选诗人184位,但在诗歌赏析评品的过程中,王夫之时常提及唐、宋、明三代的某些诗人作批评比较。他有自己的诗学理论体系,在这点上较清初其他的诗论家更显其非凡的识力和才学。依据张国星校点的《古诗评选》,从王夫之的赏析评语中,统计出了六朝以后的诗人,见下表:

表7:《古诗评选》中提及的六朝以后诗人

朝代	诗人	合计(位)
唐	杜易简、东方虬、陈子昂、李白、杜甫、白居易、元稹、高适、岑参、石曼卿、李颀、王维、王昌龄、韩愈、崔颢、刘禹锡、常建、萧颖士、孟浩然、曹邺、罗隐、温庭筠、李商隐、韦应物	24
宋	苏轼、曾巩、欧阳修、梅尧臣、苏子由、陆游、辛弃疾	7
明	徐渭、袁宏道	2

由上表可见,《古诗评选》中王夫之时常提及的诗人有33位,以唐朝诗人

居多。因为唐是与六朝隋代紧邻的朝代,无论是体裁、声律还是题材,诗歌在唐代都发生了巨大的变化。这些变化王夫之多是极力否定的,从唐经宋再至明代,王夫之认为诗风日渐萎靡败坏,他的整个诗学探索就是以对明诗的反思和审视为前提的,这也同样说明了王夫之诗学具有严密的系统性。

(二)《古诗评选》的评论语言

《古诗评选》评论语言极具特色,读者丝毫不会感到枯燥单调。"王夫之的评论一洗旧儒套路,往往将精妙的见解以简练而形象的词语,生动地表达出来。文辞清峭简约,或骈或散,时而插入几句俚语俗言,风趣动人;用笔俊健潇洒,时而飞矢投戟,时而诙谐调侃,机敏中不失严谨。使人读来既含英咀华,可细味其中灵奥,却又感到轻松活泼。例如评梁武帝《绍古歌》:"自汉以下,乐府皆填古曲,自我作古者,惟此萧家老二公二歌(另一指《河中之水歌》)而已。一个'萧家老二公'调笑的称呼,暗寓了王夫之对'自我作古'的有保留的首肯,对魏晋六朝乐府'皆填古曲'的不乐尽在言外。"① 又如评陈后主《临高台》:

所云"眼"者,亦问其何如眼,若俗子肉眼,大不出寻丈,粗欲如牛目,所取之景亦何堪向人道出?

"俗子肉眼,大不出寻丈,粗欲如牛目",贬斥作诗取景心目不一、难融一片的作品,至此可见其论风何等痛快凌厉。

透过王夫之的诗评语言,我们可以想见这是一个具有独特性格的思想家,是一个兼具渊博学识与敏锐鉴察力的文论家,更是一个具有血性真情的诗人!其诗评,"是艺术的批评,更是批评的艺术。这是智者的优雅、知之者的风范。后代学人得此者大抵宗白华先生《美学散步》一人而已"。②

(三)比喻和对比方法的运用

除了语言方面的特色,《古诗评选》还体现出了王夫之高超独到的评点技巧。如比喻和对比方法在品评中的运用,在王夫之笔下,既灵动传神,又娴熟自然,有如神助,使评点大为增色。

先说比喻,在《古诗评选》中,王夫之运用这一修辞手法多达五十余处。

---

① 张国星:《古诗评选校点》,北京:文化艺术出版社,1997年,第340~341页。
② 张国星:《古诗评选校点》,北京:文化艺术出版社,1997年,第241页。

其间广征博引,独出心意,形象妥帖,生动幽默,可谓惟妙惟肖,出神入化。

他或引草木鸟兽:

> 结构奇绝。神龙得云,唯其夭矫矣。(评刘琨《答卢谌八首》)
> 骏马驰平皋,几于无影。(评谢朓《和江丞北戍琅琊城》)

或引风云雨月:

> 吟咏往来,觉蓬勃如春烟弥漫,如秋水溢目盈心,斯得之矣。(评鲍照《拟行路难九首》)
> 历乱出入,如晴风卷云,断虹带雨。(评江总《梅花落》)
> 转成一片,如满月含光,都无轮廓。(评谢灵运《夜宿石门》)

或用什物常事:

> 宜其字字如印沙,语语如切玉也。(评陶潜《归鸟四首》)
> 始知以意为诗者,犹赵括只恃兵法,成擒必矣。(评张协《杂诗八首》)

或摹人神貌态:

> 纳孝标于梁代,如脱女队而乍见须眉,虽危切不厌也。(评刘峻《始营山居》)
> 此篇人人吟得,人人埋没,皆缘摘句索影,谱入孟德心迹。一合全首读之,何尝如此?捧画上钟馗,嗅他靴鼻,几曾有些汗气?惭惶,惭惶。(评曹操《短歌行》)

或比之于艺术体类:

> 此种如画家披麻皴,全恃墨气。唐人多仿此者,正不得其笔外蓬勃。(评何思澄《古意》)

关于对比手法,王夫之在《古诗评选》中运用多达七十次。涉及诗人、诗风、诗体等多个方面。对比的运用与王夫之的博览有紧密关系,在他心中自有一部中国古代诗歌发展流变史,这极大地丰富了《古诗评选》的历史价值和思想内蕴。

(四)洋洋洒洒与惜字如金

王夫之《古诗评选》的评点涵盖诗歌的谋篇用字、主旨体裁、艺术特色、情韵声律以及诗人气质等多个方面，它并不是拘囿于一点。另外，最为可贵的是王夫之的评论绝不枯燥，在品评的同时，他的评论文字亦具有很高的欣赏价值，其妥帖精彩处往往令人心醉。他的评点，"时而洋洋洒洒多达百字，颇具一气呵成之快感和混融圆通之气势。时而又惜字如金，虽只寥寥数言，但命中靶心，颇为精警"，①突显了王夫之对所选诗歌特色的把握能力和对语言文字的驾驭技巧。

他在评论谢灵运的《游南亭》时用了261个字，表达了对康乐诗歌的推崇爱慕。在评论陆云的《谷风赠郑曼季五首》时用了551个字，论述了自《诗经》至唐宋四言诗的兴衰。在评论庾信的《拟咏怀三首》时用了724个字，这是《古诗评选》中用字最多的评点，分析了庾信五言诗发展的两个阶段，并表明了自己对诗歌本质以及五言诗发展的历史和得失的认识。其中用飞载般的笔触评论了沈约、杜甫以及苏轼、陆游、辛弃疾、徐渭和袁宏道等人。

任何一个诗学家，任何一种诗学思想，总是建立在对前人的继承的基础上。王夫之的诗学思想也是如此，并不完全是他的独创。他的诗学思想受到了钟嵘诗论的影响，在评论中可以见到王夫之极其推崇钟嵘"一字千金"的语言运用技巧和成功经验。《古诗评选》中六字、五字、四字、两字、一字评语皆有。其中六字的有"心腕较有沉力"、"用兴大，人情真"、"关情正复不浅"、"浅中良有意致"。五字的评语有"沉著有余意"、"广大无垠鄂"、"其铸句深稳"、"使事有风华"。在所有评语中四字句和两字句甚多，其中四字句的有"凄清欲绝"、"余情特远"、"掉入深远"、"无折不别"、"天衣无缝"、"轻安有度"、"风雅欲绝"、"风雅绝世"、"固如一句"、"苦写甘出"、"清怨不胜"、"玄音绝唱"、"顺叙不迫"、"细熨无双"等。其中两字句的有"无限"、"纯好"、"浑成"、"平叙"、"平善"、"婉善"、"平均"、"森秀"、"弘整"、"生色"、"整雅"。在评论中更有用一字道破褒贬之意，如"深"、"韵"、"生"等，颇具一字千钧之力，更似画龙点睛之笔。

总之，王夫之的诗评具有严密的系统性，其《古诗评选》不仅仅是评论魏晋南北朝的诗人诗作，还涉及了六朝以后，包括唐、宋、明三朝的诗人诗歌。其评诗语言形象、生动、痛快凌厉。在评点时，常常使用比喻和对比两种评点技巧。其评点多达百字少则一字，充分显示了王夫之具有娴熟高超的文字驾驭能力以及对诗歌特色的敏锐感受力。

---

① 任慧：《王夫之唐诗评选的选诗标准及评点方法》，《文献季刊》2009年第2期。

三、《古诗评选》体现出的诗学理想和审美立场

王夫之对汉魏南北朝诗歌进行的评选,其中寄托着他的诗学观念和审美精神。他以自己的审美原则和诗学主张为基础,对所选的诗歌或褒或贬,欣赏时满含知音的相惜爱慕,贬斥时又如投掷飞矢剑戟,甚至痛骂得淋漓畅快。所以想要了解船山的审美立场和诗学理想,可从他所称赞和贬斥的诗人诗作为切入点略见一斑。

(一)王夫之欣赏的诗人诗句

《古诗评选》所选诗人诗歌数量呈现出极不平衡状态,在其所选的诗人诗作中有的多达三十余首,有的仅有一首。以张国星校点的《古诗评选》为对象进行统计,得出下表:

表 8:《古诗评选》中所选诗人诗歌数量排序

	诗人	首数(首)
1	鲍照	36
2	陆云	35
3	谢灵运	33
4	谢朓	29
5	陶潜	29
6	曹丕	27
7	庾信	27
8	嵇康	24
9	江淹	23
10	阮籍	21

由上表可看出,王夫之欣赏的诗人主要有鲍照、陆云、谢灵运、谢朓、陶渊明、曹丕、庾信、嵇康、江淹和阮籍。当然船山所称赞的诗人并不仅仅是这些,还有曹操、谢惠连、左思、刘琨、郭璞、何逊、阴铿、隋炀帝等等。

他称鲍照"明远乐府自是七言至极"(评鲍照《代结客少年场行》)。称谢灵运"构撰高绝,从荡荡上帝来,千载而遥,遂无与为鼎足者"(评谢灵运《述祖德诗》),甚至说:"吾无以称康乐之诗矣!目倦而心灰矣!"(评谢灵运《游南

亭》)他欣赏谢朓的适怨清和,称"宣城初不欲惊人,人自惊尔"(评谢朓《酬王晋安德元》)。称赞陶诗的广大深密和结构规恢,在评点《时运》时用了"天衣无缝"四个字。他欣赏曹操和曹丕,称前者"孟德于乐府殆欲踞第一位,惟此不易步耳"(评曹操《碣石篇四首》)。称后者"长句长篇,斯为开山第一祖。鲍照、李白领此宗风,遂为乐府狮象"(评曹丕《大墙上蒿行》)。王夫之对曹丕称赞有加,评曹丕的《钓竿》曰:"读子桓乐府,即如引人于张乐之野,冷风善月,人世陵嚣之气淘汰俱尽。"王夫之对阮籍的咏怀诗也情有独钟,称其"清风凉月高云碧宇之致见之咏者,实自公始。但如此诗,以浅求之,若一无所怀,而字后言前,眉端吻外,有无尽藏之怀,令人循声测影而得之"(评阮籍《咏怀二十首》)。对于庾信,王夫之的态度是复杂的,他欣赏庾信的清新浑成、闲情约词。但对杜甫评价庾信的"凌云健笔意纵横"却极为反感,他不喜"纵横"二字表达出的意思,认为"'纵横'云者,小人之技,初非雅士之所问津"。

综览《古诗评选》的评语,可发现王夫之对以下诗句称赞有加,在评点中多次出现,如有"蝴蝶飞南园"和"池塘生春草"。在评阮籍的《咏怀二十首》时称"'蝴蝶飞南园'、'池塘生春草'皆曾玄也"。在评杨素的《山斋独坐赠薛内史二首》时称"'落花入户飞'一句稍轻,然亦'蝴蝶飞南园'之亚匹也"。在评谢灵运的《登池上楼》时说"'池塘生春草',且从上下前后左右看取,风日云物,气序怀抱,无不显者,较'蝴蝶飞南园'之仅为透脱语尤广远而微至"。在王夫之的另一诗学著作《夕堂永日绪论》中,有"'池塘生春草'、'蝴蝶飞南园'、'明月照积雪',皆心中目中与相融浃,一出语时,即得珠圆玉润,要亦各视其怀所来而与景相迎者也"。①可见,"蝴蝶飞南园"、"池塘生春草"和"明月照积雪"是王夫之最欣赏的三句诗。另外,还有"湛湛长江水"、"携手上河梁"、"青青河畔草"、"明灯曜闺中,清风凄已寒"、"花迎剑佩星初落,柳拂旌旗露未干"等等,皆是为船山称道的佳句。

(二)王夫之贬斥的诗人诗句

王夫之是位极具个性的思想家,这种个性表现在诗论中便是其犀利的文风。对于违背了或是不符合自己诗学思想的诗人诗作,船山的态度是很明确的——大加贬斥,其文字独具锋芒,往往一针见血。

在《古诗评选》中,王夫之对曹植基本上没有什么好的评价。他在评曹植

---

① 肖驰:《中国诗歌美学》,北京大学出版社,1986年,第86页。

的《野田黄雀行》时说:"子建乐府,见于集者四十三篇,所可读者,此二首耳。余皆累垂郎当,如蠹桃苦李,繁然满枝,虽朵颐人,食指不能为之一动。"在评《七哀诗》时甚至认为此诗是曹植的门客代作。他对曹植的态度独立于主流之外,对于曹氏三父子,他推崇曹操、曹丕,对曹植总是多有指责。而且对后世称慕的"建安风骨",王夫之也一概持否定态度。

王夫之对陶渊明诗歌的态度基本上是欣赏的,但对他的某些诗句却不是很满意。在评《读山海经》时,他说:"'少无适俗韵'、'结庐在人境'、'万族各有托'不满余意者以此。"此外还有"方宅十余亩,草屋八九间"、"人生归有道"、"忧道不忧贫"、"挥杯劝孤影"等等皆是船山不满意的诗句。

齐梁时的沈约等人发现并规定了诗歌中的"四声八病","使得中国古典诗歌在完善艺术形式美的进程中向前迈进了一大步,为后来律诗的形成奠定了基础"。① 但船山对在诗歌史上作出杰出贡献的沈约等一干人却极力贬斥,他在评沈约的《古意》时说"'明月虽外照,宁知心内伤',休文得年七十三,吟成数万言,唯此十字为有生人之气,其他如败鼓声,如落叶色,庸陋酸滞,遂为千古恶诗宗祖"。

除此之外,王夫之还表现出了他对《孔雀东南飞》等叙事诗、子夜歌等民谣的不满。船山尤为不喜欢的诗句有"渴饮匈奴血"、"饥餐可汗头",他认为这是边关恶诗。另外还有"风急鸟声碎,日高花影重",王夫之称其"斯以为恶诗矣"。

(三)由褒贬所见《古诗评选》的诗学理想和审美立场

以上所论王夫之或褒或贬的诗人诗句,其实在《古诗评选》中还有很多,很难一一加以论述。但仅从上文提及的内容,我们已可见出船山的诗学理想和审美立场。

他说:"唯此育育摇摇之中,有一切真情在内,可兴可观,可群可怨,是以有取于诗。然因此而诗,则又往往缘景缘事,缘已往,缘未来,终年苦吟而不能自道,以追光蹑景之笔,写通天尽人之怀,是诗家正眼法藏。"(评阮籍《咏怀二十首》)在王夫之的心目中,诗歌应具有真情,诗人应在自然万物凡尘扰事过往未来与心灵间达到一种和谐的状态,一种情与景、情与声的和谐统一,即他所谓的"可兴可观,可群可怨"以及"摄兴观群怨于一炉"。这里的"兴观群

---

① 袁行霈:《中国文学史》(第二卷),北京:高等教育出版社,2005年,第100页。

怨"已不是儒家所标榜的内容了,王夫之将其吸收改造,已迥异于儒家诗教。他要求诗歌不从道德功利目的出发,只以个人直觉方式表达审美感受。他追求的是诗的心灵与对象世界相凑泊、相默契的一种境界。所以他才那么的欣赏谢灵运和谢朓,喜欢"池塘生春草"、"蝴蝶飞南园"、"明月照积雪"体现出的意境。他推崇的是以含蓄自然为主的中国古典诗歌的抒情传统和艺术特性。

　　他还说:"盖诗自有教,或温或惨,总不可以赤颊热耳争也。"(评嵇康《酒会六首》)另外,从"浑成"、"平叙"、"平善"、"平均"、"弘整"、"整雅"等两字句评点中,我们可以看出王夫之的诗学是存在诗教观的,他尊崇的是"温柔敦厚"和"温厚平和"的诗教。他论诗贵"平",要求诗歌的情感平和含蓄、雅致温润,称赞褒赏风格平正典丽的诗人,所以他欣赏诗歌写得比较委婉含蓄的曹丕,钟情于或用比兴、或用影射暗示、或借古喻今,委婉曲折地表现残酷现实的阮籍。"他认为曹植的诗过多地干预现实,斤斤计较个人得失,怨伤过多,忧愤失度,违反'中庸'之道,因此不屑一顾"。① 对陶渊明"忧道不忧贫"、"挥杯劝孤影"等诗句的不满,也是由于这个原因。他希望诗歌中的感情能够"轻安拈出",即使是最激烈的感情也不应表达得太直露迫切,他将"渴饮匈奴血"、"饥餐可汗头"称为边关恶诗就是这个原因。在他看来,情感太烈是会杀死诗美的。另外,他贵"平",崇尚诗歌谋篇布局顺势自然,纡徐舒缓,在平和中流露出真情实感。正因如此,他对沈约等人以"四声八病"限制诗歌的做法,以及唐代的律诗和宋代"以文字为诗"、"以议论为诗"的江西诗派都持否定的态度,也正因如此,他不喜杜甫"语不惊人死不休"的炼字行为。可见,王夫之推崇的是温厚和平的以中庸为主的儒家诗教观。

　　总之,《古诗评选》所体现出的审美立场和诗学理想是中国古典诗歌的抒情传统和艺术特性同儒家诗教观的结合。前者以自然含蓄为主,后者以温柔敦厚或者说以温厚和平为主。在王夫之的心中自有一个古典美学的王国,这个王国是平衡的、理性的,是天与人之间的和谐与统一。

结束语

　　《古诗评选》所选诗歌自汉魏至隋,多是王夫之推崇欣赏的诗作,它们承

---

　　① 曾也鲁:《王船山古诗评选简析》,《衡阳师范学院学报》2007年第28卷第5期,第21页。

载着船山独特的诗学理想和审美立场。对其进行深入研究，有助于更好地把握王夫之诗学的真面貌。就发展趋势来看，学界对王夫之的诗学研究日益重视和深入，其具体诗学著作的研究意义也日渐突显。从选诗与评诗的特色角度来探讨王夫之的诗学著作是研究的重要方向，做好这些方面的工作，对于王夫之的诗学研究这一课题，具有深远的影响。

参考文献：

[1] 刘诚. 中国诗学史[M]. 厦门：鹭江出版社，2002.
[2] 肖驰. 中国诗歌美学[M]. 北京大学出版社，1986.
[3] 崔海峰. 王夫之诗学范畴论[M]. 北京：中国社会科学出版社，2006.
[4] 张健. 清代诗学研究[M]. 北京大学出版社，1999.
[5] 张国星. 古诗评选校点[M]. 北京：文化艺术出版社，1997.
[6] 袁行霈. 中国文学史第二卷[M]. 北京：高等教育出版社，2005.

【点评】

明末清初的著名思想家王夫之也是一位著名的文学家、诗词家，其编选的《古诗评选》是一部重要的诗歌选本，对于清代的汉魏六朝文学研究产生了重要影响。学术界对于此书已有研究，但是都限于一般的定性分析，缺少量化分析。马玉同学的论文研究王夫之的《古诗评选》，选题有一定学术价值，写法上可贵处有二：一是采取统计的方法，分析、论述了《古诗评选》选、评诗歌的特点，具体、扎实；二是论文的研究对象虽限定于《古诗评选》一书，但作者能够从王夫之整体的诗学思想、明末清初乃至中国古典诗学思想发展的宏观背景观察此书所体现的诗学观念，视野开阔，宏微兼顾，另外，文章语言流畅，作者的艺术感受力也很敏锐。

（吴怀东）

试论萧红创作中的故乡情结

宿州学院文学院汉语言文学专业2008届　伍耀耀
指导教师　孟方

内容摘要：萧红是20世纪文学史上具有独立个性并形成自己风格的作家,萧红的创作中始终萦绕着无法排遣的故乡情结。萧红的作品中最成功的部分都离不开对故乡的书写,对过去故乡、现实故乡和未来故乡的描写渗透着萧红一生对温暖和爱的憧憬。缺失性体验和丰富性体验是萧红创作中故乡情结产生的重要原因。萧红创作过程中对自己身份的内在焦虑和故乡情结的形成也具有内在的联系。通过分析"故乡情结"的成因,能够更切实地探视萧红的内心世界,更深入地理解萧红作品的魅力源泉。

关键词：萧红;故乡情结;身份焦虑

"情结"是一个人独特的家庭经历与丰富的社会经历取得的深刻体验在无意识中的结晶,情结的形成有着丰富的文化内蕴。荣格认为"情结"(complex)是指富于情结色彩的一组相互联系的观念或思想,它们受到个体的高度重视,并存在于个体的潜意识之中。情结往往是艺术家的灵感和动力所在,是艺术家主体人格的强大底蕴所在。[①] 中国文学中有着浓厚的乡国情怀,传统诗文中对故乡故国的书写是永恒的文学主题,从对家国的思念到期冀国家的独立自强,甚至泛化到对山河之美的描写和赞赏,众多作家无不怀有深厚的故乡情结。

---

① 荣格语.转引自《西方文学理论名著教程》.胡经之著.北京大学出版社,2001,第68页。

在中国现代文学史上,崛起于 20 世纪 30 年代的萧红,用自己真挚的情感和诗化的语言,书写了自己对生活和人类生存的独特看法,真诚地显示着自己的灵魂。独特的个人体验,使她对抚育自己长大的故乡充满失望和憎恶,同时又怀有最深沉的爱。萧红的创作中始终萦绕着无法排遣的"故乡情结",她的作品中最成功的部分都离不开对故乡的书写,对过去故乡、现实故乡和未来故乡的描写渗透着萧红一生对温暖和爱的憧憬。但是,萧红的一生一直游离于故乡之外,内心充满了无法得到社会充分认同的身份焦虑。

一

"故乡"一般是指一个人曾经生长过的地方,是个人生命的开始之地,是时间与空间距离中的一种指称。但,只有离开过故土的人,才能够真切地体认到"故乡"对于自己的意义。萧红短短三十一载,往返颠沛二十余地之间,对她而言,"故乡"具有多重含义,有对家庭的虚妄反抗,也有爱情路上无爱的焦虑,以及对现实的反思。对故乡的书写,记录了萧红一生对精神家园的不断追求。

(一)虚妄的反抗——反叛家庭的冲动

萧红回忆中的故乡充满主观的情感色彩,对过去故乡的记忆,充斥着萧红在亲情上无可归依的守望。萧红童年的记忆中,经常看到的是母亲的恶言恶语,父亲"常常为了贪婪而失掉人性",唯有的爱来自年迈的祖父,但,随着祖父的离去,维系萧红和故乡关系的亲情也随之淡化,"家"的概念也随之不复存在,因此她从故乡那传统的宗法社会中反叛出去多少带有情感上的失落。萧红曾经说过:"我懂得的尽是些偏僻的人生,我想世间死了祖父就没有再同情我的人了。世间死了祖父,剩下的尽是些凶残的人。"[①]

童年的情感记忆影响了萧红在创作主题上的选择,她的作品中对父亲形象的刻画具有鲜明的情感色彩。在萧红自传色彩的文章中,父亲总是专制形象的代表,缺少对女性、儿童和长者应有的尊重。在萧红早期的作品,即使是在一些很少个人身影的作品中,我们也能够感受到萧红在情感上对父亲的不

---

① 萧红.《萧红文集》第 3 卷.张毓茂、阎志宏主编.合肥:安徽文艺出版社,1996,第 53 页。

满。虽然她在语言的处理上尽量地客观、冷静,但其内心的愤恨依旧跃然纸上。《王阿嫂之死》《夜风》中的女性悲剧均源于地主阶级的残暴,两篇作品中的地主无不冠以张姓(萧红原名张乃莹),这使得我们很自然地把作品和萧红的家庭生活联系在一起,把文中的父亲形象同萧红的父亲联系在一起。

在萧红描写家庭生活的作品中,其创作背后的"故乡情结"具有明显的意向性,事实上作品中对父亲形象的刻画是一种"遮蔽性记忆"。根据萧红亲友的回忆,我们可以感受到萧红童年受到的娇惯,那个时代一个女孩子能够接受教育,应该得益于父亲的开明。但是在萧红的文字中,我们看到的是父亲"对待仆人,对待自己的儿女,以及对待我的祖父是同样的吝啬而疏远,甚至于无情";"偶尔打碎了一只杯子,他就要骂到使人发抖的地步"①……这样的遮蔽性情感记忆使得萧红有意无意地将父亲形象加以丑化。

父亲的专制,特别是对萧红婚姻的干涉,最终导致了萧红从家庭中反叛出去。萧红的父亲用伦理的甚或道德的眼光对待子女的婚姻,萧红显然并不认同父亲的这一看法。萧红的反抗,可以看作她个人对父亲干涉自己婚姻的不满,也可以认为萧红是在同整个男权社会争夺话语权。事实上,萧红离家出走的决绝更多的只是表明一种不向男权社会妥协的姿态,用出走来证明自己的成长。当她离开那个蒙昧的故园,她并没有清楚意识到自己的处境,也没有理想的去处。而在福柯看来,这种出走家园的冲动,导致的是"一种与传统的断裂,一种全新的感觉,一种面对正在飞逝的时刻的晕旋的感觉"。② 离开故乡意味着走向一个广阔复杂的陌生世界,也意味着脱离了他人的护佑,开始了独立而艰难的人生旅途。

作为一名优秀的作家,萧红并不是简单地停留在情感上对父权社会的仇视,萧红在创作中利用文学话语批判以故乡为代表的宗法社会。萧红创作背后的故乡情结呈现出弥漫性的特质,她由自身亲情的缺失,推及到以父亲为代表的地主阶级对女性的压迫和男性对女性生存状况的漠视。《生死场》中弥漫的是萧红对故乡男性自私、怯弱品质的轻视,作品中赵三的胆量甚至不如王婆,成业仅仅把金枝当作泄欲的工具。作品对王婆、金枝悲剧命运的书写,着重表现了故乡人对生命价值集体漠视的事实。个体的缺失性体验在萧

---

① 萧红.《萧红文集》第 3 卷.张毓茂、阎志宏主编.合肥:安徽文艺出版社,1996,第 187 页。

② 福柯.《什么是启蒙》.转引自汪晖、陈燕谷主编《文化与公共性》.上海:三联书店,1998,第 430 页。

红创作的过程中已经注入了社会、时代的内容。萧红在《马伯乐》中生动刻画了空虚、自私、无能、苟且的马伯乐,为人夫为人父但无任何的责任感,爱自己甚于一切人。萧红通过对父亲形象的一系列成功刻画,逐步深入地批判国民的劣根性。事实上,这是一种虚妄的反抗,反叛家庭的道路并不平坦,但在这一过程中留给后人的却是宝贵的文学财富。

(二)无爱的焦虑——爱情路上的跋涉

亲情的缺失使得萧红对爱情充满期待,对爱的渴求使她选择了和未婚夫汪殿甲同居。但萧红并没有从他身上获得想象中的情感满足,相反,当汪殿甲离开,萧红遭遇的已不单是双亲漠视所带来的爱的焦虑,她从自己身上发现了一个强大的敌对的男性世界,她对整个男性社会充满了怀疑,她无法融入男性世界,将自己陷入了无家可归的境地。萧红想从男性身上获得情感上的满足,但,精神上萧红又困惑于自己所面对的男性社会的冷酷。这次情感经历也造成了她身体上的苦痛,在萧红早期描述故乡女性苦难的作品中,萧红着重描写了女性的生殖苦难。萧红的第一篇小说《弃儿》就带有自传的性质,从旅馆跑出的芹临产前的疼痛被描绘得真切恐怖。《王阿嫂之死》讲述了王阿嫂死前经历分娩的痛苦折磨,情景也异常恐怖。

一生对"温暖"和"爱"怀着永久的憧憬和追求的萧红,她同萧军的相识、相爱和相互携手步入文坛,曾经是中国现代文学园地的一道亮丽的风景。可是,她和萧军的分手从一开始就具有某种必然性,性格的差异使他们注定无法一起走完人生的全部旅途。萧军在他们分手四十年后这样说:我的主要思想是喜欢"恃强",她的主要思想是过度"自尊"。① 从萧军的话中可以看出萧红具有很强的女性意识和自主意识,萧红看待生活有自己的标准,并不会轻易改变,尽管她可以忍受屈辱,甚至被动地生活在萧军的背后,但这并不影响她个人的想法。在对故乡的概念上,她和萧军等人强烈的"故乡感"形成了鲜明的对比。美丽的、细节化和感觉化了的空间,才是萧红真正的故乡。她眼中的北方有风沙和鲜花,不是抽象的"东三省",萧红拒斥男性化的"东北",更关注遥远却清晰的家园。不过,在萧红那里,事情远非如此简单。"你们家对于外来的所谓'媳妇'也一样吗?""而我呢?所去的仍是生疏的地方,我停留着的仍然是别人的家乡。"作为一个女性,萧红以她对空间的敏感,意识到

---

① 骆宾基.《萧红小传》.哈尔滨:黑龙江人民出版社,1981,第73页。

"'家乡'这个观念,在我本不甚切"。并且尖锐地指出,"那块土地在没有成为日本的之前,'家'在我就等于没有了"。显然,萧红并不认为萧军的那个男性故乡可以涵盖自己个人的故乡。①

萧军说可能自己一次情感上的背叛深深地伤害了萧红的自尊,以致引起她的愤恨。萧红在《苦杯》中说:

> 我幼时有个暴虐的父亲,/他和我的父亲一样了!/父亲是我的敌人,/而他不是,/我又怎样来对待他呢?/他说他是同我一战线上的伙伴。②

萧红在情感上无法容许萧军的背叛,《苦杯》中将萧军和自己的父亲相提并论,这是因为她从萧军的身上再次看到了男性对女性情感的漠视,她再次孤单地面对看似能够给自己带来温暖和爱的男性世界。在日本的那段时间萧红的创作更多地转向对故乡的描写,试图用自己熟悉的人和事来温暖和慰藉自己。小说《红的苹果》、《王四的故事》、《牛车上》、《家族以外的人》便属于这样的作品。这一时期的诗作和信件也充满了对家乡的无限思念和情感上的孤单。

> 从异乡又奔向异乡,/这愿望该多么渺茫!/而况送走我的是海上的波浪,/迎接我的是异乡的风霜!③

身在"异乡",萧红看不到未来的那理想的故乡,萧红的精神家园一度迷失,加之鲁迅先生的离去,使她在精神上受到了沉重的打击。亲情和爱情的缺失给萧红带来了苦痛,同时,也唤起了萧红个体的顽强意志。在迷离的域外文化中,这时她把目光投向自己情感上熟悉的童年故乡,将回忆中的童年投射和外化为优美的文字,借此化解内心的忧郁和寂寞。

(三)忏悔与回归——精神家园的追寻

对于萧红来说,童年的回忆伴随着自己对故乡的反思。"童年作为一种

---

① 宋晓萍.《萧红的地:封锁和游离——关于〈呼兰河传〉及其女性空间》.《天津社会科学》,1999年第4期。

② 萧红.《萧红文集》第3卷.张毓茂,阎志宏主编.合肥:安徽文艺出版社,1996,第356页。

③ 萧红.《萧红文集》第3卷.张毓茂,阎志宏主编.合肥:安徽文艺出版社,1996,第368页。

理想化的存在,一方面为作家批判现实提供了一种尺度,另一方面也表达了作家对更加美好的人性的向往"。① 萧红继承了鲁迅的改造国民性的文学传统,她通过"女性作者的细致的观察和越轨的笔致",描写了故乡人真实的生存状态。离开家乡多年之后,能够维系萧红对故乡记忆的除了那份民俗和那些充满童真的故事以外,还有的就是在《呼兰河传》中,透过那如诗如画的乡土风情的那千年不变的呆板的生活方式和那窒息着生命的活力与创造的乡土。②

《生死场》表现了"北方人民的对于生的坚强,死的挣扎"。③ 面对外来的危机,他们想到的不是抵抗,而是自己怎么活下去,他们关注的是自己的那份田地,而不是国土的破裂。在故乡情结的驱动下,萧红没有在"抗日主题"上停留,而是关注战争下农民的生存状态,他们对庄稼的关注似乎要胜于对生命的尊重。

> 孩子死,不算一回事,你们以为我会暴跳着哭吧?我会嚎叫吧?起先我心里也觉得发颤,可是我看到麦田在我眼前时,我一点都不后悔,我一滴眼泪都没淌下。以后麦子收成很好,麦子是我割倒的,在场上一粒一粒我把麦子拾起来,就是那年我整个秋天没停脚,没讲闲话,像连口气也没得喘似的,冬天就来了!……到那时候,我好像忽然才想起我的小钟。④

苦难在王婆看来似乎是很自然的事情,故乡人对于生命的消逝无动于衷,每日里胡乱地生,糊里糊涂地死。

《呼兰河传》中,萧红对国民劣根性的批判在艺术上更加不着痕迹,在描写众人对待"大泥坑"的态度上,让人有种似曾相识的亲切感,但是深读后又有一份沉重。《呼兰河传》中有过去的美的故乡,背后也有现实的黑暗故乡,呼兰人的愚昧、守旧,按"几千年传下来的习惯而思索而生活",我们能够知道的是那麻木下的集体无意识,国民的麻木让从故乡出走的萧红感到痛惜。

---

① 童庆炳.《文艺心理学教程》.北京:高等教育出版社,2001,第134页。
② 单元.《走进萧红世界》.武汉:湖北人民出版社,2002,第41页。
③ 鲁迅.《萧红作〈生死场〉序》.转引自《萧红文集》第1卷.张毓茂,阎志宏主编.合肥:安徽文艺出版社,1996,第221页。
④ 萧红.《萧红文集》第1卷.张毓茂,阎志宏主编.合肥:安徽文艺出版社,1996,第230页。

"悲凉之雾、遍被华林"……这样一种悲凉之感也是她对中国乡土社会的理性反思。缺少精神的底子,每天无目的的胡乱的生死,似动物般,也许这就是中国社会落后的原因所在。作品中表现出了萧红个人对中国社会的思考,这也正是她对故乡和祖国最深沉的爱的表现。

从祖国北面的呼兰小城到病逝于南面的香港,萧红辗转了大半个中国,她一直在为自己出走的灵魂寻找精神家园的依托,向内心深处寻找未来的理想故乡。萧红的回忆里,故乡原有的带给她失落、伤痛的一面,以及憎恶、厌弃的种种情感在她的意识里被淡化了,故乡被罩上了一层可爱的诱人的光环,成为渴望回归的所在。移情于童年记忆中,萧红"从祖父那里,知道了人生除掉了冰冷和憎恶而外,还有温暖和爱",①萧红回忆故乡的作品中不断写到的鸡犬牛羊,蚊蝇蝴蝶,草堆柴垛……笔触细腻,情感真挚。在萧红的"后花园"里满溢着生机与活力,承载了她对亲情的憧憬。童年的丰富性体验起到了心理补偿作用。

多年游离于"故乡"之外,萧红独自忍受着怀乡之痛,永远挥不去对家园的怀念。"怀乡"绝不仅意味着对于城市的异己感和对于乡村情感回归的二元呈现,在更多时候,"怀乡"之情隐匿在离乡与思乡、历史追求与家园之恋的矛盾和冲突之中,甚至表现为超越"故乡情结"的对人的生存意义的思考。怀恋中的故乡成了萧红灵魂漂泊历程中的栖息之地,对故乡的不断书写其实就是一种精神还乡。

二

萧红一直希望自己能够得到和男性平等对话的身份,希望获得男性社会的充分认同。萧红的作品中呈现对于自己的身份定位的内在焦虑,这一方面是因为自己的理想和社会现实之间存在无法弥合的断裂而产生的焦虑,另一方面是因为自身价值无法在现实生活中得到充分认同而产生的焦虑。萧红的身份焦虑和创作中弥漫的"故乡情结"有着内在的联系。对自己身份的内在焦虑,造成了萧红现实中对情感的不满足,使得萧红创作中的故乡情结带有对男性社会的深刻批判,与此同时,萧红为了消除内心的身份焦虑,通过批

---

① 萧红.《萧红文集》第 3 卷.张毓茂,阎志宏主编.合肥:安徽文艺出版社,1996,第 188 页。

判国民劣根性的方式,不断追寻内心的精神家园,进一步描述自己心目中的未来故乡,将内心的焦虑转化为故乡情结的一部分。

"当故乡成为一道文学题材,一种文化情绪,我们面临的其实是对成人世界的批判和抵触;乡土文学甚至更广泛意义上的故乡情结,表达的是成人生活引发的内在焦虑和不安"。① 透过文字能够体察到萧红对自己的阶级、性别、民族和政治身份的焦虑。

(1)萧红的阶级身份焦虑。

萧红对父亲的不满源于自身的情感经历,是故乡情结在作品中无意识的表现,但同时也反映出萧红对自己阶级身份的焦虑。萧红对自己早年身世的交代有诸多疑点,折射出她对把握自己个体生命存有极大野心。在其对过去故乡的书写中,对父亲形象的丑化和对贫苦大众的同情无不暗示着作为地主的女儿,她试图同自己原有的阶级划分界限。萧红描述的童年中,这种阶级身份给自己带来了诸多不变,她并不认同自己的阶级身份,萧红敏感细腻的性格特质和自己的阶级身份也有密切的联系。萧红小时候没有选择和其他富家子女一样坐马车上学,她也难过于因为父亲的缘故得到了第一名,她希望和其他的孩子一样。

萧红早期的创作过程中,刻意回避自己的阶级身份,回避自己的阶级出身。《王阿嫂之死》等早期小说故意在冷静的文字背后将自身同张姓的地主阶级区分开来,《生死场》中她是以一个旁观者的身份审视故乡人的生和死,回避自己和那片土地的联系。萧红通过对父权社会的反抗努力建构一种新的阶级身份,这同样是一种"遮蔽性记忆"。《生死场》中对弱者的同情暗含萧红期望通过文学话语补偿由于自己原先所属阶级给弱者带来的伤害。

事实上,萧红无法回避自己的阶级身份,刻意回避的同时意味着对自身的阶级身份更加难以忘怀。萧红后期创作的《呼兰河传》中,她不再以旁观者的身份出现,而是以儿童的第一人称的视角审视故乡社会,以地主女儿的身份思索中国乡土社会中故乡人的生存状态,通过批判过去故乡努力建构自己的未来故乡。从《生死场》到《呼兰河传》的这种人称的变化,也是对成人世界不信任的表现,是萧红"赎罪"思想的体现,她无法同过去的乡土社会和自己原有的阶级身份实现真正的断裂。在萧红笔下,她还写了农民对于地主的反抗,她的阶级意识态度分明,她对于贫富对立和为贫困所逼迫下的痛苦生活

---

① 唐小兵.《英雄与凡人的时代——解读20世纪》.上海文艺出版社,2001,第200页。

感受颇深。正是对自己阶级身份的焦虑,使萧红能够更加冷静地看待故乡那片土地上发生的一切,从而在艺术上散发出永久的魅力。

(2)萧红的女性身份焦虑。

萧红曾经说过:"我一生最大的痛苦和不幸却是因为我是个女人。"①萧红对于自己的女性身份一直保持警惕的态度,她的一生一直在追求一种性别上的平等。

作为女儿的萧红,她的出生并没有给家庭带来太多的欢乐,相反因为自己是女孩的缘故,从小便被搁置在被忽视的位置,父亲是粗暴的,母亲也没有好脸色,祖母留给小萧红的是针扎的童年记忆。幼时的萧红也无法像男孩子一样任意打闹,就连自己上学的机会也是通过施行骗术斗争的结果。萧红的反叛家庭是不满于自己的女儿身份,不满于父亲的专制。作为女儿的萧红,她焦虑于自己无法改变自己和父辈的关系,无法在父辈面前获得平等的对话机会,离开家乡,即使没有理想的去处也总胜于无奈的屈服。

作为妻子的萧红,她不满足于妻子作为丈夫的依附,萧红追求两性的平等地位。但事实上,萧红并没有获得想象中的爱情,她的一生都对爱情充满永久的憧憬。萧红对于妻子的身份,有着内在的焦虑,她渴望得到男性的爱,但是她又不愿一直跟在男人的身后。当萧红选择端木蕻良,面对外界的不解,她更加的不能理解世人对"妻子"这一身份的定义。萧红后期创作的《小城三月》中翠姨的结局正是萧红人生经历的缩影,是萧红离家十年,依然没有建立美好精神家园与美满家庭的悲剧结局的写照,也是她回顾历史,拷问灵魂的文字痕迹。应该说萧军是爱萧红的,但是萧军有些大男子主义,缺少对萧红的尊重,对待萧红的作品也缺少认同,萧军对萧红作品的轻视伤害了萧红的自尊,萧红终其一生都没有获得两性之间的平等。

(3)萧红的民族身份和政治身份焦虑。

凭借抗日作家之名走上文坛的萧红,她并没有像众人期望的那样最终走向代表理性的延安。萧红对待自己的民族身份和政治身份有着内在的身份焦虑,她的作品中虽有"抗日"的内容,但单从这方面并不能全面地理解萧红的作品特色。抗战题材的选择并不是受到外在的压力,而是出于作家的自觉选择。抗战题材,不仅仅是萧红创作策略中的保护伞,它为奴隶成为故事的主角提供了合理性,也增强了悲剧性。但是,《生死场》中的寡妇们说出"生是

---

① 萧红.转引自《萧红传》.季红真著.北京十月文艺出版社,2002,第405页。

中国人！死是中国鬼"。① 总给人一种失真的感觉,萧红在文字表述上也显得过于生硬。《生死场》中关于革命的叙述过于单薄,显然萧红并不熟悉这方面的题材。萧红之后创作的《朦胧的期待》、《牛车上》、《旷野的呼喊》、《看风筝》、《汾河的圆月》、《北中国》等作品虽以抗战为背景,但是萧红是在着力刻画战争下中国人的生存状态。

萧红的作品有别于同时期的其他作品,三四十年代的中国,民族矛盾与阶级矛盾异常尖锐,于是,作家们大抵从政治、阶级的角度来反映包括妇女在内的劳动人民的生活和命运,如叶紫的《星》、柔石的《为奴隶的母亲》、罗淑的《生人妻》等。然而,萧红则从妇女生命的价值和意义的角度来表现她们的悲剧命运,从平淡无奇的日常生活中揭示触目惊心的严酷事实。

萧红对于"革命"所带来的"幸福"充满怀疑,两萧的分手与两人对待"革命"的不同理解和对革命前途的不同看法有一定的关系。萧红的内心焦虑于自己的作家身份不能够在那片代表理性的土地上得到认同,她曾经"打算写完一长篇小说,内容是写我的一个同学,因为追求革命,而把恋爱牺牲了。那对方的男子,本也是革命者,就因为彼此都对革命起着过高的热情的浪潮,而彼此又都把握不了那革命,所以那悲剧在一开头就注定的了"。② 萧红和萧军分手之前就两人的前途问题展开了激烈的争吵,萧红并不认为萧军从事革命能够体现自己的价值。萧红没有接受到延安的建议,除了因为萧军的缘故,还应该有自己对革命前途"把握不了"的担忧。

萧红作品中体现的身份焦虑有时并不是单独存在,而是多重焦虑重叠,因此她的有些作品也就被赋予了多重解释的空间。萧红对自己身份的内在焦虑还表现在对待"故乡"的矛盾心态上,这其中有苦涩与悲伤,也有纯真和欢乐的向往。萧红无法摆脱过去给自己带来的忧伤和痛苦的记忆,只能独自反抗,但在不断跋涉的路上,她不断追寻内心的精神故乡,努力建构属于自己的精神栖息之地。

萧红曾经说过:"人类是何等地对着故乡寄注了强烈的怀念呵！黑人对着迪斯的痛苦的向往,爱尔兰的诗人夏芝想回到那有蜂房的窝,菜畦九畴的

---

① 萧红.《萧红文集》第 1 卷.张毓茂,阎志宏主编.合肥:安徽文艺出版社,1996,第 302 页.

② 萧红.转引自《萧红传》.季红真著.北京十月文艺出版社,2002,第 371 页.

茵尼斯,作过水手的约翰·曼殊斐狂热地愿意回到海上。"①萧红终其一生都被浓郁的故乡情结所缠绕,故乡不仅给了她生命、血肉、一双灵秀敏感的眼睛、一颗聪慧多情的心,更给了她文学创作的无尽源泉与灵感。萧红最优秀最具魅力的作品,都是描绘故乡人民生活的篇章,萧红用她优美又带感伤的笔触描绘了故乡的山川、草木、风土人情。

萧红创作中故乡情结的形成和她个人的缺失性体验和丰富性体验有着内在的联系,对于自己身份的内在焦虑推动了萧红创作中故乡情结的形成,对自己身份的持续焦虑也促使萧红能够清醒地认识社会现实,深刻地批判国人的麻木,进而不断深入内心探求自己的理想故乡。萧红作品的魅力源泉在于她创作中浓郁的故乡情结,她的作品散文化的特点,富于情感的语句,打动了一代又一代的读者。

【点评】

故乡情结在萧红创作中具有独特的意义,有研究价值。本文研究了萧红故乡情结的形成、内容、特点,对其文学创作的影响等,并通过比较分析出萧红创作中的故乡情结的独特意义及其独特价值。文章主要采用联系作者身世、情感变化、当时社会现实的方式,与同时代其他作家小说中所表现的故乡情结作比较分析的方法进行研究。注意利用图书馆藏书和网上资料了解相关研究,运用正确的观点、方法,以文艺心理学相关理论为指导,熟读、分析文本,深入感悟、触摸文字下的情感脉动,具体剖析渗于其中的故乡情结,吸收萧红及其小说研究的最新成果,既有一定理论水平,又有独特见解,论点正确、内容充实、条理清晰、结构严谨、语句流畅。

(孟方)

---

① 萧红.《萧红文集》第3卷.张毓茂,阎志宏主编.合肥:安徽文艺出版社,1996,第327页。

论海子的诗歌精神

滁州学院中文系汉语言文学专业 2010 届 周芳芳
指导老师 王舒

内容摘要:"诗人是世界之光",这句话出自哲人卡莱尔之口,虽然是如此贴切,但在赤裸裸的金钱时代,却多少显得有些不合时宜。诗人海子在这个日渐金钱化、日渐冷漠的世界虽显得有些不合时宜,但他的诗歌精神却是一种温暖而光辉的存在,具有无比的价值和尊严,让我们回到赤子之心的时代。本文从海子的生长环境入手,重点介绍了海子的诗歌精神及其诗歌精神产生的原因,并通过一系列实例具体论述了海子诗歌精神的美学价值和现实意义。

关键词:海子;诗歌;浪漫主义诗人;诗歌精神

引言

海子,原名查海生,1964 年 4 月生于安徽省怀宁县高河查湾,1983 年毕业于北京大学法律系,分配至中国政法大学任教。1989 年 3 月 26 日在山海关附近卧轨自杀,死时随身携带四本钟爱的书:《新旧约全书》、梭罗的《瓦尔登湖》、海雅达尔的《孤筏重洋》和《康拉德小说选》。海子是个极富创造力的天才诗人,在不到七年的创作生涯里,写下大量诗歌作品,计有长诗《土地》(春风文艺出版社,1990)、《海子的诗》(人民文学出版社,1995)和《海子诗全编》(上海三联书店,1999)。作为 80 年代后期新诗潮的代表诗人,海子在中国当代文学史上的地位十分重要。骆一禾说"海子是我们祖国给世界文学奉献的一位有世界眼光的诗人"。谢冕称"他已成为一个诗歌时代的象征"。

作为五四新文化运动发动者陈独秀的老乡,诗人海子则在新中国改革开放新时期复活了一个时代的诗歌写作。他以年轻的生命谱写出了生命与诗的赞歌。这种赞歌引发的思考经久不息,轰轰烈烈。他的诗歌写作同时也影响了众多青年人的写作思想,他的写作模式被人模仿;千千万万的诗人们在朗诵他的诗歌;他将中国乡土文化和都市文化、东方传统文化和西方悠久深远的文化有机地结合,创造性地酿造出了属于自己的诗歌美酒;甚而有人建议将他的逝世纪念日定为中国的诗人节,这些都足可以见证他诗歌写作的魅力非同一般。

笔者相信读过海子诗歌的大有人在,了解过海子诗歌的人都知道他诗歌写作的非同一般,下面笔者就从海子的诗歌入手,一一阐述海子的诗歌精神及其产生的原因,并具体论述海子诗歌精神的美学价值和现实意义。

一、海子的诗歌精神

(一)浪漫主义诗歌精神

海子是一个浪漫主义诗人,呈现在海子诗歌中的世界无疑是一个理想化的世界,他的诗歌充满了浪漫主义诗歌精神。海子诗歌的浪漫主义诗歌精神主要表现在海子对自由的追求、对精神匮乏的抗拒与逃离,以及对理想家园的依恋情怀上。

1. 对自由的追求

海子诗歌对自由的追求表现在他对个体幸福的无限向往之中,这也是西方浪漫主义诗人精神追求的出发点与目的地,海子作为世纪之交的一名先锋号手,自然也不例外。

海子诗歌对自由的追求实质上源于一种深刻的人本主义思想,即摆脱一切虚伪的思想束缚,关注人在现实生存中的痛苦、幸福和命运,并以其生存遭遇和生存感受来作为衡量与评价整个人类生存的唯一精神尺度。海子有着清醒而自觉的思想追求,他明确宣称把"直接关注生命存在本身"作为他的诗歌理想。在海子看来,只有爱,才能给生命带来最大的幸福,海子关爱的对象多为女性,在他笔下频繁出现的"少女"、"爱人"、"新娘"、"姐妹"、"妹妹"、"未婚妻"、"母亲"、"女儿"等表示女性不同身份人物意象,即表现了海子对所有女性的热爱态度及"女性崇拜"的心理倾向。这里举海子的《女孩子》来作一个印证。诗人是客观地写这个"女孩子"的,但平静的诗中却汹涌着不平静的情感:这个女孩子是神圣的,不知从何处来,也不知向何处去,不言亦不语;这个女孩子是圣洁的,她"洁净的脚/沾满清凉的露水";她虽然神秘,但从"望望用泥草筑起的房屋"等诗句来看,她无疑是农村女孩;她之所以"断断续续地走来",可见她并不是一个特指的实体,而是海子的一种想象,一种诗意的创作,一种爱的寄托。这首诗和海子的其他诗一样,在表现技巧上都意象空旷,以实显虚,以近显远,而且诗歌语言也显得纯粹与本真,没有一点修饰和故作高深,让读者直抵诗意本质,却又隐含而并不直白。

2. 对精神匮乏的抗拒与逃离

海子对精神匮乏的抗拒与逃离,是在理想与现实无比尖锐的冲突与对立中产生的一种强烈的冲动。海子把爱奉为人类生存的最高精神价值,然而他的理想几乎无一例外地遭到现实的无情嘲讽,如《四姐妹》,这是他自杀前不久处于绝望状态的一种心情的流露:"所有的日子都为她们破碎","这是绝望的表示/永远是这样"。海子对自己因缺少爱的交流而深陷孤独的痛苦,对于现实生存的单调与贫乏的庸常人生更表现出强烈不满的心态,因此海子以逃离的姿态转而迷恋黑夜,因此海子的"黑夜情结"就凝结了一系列的诗歌,因而也就最大限度地表现了他的抗拒与逃离,最大限度地释放了浪漫主义诗人的想象力和感受力。

3. 对理想家园的依恋情怀

海子对理想家园的依恋情怀表现在他对于传统农业文明的深沉依恋。海子是农民的儿子,他迷恋泥土,他在"麦地"上找到了心灵的交感与灵魂的寄托。海子写了许多有关"麦地"的诗歌,最有名的是《答复》。"当我痛苦地站在你面前/你不能说我一无所有/你不能说我两手空空",在这里"麦地"是海子"文化精神"的一种隐喻,而"麦子"正是海子个性与人格魅力的意象,像"太阳"意象之于艾青、"雨巷"意象之于戴望舒、"向日葵"意象之于凡·高一样,都是极具价值的独特创构。"麦地"、"太阳"、"雨巷"、"向日葵"都是大自然的一部分,可以说,喜爱大自然正是浪漫主义诗人的天性,他们在大自然身上寻找一种爱的激情与对美的渴望,使它们有所依托和附丽。

(二)"生命本源即痛苦"的诗歌精神

海子诗歌中的痛苦和无奈无处不在,表现出一种"生命本源即痛苦"的诗歌精神,具体表现在海子诗歌中"四姐妹"、"麦子"、"麦地"、"河流"、"水"、"太阳"、"母亲"、"土地"、"天空"、"鸟"、"黑夜"、"死亡"等意象上,这些意象大多呈现出海子精神家园的失落,心灵上的痛苦、彷徨与困惑。作为一个刚直的浪漫主义诗人,海子的爱情遭遇坎坷,他的现实生活也贫瘠苦难。

海子天性善良、敏感但易受伤害。他自命天才,志向高远,但处世能力很差劲。在这种情形下,他对都市生活的不适应是不言而喻的:工作不顺心(居住在当时毫无都市文化气息的小镇昌平);物质上清贫,家累颇重(微薄工资需贴补家用);与同事格格不入(所住楼里只有一位教师与他有泛泛之交);爱情上大失败(爱过四位女性,以痛苦的分手告终);事业受挫(除个别诗友肯定其诗歌成就外,他在诗界默默无闻)。对于都市的失意和迷惘,在海子诗作中有所反映,如《浪子旅程》:我本该成为/迷雾退去的河岸上/年轻的乡村教师/……/但为什么/我来到了酒馆/和城市/我要还家/我要转回故乡,头上插满鲜花。

对于爱情的挫败和无奈,让海子一次次地陷入失恋的剧痛之中,他一生中的四个女朋友都因为种种原因离他而去,背负爱情的重挫,海子承受不住生命的巨大压力,请求上天让他死去!如《我请求:雨》:我请求熄灭/生铁的光、爱人的光和阳光/我请求下雨/我请求/在夜里死去//我请求在早上/你碰见/埋我的人//岁月的尘埃无边/秋天/我请求:下一场雨/洗清我的骨头//我的眼睛合上/我请求:/雨/雨是一生过错/雨是悲欢离合。这是海子第一次想到了"自杀"这个词。在他以后的诗歌里,多次出现了"死",而诸如"头盖骨"、"死亡"、"人头"一类悲观绝望的词时常出现。

海子是个极端情绪化的人。黎明时他情绪高昂:"我是一个完全的人我是一个无比幸福的人/我全身的黑暗因太阳升起而解除"(《日出》);黄昏时分跌入痛苦忧伤的低谷:"这个黄昏无限痛苦/无限漫长/令人痛不欲生"(《秋日黄昏》);深夜他耿耿难眠:"我有夜难眠,有花难戴/满腹话儿无处诉说/只有碰破头颅"(《诗人叶赛宁(组诗)》);黑夜常让他想到死亡:"这是一个黑夜的海子,沉浸于冬天,倾心死亡"(《春天,十个海子》);热恋中他高喊:"活在这珍贵的人间/人类和植物一样幸福/爱情和雨水一样幸福"(《活在这珍贵的人间》);失恋时他情绪低落:"莫非这就是你我的黄昏/麦田吹来微风/顷刻沉入黑暗"(《北方的树林》);时而英雄气十足:"在一个衰竭实利的时代,我要为英雄主义作证。这是我的本分"(《动作》);时而坚信成功属于自己:"我知道自己终究会幸福/和一切圣洁的人/相聚在天堂"(《给母亲》组诗);时而因前途渺茫而大放悲声:"我年华虚度/空有一身疲倦"(《祖国,或以梦为马》)。海子在绝笔诗《春天,十个海子》中,不仅对自己的死亡时间("春天"),且对死亡方式("被劈开")都作出暗示:春天,十个海子全部复活/在光明的景色中/嘲笑这一个野蛮而悲伤的海子/你这么长久的沉睡究竟为了什么?//春天,十个海子低低的怒吼/围着你和我跳舞,唱歌/扯乱你的黑头发,骑上你飞奔而去,尘土飞扬/你被劈开的疼痛在大地弥漫。诗中海子想象性地描绘了自己解脱肉体生命痛苦的灵魂在天堂那"光明的景色中"无限欣悦,尽情歌舞的欢乐图景。在《秋天的祖国》中他说:"他称我为青春的诗人/爱与死的诗人。"海子的诗,是真正意义上的青春的歌吟,它们以青春的名义来抒写生命的痛苦,堪称青春的绝唱!

我认为海子诗歌的精神大致可以分为上面两个部分,下面我从现实以及自身两个角度分析他诗歌精神形成的原因。

二、海子诗歌精神的形成原因

(一)现实原因

海子对精神匮乏的抗拒与逃离,是在理想与现实无比尖锐的冲突与对立中产生的冲动。

海子爱与美的理想在现实生活中几乎处于处处落空的尴尬境况,导致他产生精神强烈的逃亡冲动,然而一味的精神逃亡必然又会导致心灵的无限疲累,而且也无法寻求到灵魂的归依……例如,在一次作品研讨会上,大伙对他的几部长诗作了严厉的批评,海子当时是个小字辈,没有多少人会接受他,他们在乎的是当时已经出了名的诗人们,那些所谓的诗人们可以随便地嘲笑他,也是在这次大会上,海子自己写的一个叠声诗歌被那些人狠狠地奚落了几番,里面有句诗"蒙古人骑着高头大马飞过天空",一个圈内诗评家借此句讽刺道:"我不知道你到底在搞什么,只晓得你一直在说'蒙古人骑着高头大马飞过天空'。"引起哄堂大笑。海子被弄得狼狈不堪,抱着他的命根子失魂落魄了好几天。

现实生活与他理想中的世界完全背道而驰,在现实生活中他找不到相依相偎的知音,也找不到相亲相爱的伴侣,生活对于海子来说是残酷的,海子在《明天醒来我会在哪一只鞋子里》提到"……我不声不响地/带来自己这个包袱/尽管我不喜爱自己/但我还是悄悄打开……"现实生活对年少海子的种种磨难让海子产生了严重的自卑自闭心理,他称自己为"包袱",他"不喜爱自己",尽管对自己不喜爱但他还是选择"悄悄打开"自己,他要用自己的智慧和力量为自己撑起一片蔚蓝的天空,一片属于他自己的诗歌的海洋。

(二)自身原因

海子是农民的儿子,他来自南方乡村,对大自然、大地、村庄、麦子等有着天然的情感。他在贫瘠的农村生活了15年,"诗人海子曾经自豪地对朋友说:农村生活至少可以让我写上十五年"。乡土就是他的生命之根与归宿形式,他"单纯,敏锐,富于创造力;同时急躁,易于受到伤害,迷恋于荒凉的泥土,他所关心和坚信的是那些正在消亡而又必将在永恒的高度放射金辉的事物"。① 他的一次性写作强调"写作与生活之间没有任何距离",实现了诗歌文本和现实文本的统一,使他那些带有自传性质的作品里再现了海子生活中的乡土气息。他既要做"物质短暂的情人",又要做"远方真诚的儿子"(选自《祖国或以梦为马》)。

在现代文明促进时代进步的同时,也使农业背景上一些自然、纯洁、带有神性光辉的东西逐渐消失和消亡,天性忧郁的海子沉痛不已,并发出了痛苦的质询和伤悼,这决定了他的情感天平不自觉地向儿时的乡村和自然倾斜,并把它作为灵魂的家园和栖息地,他的诗歌也随之呈现出农耕庆典的意味。

作为农民的儿子,海子将自然乡土作为他诗歌生命和艺术激情的源泉,年仅25岁的海子对儿时的记忆、年少时乡土的气息记忆犹新,在他的诗歌中首先书写了赤子对土地的忆念和感恩。海子是都市的浪子,机械的轰鸣、摩天的大楼、冷漠的人潮等都市的纷乱喧嚣,驱赶着海子心中那恬静舒缓的田园诗意生活的烙印,同时也把他逼向孤寂失落的世界,使海子染上了都市忧郁症。周围环境的不适应,人际交往的冷漠陌生让海子情感的天平更加倾向于他土生土长的农村。遍布都是和天地相邻的麦子、麦地、谷物、河流、村庄等呈现着古朴、原始、本真魅力的意象。在《麦地》里,"看麦子时我睡在地里/月亮照我如照一口井/家乡的风/家乡的云/收聚翅膀/睡在我的双肩",麦地的情思触发点引了诗人的一腔乡情,回忆使"麦地"成了宁静美丽温暖的栖息地。"月光下/连夜种麦的父亲/身上像流动金子","收割季节/麦浪和月光/

---

① 余徐刚《海子传》第四章.南京:江苏文艺出版社,2004,第206页。

洗着快镰刀","我和仇人/握手言和","月光普照大地/我们……洗了手/准备吃饭",种麦、割麦、吃麦都置于月光之下,达成了诗歌和麦地和谐共存的最完美境域,诗人的缅怀挚爱之情不宣自明。所以站在《五月的麦地》诗人感受到了灵魂的慰藉和母性的关怀,要为"众兄弟背诵中国诗歌",预言"全世界的兄弟们要在麦地里拥抱";所以浪迹都市"他"的诗人借叶赛宁之口呼喊出"我要回家"的返归冲动,"我本是农家子弟","但为什么我来到了酒馆和城市?"(选自《诗人叶赛宁》);所以在《重建家园》中他深沉地断言"生存必须洞察/大地自己呈现/用幸福也用痛苦/来重建家园的屋顶放弃沉思和智慧如果不能带来麦粒/请对诚实的大地保持缄默"。海子凭借自己年少时对乡村生活的记忆来构建自己的诗歌,麦子、谷物、河流、草原、树木等荒凉贫瘠的事物景象能激起他深层热烈的情感。应该说海子是位具有感恩情怀的"地之子",他怀恋家乡怀恋母亲,他把大地当作自己的母亲,在自己原有的记忆形象上对事物进行虚拟的加工想象,达到诗人自己心中完美的效果,海子这种自然质朴的渲染为乡土罩上了一层古朴而渺远的梦幻般的情调。

那么海子诗歌的精神究竟对这个社会有什么样的影响呢?下面就我个人的观点和知识层面来论述海子诗歌精神的美学价值和现实意义。

三、海子诗歌精神的美学价值与现实意义

(一)海子诗歌精神的美学价值

海子诗歌精神的美学价值主要表现在以下几个方面:

1. 吸取了传统诗歌的文化并借鉴了西方诗学的有益成分,古今融会贯通的取向与中西结合的立场十分明显

中华民族经历了两千多年的封建社会,传承了以往的一些农业文化,孕育出了传统的农耕文明。事实上,中国传统的农耕文明并没有随着封建社会的覆灭而土崩瓦解,而一直绵延下来,人与土地的关系是相互依存的。海子1964年出生于安徽省怀宁县高河查湾,在农村长大。农民的艰难、幸福、痛苦,他都过早敏感地体味到了,他与土地传统的文化有着生死与共的关系。因此农耕文明的钙质在不知不觉地早已经积淀到了他的血液里骨骼里,同时中国社会大大加快的"城市化"进程使传统的"乡土"不能重返,这些在海子有限的经验和思维世界中都演变成了激烈的冲突,同时也变得非常的脆弱。总

而言之,海子的个人命运以及其诗歌是农耕文明、商业文明两种文明激烈碰撞出来的。海子痛苦地在《太阳·土地篇》中的序诗诘问道:"土地死了/用欲望能代替吗?"由农耕文明向商业文明的过渡是痛苦的、沉重的,就像蚕破茧而出的蜕变一样。正是这两种文明的碰撞将海子逼到了绝境。

农耕文明的衰落,其痛楚、厚重都渗透在海子的诗歌之中。陈东东说:"他不仅对现在、将来,而且对过去都将产生重大的影响。"不仅适用于海子本人,同样适用于他的诗歌。

逃离尘世喧嚣,向往孤寂生活,这种倾向无论在中国还是在西方都有着悠久的传统。隐逸情怀是中国古典诗歌一大母题,陶渊明、王维、孟浩然、李白、白居易、苏轼……是其代表;它也是西方浪漫主义诗人喜爱的题材,"湖畔派"、波德莱尔、梭罗、叶芝……都写过这类题材的作品。海子以浪漫主义诗歌王子自许,在工作、爱情、事业、精神多重受创的情形下,出于慰藉心灵的生命内在需要,海子产生隐逸情怀,他要回归自然回归到农耕时代,《面朝大海春暖花开》实际上是他向往新型隐居生活的一种诗意表达。海子在思想上、文化上还不自觉地受到曹雪芹、王国维等大师的影响浸染。

从思想的师承来说,海子的长诗继承了西方思想的潜在精神和气质,他的长诗借用的典籍包括《圣经》、印度史诗《摩诃婆罗多》、《罗摩衍那》、希腊神话、戏剧、歌德《浮士德》等。对于中国传统的文化,他传承更多的是由上古神话、楚辞、王国维等构成的文化传统。"自从世界的历史进入了十九世纪末叶之后,整个人类在精神上就始终未能从一种'世纪末'的情绪中挣扎出来。尼采敲响了人类理性正史的丧钟,斯宾格勒继而又宣布西方已走向了没落,于是人类迎来了如海德格尔所描述的世界之夜"。笔者认为,海子的诗歌张扬出来的核心气质与氛围也就是尼采所持的艺术的"悲剧意识",尼采认为"人类对于生命的观察越深,对于受苦的观察就越深"。海子用他的诗歌文本呈现了这种痛苦与焦虑。他的作品关注着生命悲剧意识的独特体验。海子追逐那种即将消逝的而又必然永恒光亮的某种价值,这种境界完全超越了海子个人经验的体会,海子是在借助西方文化,如荷尔德林、尼采、凡·高、海德格尔等人的精神与气质组合而成的诗歌巨大的体系,海子以他的诗歌肯定了尼采"悲剧的诞生"的命题。这种西方的现代思想与中国传统文化的有机融合才成就了海子多重声音、多重化身的诗歌,尘世与天堂、此岸与彼岸、物质与精神等等。

2. 海子诗歌精神的美学蕴藉建立在对平凡事物与生活气息的努力挖掘之上

海子自小在农村长大,虽然后来定居北京,但他人生的大部分时间是在农村度过的,所以他的诗歌多是由乡土、麦子、麦地、土地、天空、河流、水等直抵诗歌本质元素的意象群建立起来的庞大的象征体系,体现了平凡简单的事物或景象也可以蕴涵深刻的情感,在这深刻的情感之上作者进一步将意象上升到另一个生命或哲学的高度。

海子的很多诗歌就是在直观感觉状态下走进思想深处的,充满神秘的意味,如探究人类生命和历史以及二者关系的长诗《河流》、《传说》、《但是水,水》就体现了这种倾向。河流流过乡村、城市,"人们如歌如泣/人们撒下泥土/人们凿井而饮……号子如涌//九歌如兽……马蹄踏踏,青草掩面/牧羊老人击栅栏而泣","编钟如砾/在黄河畔我们坐下/伐木丁丁,大漠明驼/想起了长安月亮//人们说/那浸湿了歌声",河流完全是直观感觉,它和号子、马蹄、编钟、伐木声以及人类的历史构成了什么关系?河流,它象征着历史这点是无疑的。在黄河文化漫长的历史里,凝结了编钟等文化遗存,伐木丁丁似乎是在诉说人类一代代从劳作中走来,如今坐在黄河边回顾历史,海子将这些平凡的事物组合在一首诗歌中不是一种偶然,他是想利用这些简单的事物表达一种深刻的情感,一种对河流、对历史的崇敬之感。

海子对生命的有限和无限也有辩证的认识,"你从远方来,我到远方去/遥远的路程经过这里/天空一无所有/为何给我安慰//丰收之后荒凉的大地/人们取走了一年的收成/取走了粮食骑走了马/留在地里的人,埋得很深……走在路上/放声歌唱/大风刮过山岗/上面是无边的天空",(《黑夜的献诗——献给黑夜的女儿》)白天过后是黑夜,收成过后是荒凉,"无边的天空"下流着的是无边的岁月,人们一生劳作,取走了一年的收成,取走了粮食也骑走了马,到最后还是被深深地束缚在土地上,人们永远走不出亘古的天空和时间,尽管一无所有仍然一路歌唱,这就是历史和人生的内涵与真相。海子借"丰收后的荒凉"来寓意生命的有限,借"无边的天空"来蕴涵历史的无边,海子就是凭借这种简单的意象来构建一个唯美的诗歌境界。

海子的诗歌具有某种融合现实主义与浪漫气息的努力,并且在这个过程中塑造了一个"熔铸着诗人灵魂的王子形象,是受难、承担和自我牺牲的主体化身"。

海子的诗歌中不乏浪漫主义的气息,他的不少诗歌是将现实主义与浪漫主义有机地结合起来,以达到出奇制胜的效果。具体可以通过《麦地与诗人——答复》进行阐述:麦地/别人看见你/觉得你温暖,美丽/我却站在你痛苦质问的中心/被你灼伤/我站在太阳/痛苦的芒上//麦地/神秘的质问者啊/当我痛苦地站在你的面前/你不能说我一无所有/你不能说我两手空空。"麦地"是海子现实生活中的景象,在他的诗歌中"麦地"便是大地的一种隐喻,在别人眼里"麦地"是温暖而美丽的,作为诗人的海子却被这心中挚爱质问灼伤着,作者的另一个挚爱便是"太阳",它跟大地一样隐喻着给予海子力量的源泉,在海子心中不仅有着土地的归属,也有着另一面——太阳,太阳给予海子力量,激励着海子年轻的生命,海子在太阳的照耀下痛苦地挣扎,这就决定了海子内心深处的悲剧意识,同时也赋予"麦地"、"太阳"浪漫主义气息,现实主义与浪漫主义的完美结合,使整首诗不管是感官上还是深入到内心世界都是那么的唯美,让读者得到了一种"言已尽而意无穷"的独特体验。

(二)海子诗歌精神的现实意义

海子诗歌的现实意义在于:海子的诗歌留给后人的是理想并未实现的精神世界,正是这种纯净而未能实现的精神成为后继诗人们的不懈追求,并给研究他诗歌精神的学者们留下了广阔的空间。

"诗人是世界之光。这句话出自哲人卡莱尔之口,虽然是如此的贴切,但在赤裸裸的金钱时代,这句话是多么的不合时宜"。① 但这句话可以成为海子的写照。他给我们的心灵带来了阳光以及温暖而美丽的情怀。他是诚挚的纯洁的,他是一位赤子,是一位有着赤子之心的歌者。

海子的诗是一种温暖而光辉的存在,他让我们回到赤子之心的时代,在我们这个日渐金钱化、日渐冷漠的世界,具有无比的价值和尊严。不管海子是天才,还是人们口中的"疯子",但是我们知道,海子引领我们回到了最初的地方,他替我们拭去尘土,让我们找到了人类失去已久的最原始的尚未污染的生命本源,让我们重新拥有了生命中最珍贵的东西。

参考文献:

[1]海子.《海子作品精选》[C].湖北:长江文艺出版社,2006.

---

① 选自余徐刚《海子传·序》[M].南京:江苏文艺出版社,2004.

[2]西川整理.《海子诗全集》[C].上海三联出版社,1997.

[3]曹文轩.《20世纪末中国文学作品选(诗歌卷)》.北京大学出版社,2002.

[4]周俊,张维.《海子,骆一禾作品集》[M].南京出版社,1991.

[5]燎原.《扑向太阳之豹——海子评传》[M].海南出版社,2001.

[6]余徐刚.《海子传》[M].南京:江苏文艺出版社,2004.

[7]杨秋荣.《燕园梦》[M].北京:经济日报出版社,2005.

[8]崔卫平编.《不死的海子》[M].北京:文联出版社,1993.

[9]潘颂德.《中国现代诗论40家》[C].重庆出版社,1991.

[10]陈旭光.《诗学:理论与批判》[M].天津:百花文艺出版社,1997.

[11]沈浩波.《下半生写作及反对上半身》[M].大连出版社,2004.

[12]崔卫平.《海子神话》[J].文艺争鸣,1994.

[13]岩鹰.《岩鹰诗歌手记》[J].诗歌报月刊,1994.

[14]吴晓东.《诗歌艺术》[J].诗歌评论,1997.

[15]罗振亚.《海子诗歌的思想与艺术殊相》[J].吉林大学社会科学学报,2007.

[16]李怀青.《海子的诗与80年代中国审美诗学的短暂复兴》[J].吉林广播电视大学学报,2007.

[17]董健,丁帆,王彬彬.《中国当代文学史新稿》[M].北京:人民文学出版社,2005.

[18]朱寨,张炯.《当代文学新潮》[M].北京:人民文学出版社,1997.

[19]王庆生.《中国当代文学(下卷)》[M].武汉:华中师范大学出版社,1999.

【点评】

作为20世纪80年代后期新诗潮的代表诗人,海子在中国当代文学史上的地位十分重要。骆一禾说"海子是我们祖国给世界文学奉献的一位有世界眼光的诗人"。谢冕称"他已成为一个诗歌时代的象征"。海子的诗歌影响了众多中国青年,他的诗歌写作模式被人们模仿;他的诗歌作品被人们朗诵;他将中国乡土文化和都市文化、东方文化和西方文化有机结合,创造性地酿造出了属于自己的诗歌美酒;甚而有人建议将他的逝世纪念日定为中国的诗人节。本论文从海子的生长环境入手,重点介绍了海子的诗歌精神及其诗歌精神产生的原因,并通过实例具体论述了海子诗歌精神的美学价值和现实意义,其选题有一定的研究价值。论文写作前期的准备工作较充分,文献综述能力较强,论文的论点集中明确,论述过程条理清晰,可见该学生科研能力较强、专业基础扎实。

(王舒)

网上民意表达的途径和影响

安庆师范学院文学院新闻学专业 2010 届　巩慧
指导教师　叶良旋

内容摘要：随着互联网的发展，网络民意日益成为一种新的民意表达方式，对政府政策的制定和社会生活的各方面都发挥着重要的影响，本文旨在通过对网上民意表达进行全方位的论述，对其现状、途径、实质和影响进行阐述，了解它对我们社会生活、对政府政策制定方面产生的巨大作用，以及目前网上民意表达存在的问题，并提出一些意见来对网上民意表达进行规范，从而更好地为构建和谐社会服务。

关键词：网上民意；表达；途径；影响

一、网上民意表达的现状和途径

网络民意是指依托于互联网技术基础，以网络为平台，通过互联网上论坛和社区、博客等手段自由发表评论和意见，聚合某种愿望和诉求，从而形成的一种新兴民意。网络民意是基于互联网技术支撑下的一种新的民意表达方式。[1] 近年来，由于网络技术的飞速发展和互联网覆盖面的日益扩大，互联网已经成为公众表达和交流的重要平台。有网民提出，互联网开辟了民意诉求新渠道，网络民意的"力量"在近两年愈发强大，正对现实生活产生越来越大的影响，不久前发生的"林嘉祥事件"、"重庆出租车罢运事件"等都在网

---

[1] 黄长军．《网络民意在构建和谐社会中的作用》．人民网 2008 年 8 月 1 日．

络的推动下引起了有关部门的强烈关注及迅速回应,最终得到了比较好的解决,彰显了网络时代民意表达方式的巨大变革。

"网络是民情变化的产物,是对目前言论表达渠道不足的一个补充,网络民意表达是媒介民意表达的崭新形式,具有直接、及时、平民气质、虚拟性和整合力强等特点",[①]可以使话题迅速成为公共话题。现实中,网络在一定程度上已成为民意表达机制,公共话题的筛选机制。

中国青年报社调查中心曾通过益派市场咨询公司对2874人进行的调查显示,67.1%的公众认为互联网的影响越来越大,已经"成为官方了解民生、体察民意的重要途径",71.9%公众认为,网络表达将成中国式民主建设的新通道。[②] 2009年6月20日,胡锦涛主席在人民网与网友进行在线聊天,2009年两会前夕,温家宝总理走进中国政府网、新华网直接问政于民。且不说总书记、温总理等中央领导十分重视网络民意,近年来,越来越多的政府官员正日益接受网络,频繁"现身"网络,"跟帖"回复网友留言,主动在网上发帖、开博、邀网友灌水、拍砖,与网民进行面对面沟通交流,实现了官民的"零距离"接触。2009年5月,江西省委书记苏荣通过网络等媒体发表公开信,征求省内外朋友对江西发展的建言和意见,迄今已收到各类建言4.2万条,网络跟帖6万余条。7月中旬,重庆市高级人民法院及全市三级法院共46名院长同时向社会公布了各自的个人电子邮箱,网民可通过电子邮件与各级法院院长直接对话。2009年10月23日河南开通"推动科学发展,加快中原崛起"专题网站。"一定要高度重视互联网的民意表达"。7月23日,于幼军在山西省政府第九次全体(扩大)会议上如是说,同时要求宣传新闻部门研究建立完善新闻发布和加强网络建设,在敏感和热点问题上及时回应公众、反馈信息,受理新闻线索和群众反映问题。[③] 这些都体现了政府对网上民意的重视,希望通过网络获得直接的民情。

我国网络民意表达,已经发展成为包括BBS、社区论坛、博客、视频网站、新闻网站的新闻跟帖等各种表达方式的综合平台。

---

① 张淑华.《网络民意表达对媒介民意表达结构的变革》.《当代传播》2009(1).
② 《互联网已跃居电视之上 领导人纷纷"触网"》.http://www.yangtse.com/sytj/gn/200811/t20081105_525182.htm.
③ 张艳霞.《于幼军:一定要高度重视互联网的民意表达》,黄河新闻网2007年7月26日.

1. 论坛/BBS

网络上面说的"论坛"一般就是大家口中常提的 BBS。BBS 的英文全称是 Bulletin Board System,翻译为中文就是"电子公告板"。早期的 BBS 与一般街头和校园内的公告板性质相同,只不过是通过电脑来传播或获得消息而已。而今,BBS 已成为交流各种信息,表达个人意见的平台,大家可以对自己所看到的、听到的、想到的任何一件事做出评论。① 根据 CNNIC2008 年中国互联网络发展统计报告的数据,目前网络社区中的论坛 BBS 访问率为 38.8%,用户规模达到 9822 万人,在网络应用中排名第九,已经跻身十大网络应用之列。据 2007 年 6 月的统计报告,中国互联网的舆论平台已经十分发达。几乎每个门户网站都设有 BBS 论坛,中国目前约拥有 130 万个 BBS 论坛,数量为全球第一。在"百度"网站,网民可以随时为某一话题设立专门的论坛,任何对此事件感兴趣的网民都可以到论坛发表言论和图片,平均每天发布新帖 200 多万条。几乎每条受网民关注的话题后面都有跟帖,热门新闻的跟帖达到几十万条。

2. 社区论坛

社区论坛是一个网络板块,指不同的人围绕同一主题引发的讨论,如天涯社区。② 2008 年 1~2 月,春节前后,当全国人民忙着抗击雪灾时,香港娱乐明星们的私生活不雅照片曝光网络,引发了颠倒众生的"艳照门"事件。正月初三晚,由于发源地香港的警察控制得很严,当地网站已经根本不准许上传和浏览那些不雅照,结果是香港网民蜂拥至天涯寻"宝",造访天涯的人数增长了一倍,"娱乐八卦"的流量最高时达到了平常的 8 倍。3~4 月,奥运火炬在西方传递时受到藏"独"分子的破坏,天涯网友众志成城,一致声讨藏"独"分子的破坏及西方少数政客的不实之词,在"聚焦奥运"版掀起了喧天的支持奥运火炬的伟大之举。5 月 12 日,汶川大地震,天涯网友积极募捐,众志成城,抗震救灾。这些都显示了网友的力量。

3. 博客

"博客"一词是从英文单词 Blog 音译而来。Blog 是 Weblog 的简称,而 Weblog 则是由 Web 和 Log 两个英文单词组合而成。Weblog 就是在网络上发布和阅读的流水记录,通常称为"网络日志",简称为"网志"。博客

---

① 完李飞,张炳照.《浅析完善网络民意表达权》,《新视野》2008(6).
② 完李飞,张炳照.《浅析完善网络民意表达权》,《新视野》2008(6).

(BLOGGER)概念解释为网络出版(Web Publishing)、发表和张贴文章,是个急速成长的网络活动,现在甚至出现了一个用来指称这种网络出版和发表文章的专有名词——Weblog,或 Blog。① Blog 是一个网页,通常由简短且经常更新的帖子构成,这些帖子一般是按照年份和日期倒序排列的。而作为 Blog 的内容,它可以是纯粹个人的想法和心得,包括对时事新闻、国家大事的个人看法,或者对一日三餐、服饰打扮的精心料理等,也可以是在基于某一主题的情况下或是在某一共同领域内由一群人集体创作的内容。它并不等同于"网络日记"。作为网络日记是带有很明显的私人性质,而 Blog 则是私人性和公共性的有效结合,它绝不仅仅是纯粹个人思想的表达和日常琐事的记录,它所提供的内容可以用来进行交流和为他人提供帮助,是可以包容整个互联网的,具有极高的共享精神和价值。简言之,Blog 就是以网络作为载体,简易迅速便捷地发布自己的心得,及时有效轻松地与他人进行交流,再集丰富多彩的个性化展示于一体的综合性平台。博客有三大主要作用,即个人自由表达和出版;知识过滤与积累;深度交流沟通的网络新方式。虽然是小众的网络媒介,但越来越多的作者写博客的目的,已经从"记述自己的心情"转变为就某些大事发表自己的观点。阅读博客已经成为网民上网的重要目的之一,经常阅读博客的活跃读者已经超过 5000 万。"两会"期间,网络博客被很多媒体记者、"两会"代表用来和民众交流信息和个人感受。这样一种网络形式为记者和代表汇集民意起到重要作用的同时,也成为网民政治参与的一种新途径。

4. 视频网站

视频网站是指在完善的技术平台支持下,让互联网用户在线流畅发布、浏览和分享视频作品。② 现在随着互联网的发展,人们更多地开始关注视频,眼见为实,通过网络视频而挖掘出新闻现今已不是奇事,人人都可以是新闻的发布者,披露社会黑暗,赞颂社会的美好。因涉嫌在公共场合调戏未成年女孩,并蛮横撒野、大放厥词,深圳海事局党组书记、副局长林嘉祥被交通运输部免去党内外职务。对这个在网上引起轩然大波的事件,深圳警方也表示正加紧调查取证。这事搁在以前,没有视频,没有网络,没有公众持续的关注,将会怎样?也许它作为一个"离奇"的社会新闻,根本无法进入公众的视

---

① 完李飞,张炳照.《浅析完善网络民意表达权》,《新视野》2008(6).
② 完李飞,张炳照.《浅析完善网络民意表达权》,《新视野》2008(6).

野,最终不了了之。但在人人都有"麦克风",人人都有照相机,到处都有摄像头的网络信息时代,这种状况正在改变。现在,任何一个小范围的事件,都可能通过网络、手机等现代信息传输工具,迅速传播,最终成为全社会乃至全球关注的公众事件。哈尔滨警察斗殴致死案、山西霍宝"封口费"……无一不是这样。

每年"两会"期间,"两会"代表、政府官员和广大网民通过互联网平台进行交流,使两会成为民意会合的中心。网民们政治参与的形式主要有以下三种:第一,国内各大网站适时追踪两会的进展,及时发布两会信息;第二,网民直接在网上通过网站论坛/BBS、留言板等形式给政府提出意见和建议;第三,网络博客为两会提供政治参与的新平台。① 网络平台促进了政治参与主体的自觉意识,使政治参与扩大化,从而更有利于国家的发展和长治久安。

二、网上民意表达的实质

网络民意是民意的网络方式呈现,其特殊性在于,它是通过大众媒介来表达民意,从属于媒介民意,但却又不同于传统媒介民意的间接表达,而是跨越了媒体"把关"和"再加工"的直接表达形式。②

网络民意"传播权利"的实质,就是现代社会赋予公民的各种权利在网络环境下的实现,互联网使"传播权利在人类历史上第一次得到真正的普及"。③ 它至少包含几层含义:民意表达的合法性前提是宪法保障的言论自由权利。④ 对于网络民意来说,合法性获得就是网络民意的存在合理性取得社会普遍认可并获得其合法社会地位的过程。而且,只有"合法性"存在,才能推导出网络民意存在的"正当性"。从意识形态层面看,民意权利是社会民主发展和权利意识增强的结果。民意是自然法的产物,近代民主社会的建立和"社会契约"制度、"天赋人权"等启蒙思想赋予它合法地位并获得制度性安排的重视,澳大利亚政治学家约翰.S.德雷泽克提出了"协商民主"的概念,并明确指出这一概念所强调的是公共领域的话语参与,并把它解释为公众参与公共事务发挥"在场"作用的"话语民主",进一步肯定了民意在当代社会政治

---

① 尚九宾.《网络与民意——从两会看我国政治参与的新特征》.《党政论坛》2006(8).
② 张淑华.《网络民意表达对媒介民意表达结构的变革》.《当代传播》2009(1).
③ 苏克军.《后大众传播时代的来临》.《现代传播》1998(1).
④ 张淑华.《网络民意表达的实质》.《青年记者》2008(1).

生活中的价值。这种"话语民主"的合理价值就使网络这个具有"公共领域"性质的地方成为公民发挥"话语民主"的最好平台,网络民意的客观合理性由此产生。其次,网络民意的合法性是以"话语民主"即言论自由权利的法律保障形式呈现出来的。① 言论自由权利是"话语民主"的逻辑起点,宪政框架下的言论自由(包括新闻自由)才能够很好地保护好公民的其他权利;同时宪政框架下的新闻自由能够使媒体包括网络媒体成为民主制度的一部分。我国同西方虽然存在着政治体制、参政议政方式等方面的差异,但是宪法对言论自由和新闻自由的保护条款也十分明确。这在法律上明确规定了言论自由的权利和义务,也为网络民意存在的正当性提供了法律依据。网络民意表达要通过具体的权利形式实现。② 言论自由的权利落实到媒介场域时,就具体化为媒体民意生产中具体的权利实践形式。根据网络民意表达过程中言论自由实现的要素构成,有学者把它分解成基于媒介要素需要的媒介接近权、基于思想表达需要的知情权和话语权三种派生性权利形式。

1. **媒介接近权**

接近和使用媒介是实现网络民意自由表达的物质性前提。没有媒介接近权,公众的知情权和话语权就失去了现实的物质依据。网络的出现对媒介接近权的广泛实现具有突破性意义,网络的低门槛和低成本使广泛的参与和使用媒介成为可能。这种突破突出表现在以下几点:(1)突破了信息传播中的渠道限制;(2)对媒介资源不同媒介、不同地域、不同内容条块分割限制的突破,对传统媒体具有整合功能,并与传统媒体形成联动效应;(3)对传统媒介言论局限的突破,"沉默的大多数"不再沉默等。③

2. **知情权**

这是网民参与讨论和发表意见的信息性前提。网络发展对满足公民知情权有重要意义。国务院于2007年12月17日通过的,自2008年5月1日起正式实施的《中华人民共和国政府信息公开条例》,用法律的形式把信息公开制度化,我国的公民知情权从此有了更加明确的法律依据,而网络为政府的"政务公开"和信息公开提供了便利,"电子政务"、各地政府网站的建设、网上信息等使政府行为更加开放透明,网络对不同媒体的整合作用使信息报道

---

① 张淑华.《网络民意表达的实质》.《青年记者》2008(1).
② 张淑华.《网络民意表达的实质》.《青年记者》2008(1).
③ 李杰.《网络媒介对受众传媒接近权的突破》.传播学论坛2007年9月5日.

更加充分、详细、及时,信息和信源的多元化也使报道的真实性大为加强,虚假信息和信息垄断的可能性降低。对于网民来说,发表意见赖以进行判断的信息依据更为充足和及时,有利于理性、中肯、真实的民意的形成。

3. 话语权

话语权是法律规定的公民自由表达权利在媒介中的直接呈现,也是一项基本人权。网络话语权较之传统媒体有了一些明显变化:一是对象广泛但身份难以明确界定,全国网民数量已高达1.62亿,网络的影响力巨大,这些网民在网上可以进行多重身份的转换,既可以是话语权的被实施者,也可以是话语权的实施者;二是表达形式、表达立场、信息来源渠道都具有多样特征,网络整合了多种媒体的资源使话语表达更为全面和充分;三是话语权概念被网民和各种社会力量反复强化,其内涵和外延都不断得到深化拓展,话语的增权意识、平权意识加强;四是话语主题更加丰富多样,网民的主动选择性更强,打破了传统媒体中话语权的集中和垄断现象,即议程设置功能被弱化。

网上民意表达不仅以权利为出发点,更以权利为其手段和归宿,也正是在这个意义上,网上民意表达的实质是权利的表达。

三、网上民意表达的影响及其存在的问题

2010年2月27日,中共中央政治局常委、国务院总理温家宝接受中国政府网、新华网联合专访,与广大网友在线交流。温总理和网友直接交流,不仅有利于执政党和政府更好地接受监督,扩大民主,提高决策水平,为普通民众参政议政,真正当家做主提供了机会和可能。而且,这种网络问政的方式还有利于各阶层群众解放思想与时俱进,积极行动起来维护自己的合法权益,通过网络问政、网络交流、网络纳谏等方式,表达自己的不同意见,形成网络上的"焦点访谈""时代广场"。①

网络民意作为一种原生态民意,在一定程度上反映了不同群体的利益诉求,为公共决策的价值取舍、利弊权衡提供了重要依据。而网络民意传播及时、覆盖面广、参与方便的特点,则为政府决策、了解民生提供了成本低廉、反

---

① 廖水南.《网络民意的表达是思想的大解放》.红网2010年2月28日.

应快速的平台。① 新兴媒体的崛起拓展了民意表达空间,激活了民众的精神诉求,并在很大程度上影响着社会舆论的走向。

网络事件的形成自有其原因。当前,由于社会阶层分化,理想和现实的差距极易造成民众"相对的被剥夺感",引发情绪淤积,此时尤其需要畅通的民意表达渠道。如果常规的体现政府公信力的民意表达渠道出现阻塞,民意表达就会被"挤压"到道德约束、行政约束、社会秩序约束相对薄弱的网络世界中,以网络舆论事件的形式释放出来。

"即使是与欧美互联网络高度发达的国家相比较,社会公众通过网络对社会议题、政治议题等进行讨论的激烈程度、范围广度以及对事件解决的推动力,也是'风景中国独好'的",喻国明说:"由于常规民意表达渠道不畅通,传统媒体的舆论场功能未能充分发挥,我国的网络承载着更多的民意表达、情绪宣泄功能。"②

在我国,传统意义上的民意表达渠道大致分为几个层次。一是人大代表、政协委员通过采集民意形成提案议案,对有关部门进行咨询、质询等方式来传达群众的关切。二是通过群众写信、上访、领导干部下访接访等形式,反映群众对某些具体问题的呼声。三是通过各种形式的听证会,就某一事务听取利益相关方的意见。③ 此外,传统媒体也是表达老百姓心声愿望的重要渠道之一。在网络时代,各政府网站也纷纷开设了市长信箱与民沟通。

既有的体制化的沟通渠道不够通畅,使中国的网络舆论焦点表现出持续高温,并将居高不下。国家行政学院政治学教研部副主任龚维斌说,如果现有的民意表达渠道得到充分利用,通过网络表达意见的热度就不会像现在这样高,以致出现数量猛增的网络舆论事件。

"应对网络舆论事件,'堵'是不管用的,只能疏导。目前紧迫的任务就是,疏通常规的民意表达渠道,解决这一渠道畸重畸轻的问题,以多种形式、

---

① 匡文波.《网络民意:拒绝疑虑和误解》,中国教育新闻网—中国教育报 http://www.jyb.cn/cm/jycm/beijing/zgjyb/3b/t20080715_178188_1.htm.

② 唐伟杰.《网络舆情飙升:贪腐等8方面事件最刺激公众神经(2)》.《瞭望》新闻周刊 http://www.chinanews.com.cn/gn/news/2009/07-06/1762003.shtml.

③ 杨琳.《网络舆情飙升背后》.《瞭望》新闻周刊,http://f.dp168.com/redirect.php?tid=26619&goto=lastpost.

多管齐下地满足不同社会群体的意见上达需求"。①

政府对网上民意表达的重视也可以推测出网上民意对政府在制定公共政策方面的影响。中央党校副教授刘素华指出:学会从网络上听取民意,并积极回应民间的质疑,已成为新时期政府官员的一项基本素质。②

随着我国互联网的快速发展,以及政府对信息化的大力推动,"互联网已成为思想文化信息的集散地和社会舆论的放大器",③也是政府了解民情民意的聚集地。网络的开放性、互动性成为民众表达情绪、发表观点的重要平台,逐渐形成了颇具影响力的网络舆论,网络舆论使得民众一定程度上掌握了对公共政策的话语权,在公共政策制定方面产生了一定的影响。

自2003年孙志刚事件引发的《城市流浪乞讨人员收容遣送办法》的废除和《城市生活无着的流浪乞讨人员救助管理办法》的出台后,网络舆论对公共政策制定的影响和作用开始受到关注。

在一定程度上,网络语境不仅培养了网民的民主意识,训练了其参政议政的能力,而且还通过汇聚并推动民意引导社会舆论,进而影响政府决策,对中国民主政治产生影响。

随着网络技术的发展,网络舆论在公共政策制定过程中发挥了重要作用,逐渐成为公众参与公共政策制定的新途径,当然,网上民意表达的影响不仅仅停留在对政府公共政策的制定上,而是体现在我们生活的方方面面,在网络这个超大容量的信息库上,我们提供的信息可能对别人有影响,别人提供的信息同样会引起我们的关注,不同的人通过网络交流信息,交流思想,或发泄,或评述,而对于网络舆论是否真能实现广泛的民意表达也有值得商榷的地方。④

首先,网络民意表达内容真实性存疑。由于网民的发言是匿名性的,他们的身份背景无从考证。因而网络上形成的"民意"能否全面反映社会发展进步的整体状况,真正代表广大人民群众的心声,值得商榷。就如同网络的优点也会变成广泛民意表达的障碍,可以使发言人不必承担任何可能带来的后果,这样就造成了各种各样、形形色色的信息满天飞,有些人为了使自己的

---

① 唐伟杰.《网络舆情飙升:贪腐等8方面事件最刺激公众神经(2)》.《瞭望》新闻周刊 http://www.chinanews.com.cn/gn/news/2009/07-06/1762003.shtml.
② 刘素华.《学会从网络上听取民意》.《人民日报》2009年2月6日.
③ 胡锦涛.《在人民日报社考察工作上的讲话》.人民网2008年6月20日.
④ 王艳玲,杨静.《网络舆论真能实现广泛的民意表达吗?》.新闻知识2006(4).

留言受到注意,往往通过极端的观点来抓住别人的眼球,因此,许多时候,网上的"大多数人"持有某种观点的时候,有可能并不一定就是"大多数人"的想法。而对于决策制定者而言,网络上的虚假信息就可能会造成决策者的决策失误。匿名性的特点使得网民一些情绪性的宣泄只要不触及法律法规,就可以免受责任的约束,因此在网络空间中,缺乏自律的网民就有可能不加证实随意发布信息,甚至有意制造假消息,决策者可能会因网络上的虚假信息造成决策失误。同时,过量的信息提供会引起决策者的"盲目决策"。科学决策需要适量、适时的信息支持,网络条件一方面改变了信息量过少的弊端,但另一方面信息量过多也会产生盲目决策。信息量过多导致方案抉择困难,在过量信息的条件下,多种方案的利弊难以权衡,使得决策者无所适从,只能闭着眼睛"跟着感觉走",从而使方案选择带有较多的随意色彩,即产生所谓的"布里丹效应"。[1] 而且,公众在网络上发布的信息常带有个人倾向,带着个人情感倾向的过量信息,使决策者疲于应付,贸然决策。

其次,网络民意表达主体(网民)分布不均。最有参考价值的民意应当是能够最大限度地涵盖社会各个阶层的利益和诉求,"知沟"的存在也可能是广泛民意表达的阻碍,那些没有经济实力购置网络设备或是不会使用电脑的人,无法成为网络公民,如农民就很少人会在网上发表自己的看法,因此网上的民意可能只是一部分利益团体的表达,而真正的弱势群体还是被忽略。"删帖公司"就更是腐蚀民意表达的毒药,形形色色的职业删帖公司纷纷涌现,"删除网帖"成为他们的生财之道,被美其名曰"网络危机公关"。[2] 而这些"删帖公司"屏蔽了一些网民的诉求,使得网上民意表达只是成了某些人观点的表达。即可能造成"假民意"的流行,在网络舆论影响公共政策制定过程中就可能造成一些负面影响。网络民意可分为"原生态民意"和"真实民意",[3]"原生态民意"的存在就可能造成"假民意"的流行。这种不均衡的政治参与使政策的制定无法完全代表真实的公众意愿,造成政策制定的非代表性。

再次,网络民意表达环境尚待规范。网络是一个开放的虚拟世界,这样的环境为民众表达自己的利益和诉求提供了广阔的空间。然而由于相关法

---

[1] 李雪芳.《网络舆论对公共政策制定的影响》.论文网 2010 年 1 月 12 日.
[2] 王枪枪.《"删帖公司"是腐蚀民意表达的毒药》.红网 2009 年 11 月 3 日.
[3] 王枪枪.《"删帖公司"是腐蚀民意表达的毒药》.红网 2009 年 11 月 3 日.

律法规还不够完善,以及网络民意表达者本身的文化素质良莠不齐等因素,目前我国的网络民意表达环境还存在较多亟须解决的问题。2007年6月的一份报告指出,互联网舆情是社情民意中最活跃的部分,但网民的意见也带有强烈的个人感情色彩。年轻网民情绪容易走极端,导致"网络暴力"的频繁出现。2007年,"网络暴力"现象有升级的迹象,当"网上谈兵"不足以发泄不满时,他们甚至将之转化为现实的暴力,有计划、有组织地对当事人进行骚扰、声讨和追打,"网络暴力"现象反映出网民们的道德自律亟须加强。"艳照门"事件一时变得轰动国内外,一张张淫秽照片经网上发布后,在香港、内地,乃至整个华人区,掀起了巨大的波澜。其震撼程度,有人将其比作香港娱乐界的"9·11"事件。网友在各大BBS讨论中,就这一事件的照片性质分别使用了"裸照"、"淫照"、"激情照"、"色情照"等字眼,而从这些字眼中,大体可以看出网友们的不理性。有人称网友在此事件中的各种行为是一种"群体性间歇性狂欢",狂欢背后的过激的不雅言论,不仅违背了社会公德而且还触犯相关法律。[①]

四、对网上民意表达的规范对策

鉴于网上民意表达的巨大影响和在进行网上民意表达中所出现的问题,我们应制定相应的对策,来对网络民意表达进行规范:1.政府应及时发布信息,树立信息源权威。发挥政府主导作用,树立信息源权威。政府是最大的信息源的占有者,各级政府掌握着大量的社会、经济、文化信息以及全部的政策和法律信息。政府应该在各种信息源中树立信息源权威。2.加强主流新闻网站的建设,强化传统媒体与网络媒体的舆论互动,建立起网络传播信息源的权威性。网络媒体可以整合传统媒体的一些特点,优势互补,更好地发挥网络舆论引导作用。3.广大网民应提高自身的媒介素养,树立起一种社会责任意识。受众的媒介素养包括传播技术能力、传播知识能力以及传播道德素质,而最重要的是具有传播知识能力和传播道德素养。针对网络民意表达过程中所出现的问题,应加强受众网络素养教育,培养各方面能力和素质,使网民做到表达心声与社会和谐一致。4.有效发挥"意见领袖"作用,重视他们在网络论坛及其社区等中的"二级传播者"的地位,对公众舆论加以科学的引

---

① 黄长军.《网络民意在构建和谐社会中的作用》.人民网2008年8月1日.

导。"大众传播并不是直接'流'向一般受众,而是要经过意见领袖这个中间环节,即'大众传播→意见领袖→一般受众'"。网络传播也是一个分层的传播过程,也可以分化成不同的层次。在某些时候,特别是舆论形成的初始阶段,就需要一种干预,而这种干预的结果会让舆论向不同的方向分化。政府该找到恰当的方式与网络舆论的制造与传播者,即充当"意见领袖"的一些资深网友沟通,让网络中的"意见领袖"多一些建设性意见,少一些破坏性意见。通过舆论的有序引导,许多事情就会朝着好的方向发展。最后,网络民意表达的最终途径就是做到社会的全面动员。所谓全面动员,包括政府透明度、公信力和效率的提高,传统媒体权威性、公信力、影响力的提升和社会法律制度的日趋完善。对政府来讲,也意味着必须加深对网络信息流变规律的认识,全面提高执政能力,尤其是执网能力;对媒体而言,则意味着对新闻事实全面真实的更高追求,对新闻背后意义的更深追问,对新闻细节的更真实呈现;而对网民自身而言,则意味着自身媒介素养的提高和自身道德准则的规范。三者互相作用,才能达到社会的全面动员,从而使网络民意的表达更真实、更有效。而要完善网络舆论在公共政策制定中的作用,就需要从以下几方面努力:

1. 培养高素质的网民,提高其网络参与能力

没有网络素质过硬的网民和干部队伍,网络参政就会失范,就有可能成为少数人谋取私利的工具。因而,政府有责任采取措施鼓励、支持提高网民的网络素质,加强网络教育,造就具有较高政治素质和网络素质的网民,是适应网络时代的政治参与的需求,也是提高公民网络参与能力的途径之一。加强网络教育最重要的是要加强其网络道德教育,网络以其自由、开放的特性给网民提供了一个能使个性尽情释放的空间,但也正是由于缺乏现实道德规范的约束,使得网络上普遍存在一些不道德、不健康的言行,所以必须普遍开展网络道德教育,规范网络政治参与言行。

2. 对网络进行管理,规范网络舆论

虚假的网络舆论,不仅不能有效地影响公共政策的制定,而且会打击公共政策的制定者对网络舆论的信任度,对社会公共秩序产生一定的影响。要避免虚假舆论操纵公共政策制定,应让民众认识到网络舆论不是"宣泄不满"的空间,更不是随意发布虚假信息甚至网络犯罪的平台,而是公民向政策制定者"表达民意"的途径。一方面要完善网络管理的相应法律法规,同时要对网络犯罪进行严厉惩罚,另一方面可考虑建立和推行网民身份认证制度,通

过各种方式鼓励网民实名登陆,规范网络舆论,营造良好的网络环境。

3. 建立现代化的政策信息网络系统

掌握全面、准确的信息,是各级政府决策避免失误的基础。信息情报量的大小、正确与否直接影响到决策质量,政府要想在决策上不失误,必须有丰富可靠的情报来源、迅速的情报传递、准确的情报研究,因此,要建立现代化的政策信息网络系统。现代化的政策信息网络系统应包括:(1)专门化的信息机构和信息队伍,以提高信息工作人员的专业知识和专业技能,充分发挥信息机构在政策制定中的职能作用;(2)现代化的信息工具,即以电子计算机和现代化通讯设备相结合,形成网络系统和电子计算机系统;(3)网络化的信息传输渠道,形成一个四通八达、纵横交错的信息网络。①

总之,网络民意既有积极促进社会发展进程的一面,也存在着非理性的一面。随着网络的快速普及,网络民意在现实政治、经济生活中发挥的作用也日益突出,它不但反映、引导和强化着民众对各种政治、经济、社会问题的认识,也开始对党和政府的决策产生直接、间接的影响。对于网上民意表达,我们要理性看待。

【点评】

作者对论题的选择十分精心,而且为了研究的需要,作者认真搜集和采用了大量的资料。作者研究的目的明确,全文内在逻辑严谨,因此研究的结论可靠。

(叶良旋)

---

① 李雪芳.《网络舆论对公共政策制定的影响》.论文网 2010 年 1 月 12 日.

后 记

撰写这部教材的念头是我在近年来的教学工作中逐渐形成的,为此我还专门设计、申报了安徽大学 2009~2010 年度教研项目"中文系本科毕业论文写作指导教材建设",并有幸通过专家和学校教务处的评审获准立项。与此同时,安徽省写作学会按照会长、本系朱万曙教授的组织、设计,正努力采取实际举措,推动大学生重视写作、重视写作能力的培养,加强写作理论的研究和写作教材的更新。在 2009 年初的写作学会常务理事会议上,我这个选题一经提出,就受到与会专家和省内兄弟院校同行的高度关注,他们纷纷表示将参考我们的做法并参与教材的研究、撰稿工作。正是在上述背景下,才有了现在本教材的策划、编写、出版。这部教材在我校非集中性授课课程的教材建设上也是一个创新,另据我们了解,目前我校乃至我省全日制高校教学中还没有出现过类似的专门性教材。

本人拟定了本书的主要内容与章节结构,撰写前言并负责统稿,其他各章及撰稿人如下:

第一章(论文性质、特点及其分类):李睿(安徽大学中文系)、袁晓薇(合肥师范学院中文系);

第二章(论文写作目的、基本要求与主要环节):王舒(滁州学院中文系)、王泽庆、王莉(安徽大学中文系);

第三章(论文选题与创新):凌晨、张洪海(安徽大学中文系);

第四章(资料搜集与文献检索):丁进、储一鸣(安徽财经大学文学与艺传媒学院）；

　　第五章（论证方法与技巧）：郭世轩（阜阳师范学院文学院）、王泽庆（安徽大学中文系）；

　　第六章（论文的结构、标题和语言）：叶良旋（安庆师范学院文学院）；

　　第七章（论文的形式规范）：孟方（宿州学院文学院）；

　　第八章（毕业论文答辩与评价）：余学玉（皖西学院中文系）；

　　第九章（指导教师的职责与指导方法）：管军（淮南师范学院中文与传媒系）、洪何苗（蚌埠学院文学与教育系）。

　　本书附录了优秀学生论文9篇，这些论文都是作者在其导师的精心指导下认真完成的作业，本教材加以选录并标明作者，是对作者态度、能力以及导师工作质量的肯定，在此向论文作者及其指导教师表示感谢！

　　最后，本人向在本教程的设计、撰写过程中给予指导或提供建议的朱万曙教授（安徽大学中文系）、李华珍副教授（安徽大学中文系）、郭其智教授（安徽农业大学中文系）、王锡渭教授（阜阳师范学院文学院）、姚国建教授（蚌埠学院文学与教育系）、卢佑诚教授（皖西学院中文系）、陆琳副教授（合肥工业大学社会科学部）、芮瑞副教授（安徽师范大学文学院）等专家以及承担大量琐碎联系事务的张洪海博士、凌晨博士表示感谢；本人也对积极参与这项工作的撰稿专家以及给予本课题支持的安徽大学教务处的同志表示衷心感谢，向安徽大学出版社暨朱丽琴副总编表示衷心感谢！另外，这是一部反映目前教学研究成果的教材，写作过程中自然吸收了同行专家研究所形成的共识，为避免繁琐，没有将相关文献及作者全部标出，敬请理解并在此表示感谢！

　　由于本人水平有限，再加上撰稿时间比较紧，本书在体例设计、文字风格的统一等方面还存在不少有待改进之处，热烈欢迎同行专家和广大读者提出宝贵意见和建议（E—mail：whdsh@163.com），以便我们在修订时参考。

吴怀东
2010 年 7 月 26 日于安徽大学